本書出版得到國家古籍整理出版專項經費資助

宋元珍稀地方志叢刊

乙編

二

李勇先　王會豪　周　斌等　點校

四川大學出版社

宋元珍稀地方志叢刊

四川大學歷史地理研究所學術叢書

雲間志

（宋）楊　潛　修
朱端常　林　至　胡林卿　纂
李勇先　校點

前言

《雲間志》，又稱《紹熙雲間志》，宋楊潛撰。潛里貫未詳，其結銜稱奉議郎、特差知秀州華亭縣主管勸農公事、兼兵馬都監、兼監鹽場、主管堰事，可知該志乃紹熙年間楊潛知華亭縣時所作。預纂修者有朱端常、林至、胡林卿等，皆本縣人。

雲間即江南之華亭縣。華亭立縣始於唐天寶年間。宋改隸秀州，南宋王象之《輿地紀勝》載有華亭縣。至元代陞縣爲府，始載其事於《至元嘉禾志》。至清代，宋時之華亭一縣，兼有松江府一廳七縣之地。

《雲間志》分上、中、下三卷，續一卷。上卷分封域、道里、城社、鎮戍、坊巷、鄉里、學校、版籍、姓氏、物産、廨舍、場務、倉庫、稅賦、橋梁、亭館、人物、古蹟，中卷分仙梵、寺觀、祠廟、山、水、堰閘、冢墓、知縣題名、進士題名，下卷分賦、詩、墓誌、記、序、説、銘、箴、祭文等門類，前後有序跋。

至於該志編纂經過，楊潛自序稱華亭爲今壯縣，生齒繁夥，財賦浩穰。南距海，北瀕江，四境延袤，視偏壘遐障所不逮。質之《寰宇記》、《輿地廣記》、《元和郡縣志》，僅得疆理大略。至如先賢勝概、戶口租稅、里巷物産之屬，則闕不載焉。前此邑人蓋嘗編類，失之疏略。續雖附見於《嘉禾志》，然闕遺尚多。有感於此，知華亭縣楊潛與邑之博雅君子相與講貫，疇諸井里，考諸傳記，質諸故老，有據則書，有疑則闕，有訛則辯，凡百里之風土，粲然靡所不載。至若前輩詩文，散落於境内者非一，姑摭南渡以前者附於卷末。書成，而鋟諸墨，公帑匱而莫能舉，又得邑之賢士大夫鳩工助成是書也。此《雲間志》編纂經過之大概。據自序，是志於南宋光宗紹熙四年六月編次，十月書成。但從書中所載内容可知，是書在編成之後，仍續有增補。錢大昕《䂓經室外集》云：書成於紹熙四年，而《知縣題名》載至淳祐、寶祐而止，則張穎以下三十人乃後人所續增。又《進士題名》載至淳祐（一作寶祐）

元年姚勉榜錢拱之而止，則慶元五年趙汝詒以下二十四人亦後人所續入。又自序稱詩文摭南渡以前者附於卷末，而末有數葉載樓鑰、魏了翁諸記，亦疑爲後人所增補。

歷代學者對是志評價甚高，認爲是志按據舊圖經，搜羅古碑碣，詳載故實題詠，内容繁簡得中，體裁最爲縝密，不讓宋人《會稽》、《新安》諸志，與周淙《臨安志》相上下。元徐碩《至元嘉禾志》每條下所繫考證以典核稱，而華亭一縣之考證乃全取是書中語，是知楊潛此志甚爲時人所重。明人顧清及陳繼儒似嘗見此二書，而改易其文，多所舛誤。清康熙年間，知府郭廷弼作郡志亦嘗本之。

是志最早見《宋史》卷二〇四《藝文志》著録。清修《四庫全書》時，搜羅宋元方志，而楊潛《雲間志》因後出，不得預其書。阮元嘗進呈，是志藏書家罕有著録。錢大昕嘗從王鶴谿借鈔得之，並寫一本，以遺王蘭泉，後藏諸袁廷壽家。袁氏好收書，因鈔得之。清嘉慶十九年，郡中沈恕得吳門袁廷壽手鈔本而重梓之。華亭沈恕，好古之士，家有古倪園，購求古書藏之，重付剞劂，其表章之功甚偉。是志前有宋如林、孫星衍重刊序，後有錢大昕、顧廣圻、王芑孫三跋，即今所見古倪園沈氏刻本。道光十一年，又嘗重印。清光緒二十年，觀自得齋石埭徐氏又刻之，即徐氏觀自得齋本。此外，該書還有明鈔本，卷末有清黄丕烈跋二則，藏北京大學圖書館。又有舊鈔本，藏中國國家圖書館。而清阮元輯本，收入《宛委别藏》中。今以清嘉慶年間華亭沈氏古倪園刻本爲底本，校以徐氏觀自得齋本、宛委别藏本、明鈔本，以及其他相關文獻，加以校點整理。

李勇先

二〇〇九年三月書於川大竹林村

目錄

雲間志卷中

序

雲間志序一

華亭爲今壯縣，生齒繁夥，財賦浩穰。南距海，北瀕江，四境延袤，視偏壘遐障所不逮。質之《寰宇記》、《輿地廣記》、《元和郡國圖志》，僅得疆理大略。至如先賢勝概，戶口租税，里巷物産之屬，則闕焉。前此邑人蓋嘗編類，失之疏略。續雖附見於《嘉禾志》，然闕遺尚多，元空觀覽。余謬領是邑，雖日困於簿書期會，而此心實拳拳。今瓜代有期，不加討論，以詔來者，則鞅鞅不滿，若將終身焉。於是元空邑之博雅君子相與講貫，疇諸井里，考諸傳記，質諸故老，有據則書，有疑則闕，有訛則辯，凡百里之風土，粲然靡所不載。至若前輩詩文，散落於境內者非一，姑摭南渡以前者附於卷末。書成而鋟墨，公帑匱而莫能舉，又得邑之賢士大夫鳩工助成是書也。雖一邑之事，未足以廣見聞，異時對友朋則可以資談麈，事君父則可以備顧問，孰謂其無補歟？

紹熙癸丑仲冬旦日，奉議郎、特差知秀州華亭縣主管勸農公事、兼兵馬都監、兼監鹽場主管堰事、借緋楊潛謹序。

雲間志序二

嘉慶壬申，余擢守雲間，適有修志之役。因訪求松乘遺書，竊見元明以來，有僅存其目而無其書者。如大德《松江郡志》、至正《續松江志》、洪武《吴郡志》及永樂新志是也。成化《雲間通志》前志屢爲稱引，雖有傳書，而存者已尠。惟紹熙《雲間志》、徐碩《嘉禾志》二書自宋迄今，閲數百年〔一〕，幸少闕佚，而此邦文獻亦藉以資攷證。今《嘉禾志》已刊四庫書目，世間祇有影鈔善本。《雲間志》雖晚出，自竹汀少詹購鈔，後藏諸袁君廷壽家，得屺雲司馬重付剞劂，表章之功甚偉。夫書之顯晦存乎其時，非得好學深思之士愛而傳焉，則名山之業就湮者多矣。雲間有志，昉自楊潛，其體裁最爲縝密，顧、陳諸志，往往取材於是，宜竹汀諸公歎賞不置。沈君十峰成其兄屺雲未竟之業，而屬序於余。余嘉其汲古功深，能繼其事，誠如惕夫王君所云「議新志不若刻舊志」。余輯郡志適成，而益歎古人之不可及也。是爲序。

戊寅六月下浣，宋如林書於郡署之海石堂。

重刊雲間志序一

國家集四庫書，載諸宋元方志，而宋楊潛《雲間志》以後出，不得預其書。按據舊圖經，搜羅古碑碣，詳載故實、題詠，書僅三卷，繁簡得中，不讓宋人《會稽》、《新安志》也。余自嘉慶癸酉有松江府修志之役，病舊志之不能典核，因求松江事迹，惟華亭一縣見於王象之《輿地紀勝》。至元昇縣爲府，始載其事於《嘉禾志》，並楊潛之書，爲一郡掌故。康熙間，知府郭廷弼作郡志，本之明人顧清及陳繼儒，時亦似見此二書者，而改易其文，又多舛誤。如沿革蘇州增「大曆中改爲雄州，建中元年復名蘇州」等語，並不知雄州之爲郡望，如縣之有赤、緊，非州名也。其諸山則刪節《雲間志》高若干丈，周回若干里，不知古人測量之法。古迹則誤以《雲間志》靜安寺記有「赤烏中建，號滬瀆重元寺」之文，遂謁爲有赤烏碑。知縣題名《輿地紀勝》有唐蘇籥引《晏公類要》云「攝華亭令，在官簡惠，莅事公正」，亦見《雲間志》。郡志僅載其名，刪其在官莅事之迹。又《雲間志》張聿無以進士任之文。包某德宗時蓋缺其名，郡志改「包某」爲「包何」，刪「德宗時」三字。《雲間志》宋知華亭縣商餘慶、劉唯一等名下俱有「咸平五年」、「景德元年」等字，郡志反刪落在官年分。《雲間志》進士題名唐有三禮科顧謙，郡志脫之。其布衣被召賜第及特奏名者皆遺落不載。其所引古書，不載出典，以意增改其文，不及更僕數也。則知《雲間志》之不可不刊以行世也明甚。余病今世修志無著作好手，不如刻古志於前，以後來事迹續之。或山川古迹舊有遺漏舛誤者，不妨別爲考證一卷。華亭沈司馬恕者，好古士也，家有古倪園，搆求古書藏之，出示此志，後有錢少詹大昕題記。因余言，即付之梓。他時恐郡志之成卒不及古人矣，書中謁缺得顧茂才廣圻是正之，又校以《至元嘉禾志》，庶得十八九。考《輿地紀勝》尚有《寶雲寺碑》在華亭縣南卅五里，又有《大唐蘇州華亭縣顧亭林市新創清雲禪院記》，大中十四年歲在庚辰吴興沈瑊述並書。又有《亭林法雲寺感夢伽藍神記》，慶曆六年記。碑文皆不見《雲間志》，恐今石亦並亡矣。顧茂才又檢古刻叢鈔有華亭唐故陸氏廬江郡何夫人、唐故陸氏劉夫人二墓誌銘，及戴府君墓誌，俱可補爲雲間故迹者。聊因序録此志並及之。

時歲甲戌陽湖孫星衍撰於冶城山館。

重刊雲間志序二〔二〕

宋時華亭一縣兼有今松江一府一廳七縣之地，而猶未止也，何以言之？曰：《雲間志》所管十三鄉雖與今同，然今十三鄉所管也止四十八保，而《雲間志》乃有五十二保。閒嘗攷明正德府志，自西南境楓涇鄉保以次左旋，迄西北境海隅鄉五十保而止，如櫛之比，區畫井然，以證《雲間志》各鄉所管保數合者十有一鄉，其不合者惟仙山鄉三保、新江鄉四保，正德府志各殺其一。今按仙山地居服裏，新江雖鄰嘉定，而與修竹、海隅各保遞廁無間。是《雲間志》所溢之數不溢於五十之外，而溢於五十之内，必無是理，殆舊本傳寫之誤未可知。然較之今所管四十八保尚遺其二，則據國朝康熙府志云：北亭鄉三十二保，海隅鄉四十八保，皆分隸嘉定。今北亭之三十一、三十三保暨海隅之四十九保並與嘉定錯壤，華亭舊地猶可按圖而索。予故曰兼有今松江一府一廳七縣之地，而猶未止也。特康熙府志不詳分隸於何時，而嘉定縣志並所分隸者而不知，意者其在萬曆改併青浦各鄉之際，故未一見崇禎府志不知詳焉否乎。若嘉慶府志，則並分隸之說而芟之矣。古人志地之書首重疆理。班孟堅爲《地理志》，重述《禹貢》古文，豈不憚煩哉！不徵於古，不信於今也。《雲間志》詳敘封域鄉里，猶有古之遺意。奈何後之人於因革之大端漫不加察耶？雲間有志，據楊潛自序，固不自潛始。前於潛者眇不可知，後於潛者湮滅抑多矣，而潛書乃僅而得存，不誠吾邦之幸事哉！沈氏刊版燬於寇，書存亦尠。曩預修志之役，展轉假得表弟謝君斐章爲予錄副，珍諸篋笥，忽忽十餘年。徐觀察子靜見而愛之，因慫恿重刊。席君孟則、朱君懋之相與校理。始癸巳仲冬，迄甲午暮春，乃竣厥事。邑人閔萃祥書於上海寓次。

雲間志纂修人員

《雲間志》三卷，以紹熙四年六月編次，十月書成。預纂修者書氏名於左：

從事郎、新差監行在太平惠民南局朱端常。

迪功郎、新信州州學教授林至。

迪功郎、新饒州州學教授胡林卿。

奉議郎、特差知秀州華亭縣、主管勸農公事、兼兵馬都監、借緋楊潛。

【校勘記】

〔一〕閱：觀自得齋叢書本無。

〔二〕按此序原本無，據觀自得齋叢書本補。

雲間志卷上

封域

華亭在《禹貢》爲揚州之域。在周爲吳地。吳滅，入越。越滅，入楚。秦併天下，分三十六郡，始屬會稽郡。漢世因之。順帝永建四年，分浙江以東爲會稽郡，西爲吳郡。華亭雖吳郡地，猶未見之史傳。孫氏霸吳，盡有其地。建安二十四年，封陸遜爲華亭侯，始見之《吳志》矣。晉、宋、齊、梁未之改易。隋平陳，始置蘇州，迨唐天寶十年，以華亭爲縣，屬蘇州治。按《新史》、《寰宇記》以爲本嘉興縣地，《輿地廣記》以爲本崑山縣地。崑山，即漢婁縣。梁大同初，易今名。《元和郡國圖志》云〔一〕：吳郡太守趙居貞奏割崑山、嘉興、海鹽三縣爲之。今邑之四境與三縣接，《郡國圖志》爲不誣矣。僖宗入蜀，時羣盜盤結，王騰據華亭。《唐·周寶傳》：「王敖據崑山，王騰據華亭。寶練卒自守，發杭州兵戍縣鎮。」按僖宗幸蜀，則中和元年也。其後吳越王錢鏐遣顧全武拔之，自此地入吳越。按《九國志》顧全武平嘉興，取崑山，雖無拔華亭事，《通鑑》乾寧四年錢鏐遣顧全武取蘇州，乙未拔松江，戊戌拔無錫，辛丑拔常熟、華亭。晉天福五年，以嘉興縣爲秀州，而割華亭隸焉。按置秀州，《五代史》云晉天福中，《寰宇記》以爲四年，《吳越備史》五年三月敕陞嘉興爲州，而以華亭及新置崇德隸焉，則《備史》年月差詳云。至於縣之得名，《通典》、《寰宇記》云地有華亭谷，因以爲名。按《陸遜傳》，遜初封華亭侯，進封婁侯，次江陵侯。漢法十里一亭，十亭一鄉，萬戶以上或不滿萬戶爲縣，凡封侯視功大小。初亭侯，次鄉縣郡侯。以遜所封次第考之，則華亭漢故亭，留宿、會之所也。漢亭二萬九千六百六十五，吳所封亭侯如西亭、烈亭、東遷亭、新城亭之類。今縣有華亭鎮印，或者遂謂自鎮爲縣，不知所謂鎮者，唐因隋制置鎮將副，以掌捍防守禦之事，縣之冗職耳。《通典》隋置鎮將副，其職甚卑。唐因之，有上、中、下。《新史》以防守多寡分之〔二〕。唐季、五代，或用土豪小校爲之。舉吳郡屬縣崑山、常熟、華亭、海鹽、吳江皆有鎮將，以沿海防禦之處。《九域志》楊行密、吳越王相攻，取崑山、常熟鎮是也。國初，鎮將雖存，而縣令及尉實掌其權。《續通鑑》據《國史》本志、《會要》趙韓王行狀，五代以來鎮將用節度親隨爲之，凡事專達於州，縣吏失職。建隆三年，詔盜賊鬭訟，縣令及尉領之，各置弓手，而鎮將止統在縣。太平興國中，用本州牙吏耳。時華亭在吳越，雖未歸土，而廢罷鎮將蓋始於此。《祥符圖經》載，鎮在西南二百步，而《元豐九域志》則廢矣。按《祥符圖經》崑山鎮在縣東一里，常熟鎮在縣南二百步，吳江鎮在縣下，《九域志》皆廢。元祐間，太史范公祖禹奏議曰：「祖宗分天下爲十八路，置轉運使、提點刑獄，收鄉長鎮將之權歸於縣。如自鎮而爲縣，則《新史》、《輿地志》諸書不應略而不言也。若夫雲間之名，則自陸士龍對張茂先所謂「雲間陸士龍」一語云。

道里

邑之四垂，《祥符舊經》書之詳矣。至於去州遠近，考之《元和郡國圖志》、《元豐九域志》不能無少異者。蓋《元和》云百七十里，舉蘇州而言也。《元豐》云百二十里，舉秀州而言也。若夫四至八到〔三〕，大抵皆水程也〔四〕。

縣境東西長一百六十里，南北闊一百七十三里。

東至海八十里。

西至平江府長洲縣界八十里。

南至海九十里，以小官浦爲界。

北至平江府崑山縣界八十里。

東南到明州界九十里。

西南到海鹽縣界六十里。兩縣相去一百二十里。

東北到平江府崑山縣界一百十里。兩縣相去一百三十三里。

西北到平江府崑山縣界一百五十里。兩縣相去二百里。

城社

縣之有城，蓋不多見。華亭邑於海壖，或者因戍守備禦而有之。紹興乙亥歲，酒務鑿土，得唐燕胄妻朱氏墓碑，以咸通八年窆於華亭縣城西一里，鄉名修竹，是唐之置縣固有城矣。廢興之由，莫得而詳，疆域尚髣髴可識云。

縣城周回一百六十丈，高一丈二尺，厚九尺五寸。

古城在縣西南六十里。

按《祥符圖經》載古城，今未詳所在。

社壇在縣西北二里。

鎮戍

華亭襟帶江海〔五〕，上而吳、晉，近而吳越，嘗築城壘，置防戍，所以控守海道者至矣。今沿海鎮寨倍於他邑〔六〕，是亦捍置上流之意云〔七〕。

青龍鎮。去縣五十四里，居松江之陰，海商輻輳之所。鎮之得名莫詳所自，惟朱伯原《續吳郡圖經》云昔孫權造青龍戰艦，置之此地，因以名之。國朝景祐中，置文臣理鎮事，以右職副之。今止文臣一員。政和間，改曰通惠。高宗即位，復爲青龍云。

管界水陸巡檢司。在青龍鎮中。

金山巡檢司。在縣東南九十里。

戚漴巡檢司。在縣東南一百里。

杜浦巡檢司。在縣東北七十里。

坊巷

坊巷之名，皆因俗之舊，非有遺迹故事也。今生齒繁阜，里閭日闢，所誌者特存其舊耳。顯善、勸義二坊，則令楊潛因邑人之孝義者特表之，以感化里俗云。

石獅巷。在縣東一百二十步。

石條巷。在縣東六十步。

倉橋巷。在縣東一百步。

郭門巷。在縣東一百七十步。

鹽倉巷。在縣西二十步。

廣明橋巷。在縣西四十步。

前　巷。在縣西六十步。

後　巷。在縣西八十步。

亭橋巷。在縣西一百三十步。

東私路巷。在縣西二百五十步。
西私路巷。在縣西二百六十步。
福順廟巷。在縣西三百步。
莫家巷。在縣西三百五十步。
竹木巷。在縣南二十步。
城隍廟巷。在縣南五十步。
廂　巷。在縣南六十步。
金山忠烈廟巷。在縣南七十步。
石碑巷。在縣南八十步。
紀家巷。在縣東南一百三十步。
毬場巷。在縣東南一百五十步。
石幢巷。在縣西南一百五十步。
童家巷。在縣西南一百八十步〔八〕。
陸家巷。在縣西南二百三十步。

丘家灣。在縣東北一百八十步。
田家灣。在縣西南三百五十步。
顯善坊。在縣東南二百五十步。
勸義坊。在縣西南五百四十步。

鄉里

按《祥符圖經》、《元豐九域志》華亭管十三鄉。《寰宇記》云舊十鄉，今十七鄉。考縣之諸鄉，與舊經、《九域志》同。然《唐顧府君墓誌》葬北平鄉，《丘府君墓誌》葬昌唐鄉。以道里考之，北平今北亭也〔九〕，昌唐今仙山也，又舊傳修竹本谷陽鄉，三者廢易年月未詳。

集賢鄉。在縣西北二十里〔一〇〕。三保，五村。管里四：集賢、萬安、美賢、清德。

華亭鄉。在縣東北四十里。三保，七村。管里二：華亭、旗亭。

修竹鄉。在縣西九十里。三保，十二村。管里三〔一一〕：濮陽、儀鳳、驅塘。

胥浦鄉。在縣西南五十里。三保，九村。管里五：胥浦、壇浦、平江、朱涇、治宅〔一二〕。

風涇鄉。在縣西南六十里。三保，八村。管里三：風涇、涂繆、養民。

新江鄉。在縣北七十里。四保，十二村。管里二：新江、崧宅。

北亭鄉。在縣東北八十里。四保，十六村。管里三：崧子、北亭、封林。

海隅鄉。在縣西北九十里。四保，十一村。管里二：蘊土、漢成。

高昌鄉。在縣東北一百二十里。九保，十五村。管里四：高昌、盤龍、横塘、三林。

長人鄉。在縣東九十里。六保，十二村。管里三：長人、將軍、高陽。

白砂鄉。在縣東南一百二十里。三保，十村。管里三：白砂、九稜、横林。

仙山鄉。在縣東南三十里。三保，六村。管里六：仙山、顧亭、新涇、柘湖、少平、臨湖。

雲間鄉。在縣東南一百里。四保，十村。管里四：招賢、白苧、雲間、小平。

學校

學舊有記五。嘗考其本末，天禧間，有夫子廟而已，湫隘庳陋，旁不可爲齋館。後六十有五年，陳侯謐始欲興學，邑人衛公佐、公望獻縣之東南地，且自度殿材，爲買國子監書，以資諸生。如是數年，至令劉鵬，始克就緒。學之成其難也如此。紹興以來，楊壽亨、周極、侍其銓相繼修之。今學舍整好，什百俱備，學糧租錢，視他處爲厚。國家所以養士者，可謂無負矣。

在縣東南二百步，堂曰明倫。齋五，曰居仁、由義、隆禮、育才、養性。堂舊名進德，令楊潛改今名。

版籍

華亭置縣始於天寶。《唐史》志地理，蓋舉天寶之盛而言之。蘇州所統縣七，今秀州之地皆屬焉。其爲戶七萬六千四百二十一，口六十三萬二千六百五十。國朝《九域志》所載秀州四縣之籍，戶十三萬九千一百三十七，視唐蘇州七縣之數幾倍之矣。華亭一邑，舊圖經所書主戶五萬四千九百四十一〔一三〕，口十萬三千一百四十三。今見管戶九萬七千。

姓氏

左太沖《吳都賦》云：「其居則有高門鼎貴，魁岸豪傑，虞、魏之昆，顧、陸之裔。」注謂虞、魏、顧、陸，皆吳之貴姓。陸士衡《吳趨行》云：「八族未足侈，四姓實名家。」注引張勃《吳錄》曰：「四姓：朱、張、顧、陸也。」按虞、魏、朱、張概爲吳郡人，而顧、陸特華亭著姓。洪慶善《世說敘錄》述吳郡顧氏，而別族者三，莫知其世次，野王則其一也。陸氏則自漢之東世爲名族，吳、晉以來或以功業顯，或以才學稱。以《唐宰相世系》考之，玩之子始號太尉枝，其後有元方、象先、希聲、瑁之。孫瓘號侍郎枝，其後曰贄，曰扆。此其源流遠矣。

物産

華亭負海枕江，原野衍沃，川陸之産兼而有焉。李翰《屯田紀績頌》謂嘉禾在全吳之壤最腴，且有「嘉禾一穰，江淮爲之康」等語。今華亭稼穡之利，田宜麥禾，陸宜麻豆，其在嘉禾之邑則又最腴者也。縣之東地名鶴窠，舊傳産鶴，故陸平原有「華亭鶴唳」之歎。《瘞鶴銘》謂壬辰歲，得於華亭。劉禹錫《鶴歎詩序》亦云：「白樂天罷吳郡，挈雙鶴雛以歸，翔舞調態，一符相書，信華亭之尤物也。」《太平寰宇記》稱華亭谷出佳魚、蓴菜，陸平原所謂「千里蓴羹」，意者不獨指太湖也。其有資於生民日用者，煮水成鹽〔一四〕，殖蘆爲薪，地饒蔬茹，水富蝦蠏，舶貨所輳，海物惟錯。茲土産大略也。《寰宇記》又於崑山縣載《吳地記》云：「石首魚冬化爲鳧，小魚長五寸，秋社化爲黃雀。」斯言固涉迂怪，然今華亭亦多野鳧。楝始華而石首至，霜未降而黃雀肥，豈非縣本崑山之地故歟？

廨舍

縣自宰貳而下，邑僚凡十五員。四鹽場、四巡檢之居邑外者不與焉，公宇之視他邑亦盛矣。舊有提舉市舶廨舍，在縣之西。乾道二年，併舶司歸漕臺。今廢。縣治在市東北五十步，因大門爲之樓。其手詔亭、頒春亭皆在門外之東偏正廳之前，因中門爲勅書樓。架閣有東西樓，在兩廡間〔一五〕。東廡分列諸吏舍，西廡則諸庫分隸焉。

縣丞廨舍。在縣西一十步。

主簿廨舍。在縣西七十步。

縣尉廨舍。在縣東二百三十步。

監鹽廨舍。在縣西南三百步。

監酒廨舍。在縣西三百步。

造船場官廨舍。在縣西南五百四十步。

市舶務監官廨舍。在縣西南二百九十步。

監稅廨舍。在縣西七百一十步。

支鹽官廨舍。在縣南二百一十步。

場務

利之在官者輕，爲之名色〔一六〕，則其後卒不可去，爲他日無窮之弊。邑之版帳，其初已難辨。紹興間爲邑者，額外釀酒，以求辨其數，州家以爲擅其利也，盡拘爲月樁，於是酒額幾倍前，日歲未免敷之於民。乾道中，始議蠲減，而以南四鄉苗稅折錢補之。若夫減民生日用之稅，則自高宗紹興以來而然。版帳本州坐下一歲錢二十一萬九千五百二十六貫五百文，而諸色泛抛、主管司、縣官俸給支遣不與焉。

酒務清煮兩界祖額六萬六千二百五十貫一百四十八文〔一七〕，遞年趁辦實一十一萬五百八十九貫一百六十文〔一八〕。

稅務祖額六萬一千七百一十三貫七百四十四文〔一九〕，自紹興以來捐柴薪麥麵等稅外，歲合趁辦四萬八千四百六十三貫七百七十四文。

住賣茶遞年九十萬一千七百一十九斤。

住賣鹽遞年六十九萬九千九百斤。

住賣香遞年三十二斤一十一兩一錢。

住賣礬遞年一千八百五十斤。

鹽監統縣祖額五十四萬七千三百四十九碩九㪷九勝五合。

酒　務。在縣西五百九十步。

平準務。在縣西。今廢。

稅　務。在縣西七百步。

東稅務。在縣東八百步。

市舶務。在縣西六百步。

造船場。在縣西南五百四十步。

金山稅場。在縣東南九十里。

浦東鹽場監官廨舍。在縣南七十里。

浦東場。在縣南七十里。
金山場。在縣東九十里。
遮山場。在縣東七十里。
柘湖場。在縣南七十里。
横浦場。在縣南七十里。
袁部鹽場監官廨舍。在縣東南一百里。
袁部場。在縣東一百里。
六鶴場。在縣東九十里。
横林場。在縣東一百里。
蔡廟場。在縣東南一百里。
戚漴場。在縣東南一百里。
青村鹽場監官廨舍。在縣東九十里。
青村南鹽場。在縣東九十里。
青村北鹽場。在縣東九十里。

下砂鹽場監官廨舍。在縣東南九十里。
下砂南場。在縣東南九十里。
下砂北場。在縣東南九十里。
大門場。在縣東南一百里。
杜浦場。在縣東南八十里。
南蹌鹽場。在縣東北一百二十里。去縣既遠，江灣場受納人戶産稅則屬本縣。

倉庫

秀屬邑四，而華亭租賦視他邑爲最，歲盡歸於郡倉，無復輸於邑者。昔劉發記濟民倉，謂民之輸於州者以爲勞我，願築倉於縣，以時其入。今也不然，豈時異而事不同耶？鹽倉三，本屬常平茶鹽司，因附書焉。

濟民倉。在縣西湖之東北。嘉祐八年建。

常平倉。在縣南一百五十步。元祐元年建，乾道八年廢，併入濟民倉。今爲支鹽官廨舍。

北鹽倉。在縣西北三十步。

西鹽倉。在縣西湖之東。乾道七年廢，併入北鹽倉。

支鹽倉。在縣西北三十五步。乾道六年閏五月奉朝旨移置本縣。

轉般倉。在縣東南三十六里張涇堰之下。乾道八年置，專爲浦東運鹽設也。

諸色官錢庫。在縣治之西廡。

稅賦

諸鄉稅租輕重大略與隣邑無大相過。若夫雲間、仙山、白砂、胥浦四鄉，歲輸秋租，獨爲緡錢者。自鹹水爲害，四鄉皆爲斥鹵之地。乾道中，既築隄堰，民漸復業。會邑人以酒額虚數告病，時參政錢公良臣請於朝，乞捐減酒額，且以南四鄉租稅償之，苗碩爲錢三千省，視北九鄉稍優，惟是隸於版帳月解之數〔二〇〕，民未免先期而輸，亦其勢然也。

夏稅

一十五萬三千三百五十三貫一百十五文。

秋苗

粳米一十一萬二千三百一十六碩九㪷一勝四合六勺一抄。

橋梁

跨川爲梁，澤國居多。故吳中三百九十橋見於樂天篇詠，所從來舊矣。華亭環邑皆水，須橋以濟。且以顧會一浦觀之，紹興乙丑歲浚治此浦於河之東，建石梁四十有六，他可知已。今縣治之内〔二二〕，砥石甃甓，若架木而成者數踰七十，不可殫紀，姑舉通衢之高大者揭名如左：

縣橋。在縣南一十步。

市橋。在縣西三十步。

舊米倉橋。在縣東二百二十五步。

震　橋。在縣東二百三十五步。其上飛宇翼然，俗呼爲東亭橋，又名虹橋。政和間，邑宰姚舜明謂主位頗虚，作亭以鎮之。

郭門橋。在縣東二百三十步。

廣明橋。在縣西二十步。

望雲橋。在縣西七十步。

大吳橋。在縣西北二百五十步。

妙明橋。在縣西北二百五十八步。

西亭橋。在縣西市二百八十步。飛閣於上。今名麗澤橋。

普照寺橋。在縣西二百八十步。

悦安橋。在縣西四百八十步。橋側鐫一「佛」字稍大，俗呼佛字橋。

坊　橋。在縣西五百九十步。

平政橋。在縣西六百二十步。

長壽橋。在縣西七百五十步。

太平橋。在縣西南五百四十步。

合掌橋。在縣西南四百一十步。

德風橋。在縣西南四百七十步。

瑁湖橋。在縣西南五百步。在陸瑁養魚池西南，即今之西湖。

沙家橋。在縣西南四百步。

丁行橋。在縣西南二百七十步。

三　橋。在縣西南二百五十步。

鳳皇橋。在縣西南二百九十步。

新　橋。在縣南二百八十步。

迎仙橋。在縣東南四百步。

望仙橋。在縣東南四百步。

米市橋。在縣東南三百三十八步。

莊老橋。在縣東南二百五十步。

居士橋。在縣西北三百五十步。

東榮橋。在縣東七百二十五步。

張塔橋。在縣東八百十步。

明星橋。在縣東一千一百十步。

永安橋。在縣西北三百七十步。

浄土橋。在縣東南四百十步。

通利橋。俗名俞塘橋〔一二二〕。在縣東北五里。以下四橋在縣之外。

安就橋。跨古浦塘，在縣西三里。俗呼跨塘橋。

通濟橋。在縣西南四十八里。跨古泖，俗謂泖橋。長六百尺，廣一丈。

鳳皇橋。在縣西北二十七里。跨顧會浦，西接鳳皇山之尾，因山得名。

古鳴鶴橋。在縣東北岡身。吳越武肅王錢氏造華嚴院於此。今呼爲北板橋。

亭館

古者君子必有游息之所，舒廣其視瞻，清寧其心志，非以爲觀美也。邑之亭館無幾，廢者不復興存，名稱屢易〔一二三〕，而棟宇勿治，其暇爲觀美哉！姑志之，以俟後之思舊者。

芳蘭堂

縣治之中堂。政和中，令姚舜明爲之記。

思齊堂

舊曰弦歌堂，在縣治之東。《朱之純集》有《縣齋詩序》：元祐庚午，令彭城劉鵬新其堂曰弦歌，亭曰三山，閣曰艮閣。今曰思齊，未詳改易年月。

東堂

舊曰三山堂，在縣之東偏。亭下有三山，在水中。朱之純有《三山亭》詩，即此也。其後有改曰貽牟者。紹興中，陳祖安爲令，溫大著革爲易今名。溫有《東堂》

詩：「鳴琴拂榻此遊衍，作詩何止誇鼇牟。」即此堂也。

招鶴亭

舊曰艮閣，在縣東偏。朱之純《艮閣》詩：「畫閣峨然冠翠巒〔二四〕，更瞻艮地特巑岏。」今曰招鶴，未詳改易年月。

盡心堂

在縣治西偏，莫詳建立年月。初，政和間，姚舜明爲邑，撫摩其民，無所不盡其敬，嘗以元豐、元符斷獄之制書而揭之獄〔二五〕。乾道八年，令陳峒始移置堂之中，榜曰盡心，蓋取吾夫子所謂「刑者，侀也。侀者，成也。一成而不可變，故君子盡心焉」之意，且自爲之記。其後葉仲英始改曰琴堂。

思堂

在丞廳。本舊鹽監，章楶質夫爲鹽監官，作思堂於公宇，東坡及質夫族人望之爲記。今廢。

棲鸞

在簿廳東偏。乾道元年簿鄭茂建。

公餘風月

在簿廳後。嘉定九年，簿四明陸垕建。

折桂閣

在尉廳之中。天聖四年，秉義郎、縣尉江炳建。右文殿修撰李公夔元豐初爲尉，時生大丞相忠定公綱於此，俗因呼爲相公閣。淳熙十一年，尉巫清允改曰折桂。今廢。

夢燕堂

嘉定十二年，尉鄱陽洪倜即相公閣之故基建堂於其上，取唐張燕公事，榜以今名。

西亭

在尉廳西偏。皇祐四年，尉鄭方平造〔二六〕。紹興間，太師嗣秀王伯圭爲尉時重建。後尉巫清允再修，改曰易春。繼復傾圮，扁榜不存。嘉定十三年，尉洪倜復新之，仍立舊名。

逃禪

尉巫清允建，後廢。嘉定十三年，尉洪倜拭東廡一堂〔二七〕，以舊名榜之。

敬齋

尉巫清允建，後廢。嘉定十三年，尉洪倜闢夢燕堂之西偏〔二八〕，揭以舊名。

梅館

在縣廳西偏。淳熙四年尉李昌建。

風月堂

在舊舶司前，瞰瑁湖，水光風月在几案間，蓋一勝致也。初，毗陵胡公承美爲之名，蓋取白樂天「水檻虛涼風月好」之語。後鄱陽洪君邦佐始葺而新之。曾文清公幾有詩曰：「雖多不用一錢買，縱少足供千首詩。」今廢。

湖光亭

在舊舶司風月堂之西偏。曾文清公幾有詩曰：「一天倒影澄秋色，萬頃浮波浸月華。」今廢。

亦足堂

在造船場。乾道元年，孫紹遠創，且爲之記。

雲間館

在縣西六百步。建炎二年建。今廢。

濯纓亭

在縣南一十步。紹興三年建。

谷陽亭

在縣西門外五里。乾道七年令堵觀建。

人物

雲間人物自東漢有聞焉。陸康之祖續以獨行著，續之祖閎建武中爲尚書令，范史稱會稽吳人，世爲族姓。遡而上之，其先十一世祖陸烈爲吳令、豫章都尉，葬於胥亭，子孫遂爲吳人。此則機、雲先世也。推而下之，玩之元孫慧曉仕齊，終輔國將軍。自玩至其孫萬載世爲侍中，皆有名行，時人方之金、張。慧曉三子，僚、任、倕，並有美名，時謂三陸。慧曉兄子曰閑，爲揚州別駕。四子：厥、絳、完、襄。完生雲公，中書黄門郎。其後有曰瓊、曰琰、曰瑜、曰玠、曰琛者，皆閑之裔，史各有傳，俱云吳人，雖爲陸氏子孫，然安知其悉居華亭耶？按劉璡至吳，聞張融與慧曉並宅，其間有池，命駕往酌，則慧曉已居吳郡矣。舊圖經、《嘉禾志》所載人物止及冢墓之在茲地者〔二九〕，HT5』K而顧野王、陸褘迺闕不著。今倣其舊，而補所遺焉。唐錢起考功《送陸贄擢第還蘇州》詩云：「鄉路歸何早，雲間喜擅名。」又云：「華亭養仙羽，計日再飛鳴。」據「雲間」、「華亭」等語，則宣公之先疑亦有華亭居者。然宣公生於天寶以後，史傳稱嘉興人，故不復載。若迺聖朝人材之盛未易遽數，有國史、家傳在，特書不一書，尚俟來者。

後漢陸康。字季寧，吳郡吳人。少仕郡，以義烈稱。舉茂才，除高成令，以恩信爲治，寇盜亦息。光和元年，遷武陵太守，轉守桂陽、樂安二郡，所在稱之。拜廬江太守，申明賞罰，破賊黃穰等，靈帝嘉其功，拜康孫尚爲郎中。少子績。

吳陸績。字公紀。幼年曾謁袁術，懷橘墮地者也。容貌雄壯，博學多識，星曆算數，無不該覽。孫權辟爲奏曹掾，以直道見憚。出爲鬱林太守，加偏將軍，雖有軍事，著述不廢。

陸遜。字伯言。祖紆，敏淑有思學。守城門校尉。父駿，淳懿信厚，爲邦族所懷，官至九江都尉。遜少隨從祖廬江太守康在官，袁術與康有隙，將攻康，康遣遜及親戚還吳。遜年長於績，爲之綱紀門戶，呂蒙謂孫權曰：「陸遜意思深長，才堪負重，觀其規慮，終可大任。」權乃召遜拜偏將軍、右部督〔三〇〕，代蒙屯陸口。後克公安、南郡，拜撫邊將軍，封華亭侯。是歲，建安二十四年也。又以功進封婁侯。黃武元年，爲大都督，大破劉備於夷陵。赤烏七年，爲丞相。卒，追謚昭侯。

陸　抗。字幼節，遜子也。建興元年，拜奮威將軍。建衡二年，都督信陵、西陵、夷道、樂鄉、公安諸軍事，治樂鄉。鳳皇元年，晉車騎將軍羊祜率師向江陵，抗棄江陵赴西陵，破走晉荆州刺史楊肇，遂陷西陵。貌無矜色，謙沖如常，故得將士歡心。抗告其邊戍各保分界，於是吴、晉之間餘糧栖畝而不犯，牛馬逸而入境，可宣告而取，抗與祜有僑札之好。二年，拜大司馬、荆州牧。卒，子晏、景、玄、機、雲分領抗兵。景字士仁，拜騎都尉，封毗陵侯、偏將軍，澡身好學，著書數十篇。

陸　凱。字敬風，丞相遜族子也。黄武初，爲永興、諸暨長，所在有治迹。拜建武都尉，領兵，雖統軍衆，手不釋書。五鳳二年，拜偏將軍，封都鄉侯。遷盪魏綏遠將軍〔三二〕、征北將軍、鎮西大將軍，進封嘉興侯。寶鼎元年，遷左丞相，乃心公家，義形於色，表疏皆指事不飾，忠懇内發。建衡元年卒。

陸　瑁。字子璋，丞相遜弟也。少好學篤義，州郡辟舉，皆不就。嘉禾元年，公車召拜議郎，選曹尚書。孫權欲親征公孫淵，瑁再上疏諫，權嘉其詞理端切，遂不行。子喜，字文仲，亦涉文籍，好人倫，吴選曹尚書，晉散騎常侍。

陸　禕。凱子也。爲黄門侍郎、偏將軍。凱亡後，入爲太子中庶子。華覈表薦禕曰：「禕體質方剛，器幹彊固，董率之才，魯肅不過。在戎果毅，臨財有節。」初，孫皓常銜凱數犯顔忤旨，又陸抗時爲大將，故以計容忍。抗卒後，竟徙凱家於建安。天紀二年，與從弟式召還建業，復將軍、侯。

按《征北將軍陸禕墓碑》云：字元容。赤烏六年，徵宿衛郎中。後遷立義都尉、五官郎中、騎都尉，遷黄門侍郎，封海鹽侯。晉平南境，爾乃撫戎，入賓皇儲。而《吴志》止附見凱傳。凱嘗爲征北將軍。至於天紀二年陸禕召還建業復將軍、侯，乃見於陸胤傳末，豈禕亦嘗襲封征北侯於海鹽，天紀中復其舊爵而史失其傳耶？

晉陸　機。字士衡，吴郡人也。父抗，吴大司馬。機身長七尺，其聲如鐘。少有異材，文章冠世，伏膺儒術，非禮不動。抗卒，領父兵爲牙門將。後成都王穎討長沙王乂，假機後將軍、河北大都督。爲孟玖等譖於穎，言其有異志，使秀密收機。秀兵至，機釋戎服，著白帢，謂秀曰：「成都命吾以重任，辭不獲已。今日受誅，豈非命也。」因與穎牋，詞甚悽惻。既而歎曰〔三二〕：「華亭鶴唳，豈可復聞乎？」遂遇害於軍中。

弟雲。字士龍。六歲能屬文，性清正，有才理。少與兄機齊名，雖文章不及機，而持論過之，號曰二陸。幼時，吴尚書廣陵閔鴻見而奇之曰：「此兒若非龍駒，當是鳳雛。」年十六，舉賢良。吴平，入洛，成都王穎表爲清河内史〔三三〕。後上雲使持節、大都督前軍，爲孟玖所怨，穎殺之。

晋陸　曄。字士光，吴郡吴人也。少有雅望，從兄機每稱之曰：「我家世不乏公矣。」元帝鎮江左，辟爲祭酒，遷太子詹事〔三四〕。時帝以侍中皆北士，宜兼用南人。曄以清正著稱，遂拜侍中，徙尚書，領州大中正。明帝即位，累遷至録尚書事，加散騎常侍。成帝踐阼，拜光禄大夫。後因歸，以疾卒，贈侍中，謚曰穆。

陸　玩。字子瑶，曄弟也。器量淹雅，弱冠有美名，尚書左僕射、領本州大中正。及蘇峻反，遣玩與兄曄俱守宫城。玩潛説康術歸，以功封興平伯，轉尚書令。又詔授左光禄大夫、開府儀同三司，加散騎常侍。

陸　監。字始明，璩之子。少而隱静，方直抗烈，除後將軍司馬，以功封西陽亭侯。

陸景文。字叔辯。初爲安吉令，遷太守。卒。

陸　宏。績之長子。會稽南部都尉。顧野王。字希馮，吴郡吴人也。祖子喬，梁東中郎〔三五〕、武陵王府參軍事。父烜，信威臨賀王記室，以儒術知名。野王偏觀經史，精記默識，天文地理、蓍龜占候、蟲篆奇字，無所不通，又善丹青。陳天嘉中，領大著作，掌國史，後爲黄門侍郎、光禄卿。卒，贈祕書監、右衛將軍。有《玉篇》三十卷，《輿地志》三十卷，國史紀傳二百卷，文集二十卷。

古蹟

雲間所謂古蹟，往往多自袁、陸之舊。其後又有顧希馮居縣之東南，遺址在焉。景祐間，侍讀唐公詢爲邑，嘗按舊經爲十詠。今《祥符圖經》反不及焉，毋乃唐公所取有别本耶？《祥符》所記，疏略甚矣，間有一二可取。今合二家書，參之傳記，以補其遺，其先後一以歲月爲序。若夫田夫野叟，指某水曰始於某人，某丘曰始於某人，似若可聽，卒無所稽據，闕而不書，以俟後之博洽者。

金山城

在縣南八十五里。高一丈二尺，周回三百步。舊經：昔周康王東遊，鎮大海，遂築此城。南接金山，因以爲名。

吳王獵場

舊圖經云：吳王獵場，在華亭谷東。吳陸遜生此。子孫嘗所遊獵，後人呼爲陸茸。其地後爲桑陸。按陸龜蒙《吳中書事》詩云：「五茸春草雉媒嬌。」注謂：「五茸者，吳王獵所，茸各有名。」今所謂陸機茸，豈其一耶？

闔閭城

《寰宇記》云：袁崧城東三十里，夾江。又有二城相對，闔閭所築，備越處。

秦始皇馳道

在縣西北崑山南四里。相傳有大堽路，西通吳城，即馳道也。《輿地志》云：秦始皇至會稽句章渡海，經此。按漢賈山至，言秦爲馳道，徧於天下，東窮燕齊，南極吳楚，此所謂馳道之麗非此耶？

柘湖

舊圖：在縣南七十里。湖中有小山，生柘樹，因以爲名。《吳越春秋》、《元和郡國圖志》：海鹽本秦縣，漢因之。其後縣城陷爲柘湖，移於武原鄉，後又陷爲當湖。《宋武帝紀》：晉隆安五年，孫恩北出海鹽，帝築城於故海鹽。恩知城不可下，進攻滬瀆，則帝嘗於是築城矣〔三六〕。又《吳地記》：秦時有女子入湖爲神。湖周回五千一百一十九頃，其後湮塞〔三七〕，皆爲蘆葦之場。今爲湖者無幾〔三八〕。

陸機宅

陸士衡《贈從兄車騎》詩：「髣髴谷水陽。」李善注引陸道瞻《吳地記》曰〔三九〕：海鹽縣東北二百里有長谷，昔陸遜、陸凱居此〔四〇〕。《元和郡國圖志》：華亭谷在縣西三十五里，陸抗宅在其側，故遜封華亭侯。《太平寰宇記》：二陸宅在長谷。谷在吳縣東北二百里，谷周回百餘里，谷水下通松江。昔陸凱居此谷。《吳地記》云：漢廬江太守陸康與袁術有隙，使姪遜與其子績率宗族避難，居於是谷。舊圖經云：華亭谷水東有崑山，相傳即其宅。合是數說觀之，世傳普照寺爲二陸宅，非也。然建康亦有陸機宅。《建康實錄》云：在縣南秦淮之側。李太白《題王處士水亭》云：齊朝南苑是陸機宅。按吳主孫皓徙都建康，機、雲嘗分領父兵爲牙門將〔四一〕，得非機仕於朝則居建業，而華亭迺其里第耶？又有八角井，按《九域志》在機宅之側。

陸瑁養魚池

唐彦猷《華亭十詠》：按舊圖在縣西，今名瑁湖，即陸瑁所居。相傳有宅基存焉。而《大中祥符圖經》瑁湖在縣西北三十五里，周回九里，吳尚書陸瑁養魚池，因以爲名。今縣之西南隅有湖，廣袤三里，即瑁湖也，中有堂基，今爲放生池。

黄耳冢

《述異記》：陸機少時頗好獵。在吳，有家客獻快犬曰黄耳。機仕洛，常將自隨。此犬黠慧，能解人語。機久無家問，爲書，盛以竹筒，繫犬頸，走向吳。到機家，得答，復馳還洛。後犬死，還葬機家村南二百步，聚土爲墳，村人呼爲黄耳冢。按商芸《小説》云：後分華亭村南爲黄耳村，以犬冢爲號焉〔四二〕，獨劉貢父《詩話》疑以黄耳爲僕，未知何所據也。

滬瀆壘

舊有東西二城。東城廣萬餘步，有四門，今徙於江中，餘西南一角。西城極小，在東城之西北，以其兩旁有東西蘆浦，俗遂呼爲蘆子城。按瀆之有壘舊矣。《晉史・虞潭傳》：潭爲吳國内史。成帝時，軍荒，百姓飢饉，潭修滬瀆壘以防海寇。又《通鑑》晉隆安四年冬十一月，吳國内史袁崧築滬瀆壘以備孫恩〔四三〕。明年，恩陷滬瀆，崧被害。《寰宇記》以爲袁崧城在縣東百里滬瀆江邊〔四四〕，今爲波濤所衝，半毁江中。

築耶城

在縣東三十五里。高七尺，周回三百五步。舊經曰晉左將軍袁崧所築。今遺址尚存。

袁崧宅

在縣西北三十五里。舊經云：昔袁崧居此，因以爲名。按《晉史·袁崧傳》，崧，陳郡陽夏人，則其始未嘗居華亭也。隆安四年，爲吳郡太守，嘗築滬瀆壘，以禦孫恩。明年，崧被害於滬瀆，或者崧之後就居於此乎？

烽樓

在顧亭林南。按《法雲寺記》載《唐隰州司倉支令問妻曹夫人墓誌》云，葬之顧亭林市南烽樓之側。今亭林南岡阜相望，即古者沿邊築臺舉烽燧之地。《寰宇記》：南帶海上，有烽火樓基，吳時以望海處，今其遺址尚存。世傳亭林岡隴顧侍郎墓，非也。《祥符吳郡圖經》顧侍郎墓在吳縣西南三十五里橫山東，則當以曹氏墓誌爲據。

顧亭林

舊經：顧亭林湖在東南三十五里。湖南有顧亭林〔四五〕，陳顧野王居此，因以爲名焉。今爲寶雲寺。寺有《伽藍神記》云：寺南高基，野王曾於此修《輿地志》〔四六〕，世傳以爲顧野王讀書墩〔四七〕。

陳朝檜

在滬瀆靜安寺〔四八〕，世傳以爲陳朝檜，對植殿庭之左右。陸龜蒙、皮日休有《重玄犯聖祖諱寺雙檜》詩〔四九〕，即此也。政和間，朱勔圖以進，有旨遣中使取之。時中使欲毀三門而去，一夕風雨震雷，忽碎其一，今殿右者尚存。葉夢得《避暑錄》以爲朱沖畫旨取平江白樂天手植檜與華亭悟空禪師塔前檜，皆唐時故物。《石林》以爲悟空禪師塔前，誤矣。按《臨安志》悟空塔亦有雙檜，東坡詩所謂「當年雙檜似雙童」者，然在鹽官耳〔五〇〕。

王可交升仙臺

在隆福寺前，遺址尚存。按《續仙傳》：可交初居松江南，後入四明山，不復出。初無上升之事，或傳爲王淡交。淡交不事繩檢，能爲詩，語多滑稽，似傲世者。然《江上有感行》詩石刻云「王可交升仙壇」，則或者之説又未然也。

寒穴泉

在金山。山居大海中，鹹水浸灌，泉出山頂，獨甘冽，朝夕流注不竭。毛澤民作《寒穴泉銘》，以爲與惠山泉不可分等差。王介甫、唐彥猷、梅聖俞皆有詩。

白龍洞

在横雲山西南絕頂。洞口闊三丈，其深不可知。山之半有祭龍壇，方丈許。歲旱，嘗禱焉。按《朱之純文集》云：皇祐中，吳公及宰華亭，浙西旱、蝗，蘇、秀爲甚。公禱横山之神，即致甘雨，蝗不入境。

白苧城

在縣南四十里。高一丈，周回一萬步。舊經云：地生野苧，因以爲名。今俗云白苧滙。

古岡身

在縣東七十里。凡三所，南屬於海，北抵松江，長一百里，入土數尺，皆螺蚌殼。世傳海中湧三浪，而成其地，高阜宜種藝菽麥。朱伯原《吳郡圖經》所謂「瀕海之地，岡阜相屬，俗謂之岡身，此天所以限滄溟而全吳人也。」

孔宅

在縣北七十五里海隅。淳熙間，居民浚河，得一碑云：天寶六年，黃池縣令朱氏葬於崑山縣全吳鄉孔子宅之西南。孔宅之名舊矣，今其地有夫子廟，在慧日院側。淳熙間，院僧疏廟陾渠，得寶玉凡六事，三璧、二環、一簪，今藏之縣庠。舊圖經云：昔有姓孔者游吳居此，蓋吾夫子未嘗適吳。以闕里譜系攷之，孔氏二十二代潛，後漢太子少傅，避地會稽，遂爲郡人。二十九代滔〔五一〕，梁海鹽令。三十二代嗣哲，隋吳郡主簿。三十四代禎犯仁宗嫌名，隋蘇州長史。豈孔氏子孫有僑寓宦游於吳而遂居華亭者耶？亦猶建康有孔子巷，迺聖亭侯所奉之廟，蓋子孫即所居立先聖廟耳。今廟側又有梁紇廟，其爲子孫奉祀之地明矣。所瘞璧玉、簪佩之屬，意其孔堂之遺寶，得非子孫葬先聖衣冠寶璧於是地乎？然其旁有宰我墩犯今上嫌名、顏淵井〔五二〕，此則因孔宅之名而遷合傅會，未可知也。舊圖經又云：晉鄒湛亦嘗居焉，亦名鄒孔宅。按《鄒湛傳》：南陽新野人。湛嘗見一人自稱甄舒仲，乃悟曰：「吾宅西有積土敗瓦，其中必有死人。」檢之果然，厚加斂葬，初不言宅在何地。湛未嘗仕至吳中，姑存此以闕疑。

【校勘記】

〔一〕國：明鈔本無。

〔二〕守：明鈔本作「子」。

〔三〕至：明鈔本作「止」。

〔四〕也：宛委別藏本、明鈔本作「云」。

〔五〕「海」字下宛委別藏本有「間」字。

〔六〕沿：宛委別藏本作「淞」。

〔七〕置：宛委別藏本、明鈔本作「制」。

〔八〕一：宛委別藏本作「二」。

〔九〕「平」字下宛委別藏本有「即」字。

〔一〇〕二十：宛委別藏本作「三十」。

〔一一〕三：宛委別藏本誤作「二」。

〔一二〕「宅」字明鈔本無。

〔一三〕「一」至下句「口十萬三千一百四十」十字明鈔本無。
〔一四〕「煮」字上宛委別藏本有「則」字。
〔一五〕兩：宛委別藏本作「西」。
〔一六〕色：宛委別藏本作「邑」。
〔一七〕兩：宛委別藏本、明鈔本無。又「祖」字，右本皆作「租」。下同。
〔一八〕實：明鈔本無。
〔一九〕七百四十四：明鈔本作「七百七十四」。
〔二〇〕「版」字下宛委別藏本有「籍」字。
〔二一〕「今」字下宛委別藏本有「按」字。
〔二二〕橋：明鈔本無。
〔二三〕名：宛委別藏本作「者」。
〔二四〕翠：宛委別藏本、明鈔本作「群」。
〔二五〕元符：明鈔本無。
〔二六〕尉：宛委別藏本、明鈔本作「秋」。

〔二七〕堂：宛委別藏本、明鈔本作「室」。
〔二八〕偏：宛委別藏本、明鈔本無。
〔二九〕地：宛委別藏本、明鈔本作「邑」。
〔三〇〕右部督：宛委別藏本作「右都督」。按《三國志》卷一三《吳志》、《資治通鑑》卷六八皆作「右部督」，當是。
〔三一〕魏：宛委別藏本作「寇」。按《三國志》卷一六《吳志》、《通志》卷一二〇、《至元嘉禾志》卷一三、《姑蘇志》卷四四皆作「魏」字，作「寇」誤。
〔三二〕既：明鈔本作「然」。
〔三三〕爲：明鈔本無。
〔三四〕遷：明鈔本無。據《晉書》卷七七《陸曄傳》有「遷」字當是。
〔三五〕中郎：宛委別藏本無。按《陳書》卷三〇《顧野王傳》、《南史》卷六九本傳、《通志》卷一四五、《姑蘇志》卷五四皆作「東中」，當是。
〔三六〕帝：明鈔本無。
〔三七〕湮：宛委別藏本作「淤」，明鈔本無。

〔三八〕今爲湖者無幾：宛委別藏本作「矣」，明鈔本無。

〔三九〕「注」、「瞻」、「記」三字，明鈔本無。又「曰」字，宛委別藏本無。

〔四〇〕陸凱：宛委別藏本作「陸抗」。按《至元嘉禾志》卷四、卷一四、《風雅翼》卷四皆作「陸凱」。

〔四一〕門：宛委別藏本、明鈔本無。《至元嘉禾志》卷一四有「門」字。

〔四二〕焉：宛委別藏本無。

〔四三〕孫：明鈔本無。

〔四四〕「百里」下明鈔本有「城在」二字。

〔四五〕「南」字下宛委別藏本、明鈔本有「又」字。

〔四六〕輿地志：宛委別藏本作「輿地記」。

〔四七〕世傳以爲：宛委別藏本作「今傳爲」。

〔四八〕「寺」字下宛委別藏本、明鈔本有「殿庭之左右」五字。

〔四九〕「有」字下宛委別藏本有「有題」二字。

〔五〇〕在：明鈔本作「其」。

〔五一〕「二」字上宛委別藏本有「又」字。

〔五二〕「顔」字上宛委別藏本有「及」字。

雲間志卷中

仙梵

自吾道不明，而釋老之教始行。若藏奐、可交之徒於其教，不可謂無所得者。揆之吾教〔一〕，不當書，夷考方志，往往不廢其人，故亦得以載焉。

心鑑禪師

《高僧傳》：藏奐，姓朱氏，蘇州華亭人也。母方娠，及誕，嘗聞異香。未冠，禮道曠禪師，出家詣嵩嶽，受具戒〔二〕。再詣五洩山〔三〕，入靈默大師室，參授道要。唐大中十二年，洛下修長壽寺，敕奐居焉。明年，歸姑蘇〔四〕，再住明州棲心寺。所在禪者雲集，凡入師室者疑難冰釋。咸通七年示寂，葬於天童山。其徒以行狀詣闕請謚，賜號心鑑，塔曰壽相。

朱涇船子和尚

《傳燈録》：名德誠。入藥山洪道禪師室，大明宗旨，與道吾、雲巖爲道契。自離藥山，小舟往來松江、朱涇，以綸釣度日，人號船子和尚。時夾山善會禪師住京口鶴林寺，道吾知其所得尚淺，令往參船子和尚。會造朱涇，見誠，大契宗旨。辭行再四，回顧，誠唤會回，立起橈曰：「汝將謂別有耶？」迺覆舟而逝。唐咸通十年，僧藏暈即其覆舟處建寺焉。

聰道人

《靈鑑塔銘》云〔五〕：姓仰氏，名德聰。初受具戒於梵天寺，參請諸方，密契心印。太平興國三年，結廬於余山之東峰〔六〕。有二虎大青、小青爲侍，有造之者，見掛一書梁間，問之，曰：「此佛經也。」問嘗讀否？曰：「如人看家書一遍，既知其義，何再讀爲？」嘗曰：「古人貴行，吾何言哉！」其他問者，皆默然不對。天禧元年七月，趺坐而逝，閱月，容貌如生。

王可交

《續仙傳》：蘇州華亭人也。以耕釣爲業。居松江趙屯村，一日櫂舟入江，方擊楫高歌，忽見彩舫漾於中流，有道士七人，中有呼可交者。頃之，不覺舟近舫側，有呼可交上舫者。道士皆視之，一人曰：「好骨相，合仙生凡賤間，已炙破矣。」一人於筵上令侍者傾酒飲之，不出。與二栗，食之甘如飴，命黃衣送上岸。覓所乘舟，不可得，但覺風水林木之聲。開眼峰巒重疊，松柏參天，乃在天台山瀑布寺前。僧迎問之，曰：「今早離家，蓋三月三日。」僧言九月九日，已半年餘矣。僧設食，可交厭聞食氣。自後絕穀，挈妻子住四明山，不復出。今人時有見之者。

寺觀

浙右喜奉佛，而華亭爲甚，一邑之間，爲佛祠凡四十六，緇徒又能張大其事，亦可謂盛矣。故迹其創造歲月而次第之。道宫一附見焉。

靜安寺

在滬瀆。按寺記：吴大帝赤烏中建，號滬瀆重玄犯聖祖諱寺。佛法入中國，雖始於漢，而吴地未有寺也。赤烏十年，康僧會入境，孫仲謀始爲立寺建鄴，曰建初。建初者，言江東初有佛法也，豈滬瀆寺相繼創建耶？景筠《石幢記》：中間號永泰禪院。本朝祥符元年，改今額。《釋迦方志》云：晉建興元年，有二石像浮於吴松江口，吴人朱膺等迎至滬瀆重玄犯聖祖諱寺〔七〕，像背題曰「維衛」〔八〕，曰「迦葉」。《松陵集》：建興八年，漁者於滬瀆沙汭獲石鉢，以爲臼類，葷而用之。佛像見於外，漁者異之，乃以供二聖。今佛與鉢皆在平江開元寺。有毗盧遮那佛，吴越王瑜迦道場中像佛，五臟皆書錢氏妃嬪名氏。有陳朝檜，皮日休、陸龜蒙有《重玄犯聖祖諱寺雙檜》詩。

普照寺

在縣西二百八十步。唐乾元中建，初名大明寺。大中祥符元年，改今額。寺有陸將軍祠，世傳地本陸氏園亭，因以祠焉。世傳固未可信。而嘉禾詩文乃謂陸機捨宅爲寺，亦妄矣。機死於晉太安二年，而寺建於唐乾元中，豈得爲機捨宅乎？或恐其後子孫。按《晉史》、《世說》敘錄機之子蔚、夏同父遇害於洛中，雲之後亡。又機故宅在華亭谷東崑山下，非今邑中也。寺有北方天王祠，吳越王加封護國，石刻存焉。沈存中《筆談》載：雷震天王寺，屋柱倒，書曰「高洞楊雅一十六人火令章」凡十一字，內「令」、「章」兩字特奇勁，似唐人書體。今石刻尚存，即此寺天王堂也。寺之東北隅有善住教院，傳賢首宗。

圓智寺

在干山。舊名禪居。按宗毅寺記：唐大中十三年，建之於邑西南二里。晉天福中，水壞寺基，始遷於干山。太平興國中，都水使錢綽始建造堂宇。有僧意蟾入天台韶國師室，來住此寺，人多歸之，精舍始全備。朝廷賜蟾師號曰崇惠明教。治平中，賜今額。

寶雲寺

初名法雲寺，在顧亭林市西北隅，大中十三年建。晉天福五年，湖水壞寺基，始遷寺南高基，即陳顧黄門故宅。寺有顧黄門祠，有沈瑊及《靈鑑寺記》、《伽藍神記》。治平中，賜今額。

普門院

在盤龍，去縣五十里。唐大中十二年，吳人陸素建。本名觀音院，祥符元年，賜今額。寺有石天王，舊傳因大水漂至，今多禱之。

寶相寺

在縣西南三百步。本清禪尼寺。唐乾符元年造，大中祥符元年，賜今額。

方廣寺

在柘林，去縣八十里。唐咸通六年造。按寺記：蔡侍郎功德院，建隆中，賜額延壽院。治平元年，改今額。寺有蔡侍郎祠，詳見祠廟門。蔡氏墳塋在寺之左右，石幢猶蔡氏故物。

法忍院

在朱涇，去縣三十六里，即船子覆舟處所。唐咸通十年建。本名建興院，治平元年，賜名法忍。寺有船子和尚、夾山會禪師遺像，至今祠焉。

超果寺

在縣西三里。本名長壽寺。唐咸通十五年心鏡禪師造。按《唐會要》、《洛陽伽藍記》：武后以齒髮既老，造長壽寺於東京，改元長壽。又《高僧傳》載：心鏡禪師藏奐〔九〕，蘇州華亭人。會昌廢寺，大中復修洛下長壽寺，敕奐居焉。奐後嘗歸鄉造寺，豈此復名長壽寺乎？《盧仝集・訪曦上人》詩有「入寺，曦未來」，及含曦答詩「長壽寺石壁，盧公一首詩」之語。玉川先生居洛城里，則長壽寺固其常遊也。今乃以盧詩爲在華亭〔一〇〕，則妄矣。治平元年，改今額。有觀音大士像。寺有石刻，云：本錢武肅王宮中所祈禱者。太平興國中，錢氏歸國，僧慶依得之，未知所適。一夕，夢白衣人告曰：「吾與若偕之雲間。」既寤，乘舟而來。將至縣西，大士舒祥光，下貫超果〔一一〕，遂迎以祠焉。至今雨暘皆禱之。寺有天台教院。按《芝園集》雲間超果十方香，嚴湛創建，有陳舜俞爲之記。

福善院

福善院，在趙屯〔一二〕。梁貞犯仁宗名明六年，僧智道立精舍。晉天福二年，賜名尊勝院〔一三〕。大中祥符元年，改賜今額。

明行院

在南橋。晉天福五年，里人蔣漢瑊造。請於錢忠懿王，始名安和院。至太平興國八年，改賜今額。

院記

《華亭圖牒》載，春秋時夫差三女子墓田，曰三女岡。聲詩則播諸唐令尹詢並荆公王介甫、都官梅聖俞。邇岡之刹曰安和。晉天福五年，蔣漢珹環堵中芬陀利花擢於陸，聚族而謀曰：「是八吉祥、六殊勝處，盍施諸釋梵家？」遂基此刹楨榦。於是者曰：「本立，病潮齧岸址。」白漢珹，議徙於此，改曰明行，用淮海王錢中令歸朝所請之額。堂宇樓殿，金碧煥粲，雲棲鴛瓴，月行璇題，具如經説，凡所當有，罔不具。藏乘二千餘卷，棗柏大士《華嚴合論》在焉。鐘梵歷萬籟，爲一方宅心純想之地，遷善遠罪者咸知鄉方。一燈長明，四檀委輸，規矩準繩，有條而不紊。五季方中，水立晝昏，真人應期，民登袵席，聖聖授受，幾三百年，未聞識載，固自若也。云胡惠日求紀述，爲日曰：故國喬木，其大蔽雨，其高垂雲，可無封植，日冀懋長。風雷之鼓盪，雨露之膏沐，而至此也。一刹百堵，容數千指，功倍封植，惠戒剪伐，人天之所瞻，龍象之所懷，不啻故國喬木，罔知創業之艱難。則將怠乃訓，盍講明以詔後世，不亦可乎？因其説，系之以辭。辭曰：

五季中，民迍邅。沸如麋，號無天。中令君，吳越錢。奮一旅，圖萬全。玉節勁，金城堅。王海國，遮中原。振義聲，開福田。空寂崇，經象傳。幢刹建，泉貨捐。為絣幪，持危顛。誓子孫，銘肺肝。摛錦綉，包山川。歸有德，同永年。帶如河，礪如山〔一四〕。與竺乾，無黨偏。

勑差臨安府淨慈光孝禪寺住持北磵居簡記。

結界記

余作《三女岡明行院記》於嘉熙初元。越二年，結大界相成，薦請紀其事。其說曰：天可陟吾疆，不可入地。可陷吾疆，不可犯不吉祥及諸惡律儀。自退舍於廣莫之野，而無何有之鄉。且夫天地之大，八荒之廣，從而無際衡而無朕，雖吾廬千柱萬礎，磅礴川谷，包絡平野，眇而睨之，一餌耳。吾身小天地，淵乎方寸者心也，至微也，至幽也。出入無時，莫知其鄉。三災彌淪，心爲本根。不鉏其根，滋蔓罔既，乃於是中自燔自溺。然則界相在此，而不在彼。曩記錢唐大雄院創建之顛末，嘗究其說矣。今此舉行墜緒，補有寺以來闕典，故申言之。且嘉其事法精至，而秉法攝僧攝衣攝食，唱相羯磨，與波羅提木人絲毫不忒，皆寺之傳教比丘惠日講明而奏厥功。乃策其勳，而系之以辭。辭曰：

善乎明行大界相之結也，彌滿清淨於其內，他莫我干也〔一五〕。噫！結固易與爾守難乎哉！《傳》曰：重門擊柝，以待暴客，備禦侮也。匪擊柝戒，嚴於其外，則猾闞狡闒，強侵暴陵，重門果何恃？譬夫倚界相之固〔一六〕，不希勝進。桀樂怠傲，習燕安之鴆〔一七〕，自以為安室利處，忘自求多福〔一八〕，則非吾所敢知。

白蓮花詩

僧惠日

神物何由測〔一九〕，芬陀陸地興。素芳呈玉雪，梵刹肇丘陵。換額從偏霸，懸碑自老僧。慇懃勸來者，期使續千燈。

同前　　趙崇森

舊址來從晉，中更幾廢興。一蓮開陸地，三女臥岡陵。題詠誇先輩，流傳得主僧。林深鐘梵寂，長夜一明燈。

同前　　高子鳳

地產枝蓮異，蓮宮自此興。殊祥天不靳，奇豔雪堪陵。魄化疑吳女，碑傳有蜀僧。何當尋勝槩，吟斷佛前燈。

同前　　惠日

白羽芬葩陸地蓮，可曾搖曳水中天。肯於素豔分新潔，不與紅酣鬭碧鮮。玉井無因期摘實，金園有兆必開先。應知瑞與優曇並，一朵騰芳萬古傳。

同前　僧善月

天開地闢詎云賒，異草靈苗特一家。不有岡頭三女粲，爭敷處子六郎花。英雄有種凜生氣，白玉微根不受瑕。他時若補芬陁傳，端與優曇定等差。

同前　僧居簡

三女岡邊寺，樓臺競鬱峨。近郊聞梵放，陸地出芬陁。天福雖營刹，中原尚枕戈。煙塵絕淮海，熨帖看鯨波。

七寶院

在縣東北七十五里。元係福壽院，大中祥符元年賜今額。寺有五代時檜，今已合抱。

布金寺

在大盈。唐大和二年建。本法雲禪院，治平元年易今額，紹興間復爲禪院。寺有陳舜俞《經藏記》。

明心院

在北橋，去縣三十五里。按錢武肅王《立寺記》：都水使者錢綽造。武肅王以誦《華嚴經》僧居之，因以爲華嚴院。治平二年賜今額〔二〇〕。

興聖院

在縣東南二百步。按《孤山閑居集》載《興聖院結界序》：漢乾祐二年，邑人張瑗犯壽皇舊名之子仁捨宅爲寺。本名興國長壽〔二一〕，祥符中〔二二〕，改覺玄犯聖祖諱院〔二三〕，後改今額。寺有嘉祐中賜藏經。

海惠院

在白牛市。建隆初，里人姚廷睿以宅爲寺。初名興國福壽院〔二四〕，治平元年改今額，姚即爲伽藍神。

空相寺

在龍華。張仁泰請於錢忠懿王始建。舊號龍華寺，治平元年改今額。西北隅有白蓮教院。

證覺教院

在縣西南百五十步。太平興國二年立。本無礙浴院，大中祥符元年賜今額。

普照教院

本余山東庵，治平二年賜額。寺本聰道人所居，因以爲寺，有聰道人塔，在山頂。寺有上方曰月軒，衆山環列，其前蓋絕境也。

宣妙院

本余山西庵，治平二年賜額。寺有上方。

惠日院

本余山中庵，治平二年賜額。

慈雲昭慶禪院

本余山之靈峰庵，有馬嵴禪師塔。其銘曰：「禪師傳雲門正派，大闡法席，建立精舍，復古寺額。」寺有金沙地、芥子庵。

隆平寺

在青龍鎮市。元名國清院〔二五〕。寺有米元章所書《經藏記》。

隆福寺

在青龍鎮。元報德寺，唐長慶元年造。

勝果寺

在青龍鎮。寺有沈光碑。紹聖中，吕益柔撰《妙悟大師希最塔銘》云：最學天台教，緇林號曰義虎。後居勝果寺僧房，有鬼物爲祟，最爲講説，於空中得朱書數十字，自稱漢朝烈士沈光，大略「悔過謝罪」之語，事頗近怪，故不詳載。

普寧慧日院

在孔宅。寺有宣聖祠，元豐間賜額。

太平興國禪院

在胥浦南，去縣四十五里。紹興二年請省額。

寶勝禪院

在縣東四里。紹興六年請省額。

演教禪院

在縣南二里。崇寧中，有僧普願爲施水庵，鑿地得住世羅漢像十六軀，人異之，因立寺焉。紹興二十六年請勑額。

慈濟院

在海中金山絕頂。元豐間釋惠安造，紹興元年請額。

普光王寺

在薛澱湖中山頂。建炎元年請額。

延恩報德院

在縣西五里。紹興二十四年請額。

淨居禪院

在縣東北三百步。紹興五年請額。

觀音慈報禪院

在縣東北八十里。崇寧二年請省額。淳熙五年，參政錢公良臣請賜功德院也。

永定禪院

在周浦村。淳熙十四年請額。

保安院

在泖西五十里。乾道七年請額。

廣化漏澤院

在縣西南二里一百步。紹興三年請額。

寶藏護國禪院

在縣西南五十四里。紹興四年請額。

興塔院

在縣西南五十四里。紹興四年請額。

崇福院

在縣東南五十四里。紹興四年請額。

白蓮寺

在縣西五十四里。紹興二十六年請額。

大聖院

在縣東五十四里。隆興二年請額。

報恩院

在縣西四十里。乾道二年請額。

寧國寺

在縣東北四十五里。乾道二年請額。

延慶教院

在縣東南三百步。乾道六年請額。

集福保國水陸禪院

在白牛市之東。淳熙九年請額。

仙鶴觀

在縣南二百步。紹興三十一年復建。

祠廟

古者祀有常典。凡山川林谷丘陵，能出雲爲風雨，與夫施法於民，以死勤事〔二六〕，以勞定國，禦大災〔二七〕、捍大患者，皆得以祀之。邑之廟祀不一，其尤昭著者國之功臣、邑之先哲。或死於民社之寄，與夫山川林谷丘陵之能出雲爲風雨者亦當矣。惜乎歷歲浸久，名號弗正，稽之傳記，不足詢之，耆老無證，姑以所聞著於篇，以俟來者。

東嶽別廟

在縣西二里。

靈濟昭烈王別廟

在縣西三里。神姓張氏，其英槩靈迹，載《相川神祠碑記》中。蓋自漢以來，江浙多祠之。縣之別廟始於淳熙八年。

城隍廟

舊在縣西。政和四年，遷於縣東南七十步。唐李陽冰曰城隍神，祀典雖無，吳越中多祠之。今州縣城隍相傳祀紀信云。

金山忠烈昭應廟

在海中金山，去縣九十里。別廟在縣東南八十步。廟有吳越王鏐《祭獻文》云：「以報冠軍之陰德。」《吳越備史》云：「大將軍霍光。自漢室既衰，舊廟亦毀。

一日，吴主皓染疾甚〔二八〕，忽於宫庭附黄門小豎犯英宗嫌名曰〔二九〕：「國主封界華亭，谷極東南。有金山鹹塘，風激重潮，海水爲害，非人力所能防。金山北，古之海鹽縣，一旦陷沒爲湖，無大神力護也。臣漢之功臣霍光也，臣部黨有力，可立廟於鹹塘，臣當統部屬以鎮之。」遂立廟，歲以祀之。宣和二年，賜顯忠廟。五年，封忠烈公。建炎三年，辛道宗領舟師由海道護行在所，奏加封忠烈順濟，且賜緡錢，以新廟貌。四年，加封昭應。按霍去病爲冠軍將軍，而霍子孟爲大將軍。今《備史》以爲霍光，或者吴越祭文不考也。《嘉禾志》有冠軍神廟，又有金山廟，皆云忠烈昭應，則以一廟爲二矣。

廣衛將軍祠

在普照寺。寺有石刻，載吴越王《祭獻文》，云「晉賢陸機之祖」。按《吴志》，機之祖遜，初拜撫邊將軍，又拜鎮西將軍，又拜上大將軍。吴因漢制，雖有雜號將軍，而考之遜傳，未嘗有廣衛之號。若機曾祖紆守城門校尉〔三〇〕，高祖駿九江都尉〔三一〕，亦未嘗位至將軍。

陸司空廟

在縣南三里。《祥符圖經》云：陸四公，未詳所出。今俗傳陸機廟。按《晉史》機未嘗爲司空，爲司空者機之從兄弟玩也。又《原化記》云：蘇州華亭縣有陸四官廟。元和初，有鹽船泊於廟前，守船者夜於廟中獲光明珠，則又以爲陸四官矣。

簗耶將軍祠

在沙岡，有簗耶城遺址尚存，晉左將軍袁崧簗也。有簗耶將軍祠，世傳祀袁崧云。按晉隆安四年，崧以吳國内史簗滬瀆壘，以備孫恩。明年，恩陷滬瀆，崧死境内，祠之宜也。簗耶之義未詳。

顧侍郎祠

在亭林法雲寺。有《感夢伽藍神記》：開運元年仲春十有一日，寺成，僧道中、智暉夢二青衣來云：「陳朝侍郎至也。」後忽見一人，紫衣金魚，儀容清秀，曰：「此地吾之故宅，荒已久矣。師今於上造佛立寺，請立吾形像，吾當護此寺也，可尋舊寺基水際古碑爲據。」明日，二人各言其所夢不異，就求之，果得古斷碑，文字破滅，云寺南高基，顧野王曾於此修《輿地志》。二僧於寺東偏建屋立像，至今祠焉。

通濟龍王祠

在滬瀆。故老相傳，自錢氏有國，已廟食茲土。本朝景祐五年，太史葉清臣爲本路漕，因浚盤龍滙，禱於故廟，神應如響，於是復新祠貌。有葉太史祭文，刻石於廟中。

蔡侍郎廟

在縣南白砂鄉八十里。舊經云未詳。據《通幽記》：貞元五年，在嘉興監徐浦下場、糶鹽官場界。今諸場亦有蔡廟場，未詳何神。柘林方廣寺有蔡侍郎祠。按寺記云，自古相傳蔡侍郎捨宅爲寺，竟無稽考，惟石幢題云唐咸通六年蔡贇造。去父母塋九十步，去壽塋十六步。三代皆當世文儒。按貞犯仁宗嫌名元則德宗朝也，咸通則宣宗朝也，貞犯仁宗嫌名元中已有蔡侍郎祠矣。雖稗官小說未可盡信，不應咸通中蔡始造壽塋也，豈寺之所祠與蔡廟場所祠各不同乎〔三二〕？

姚將軍祠

在縣西一十五步。初祠於證覺院，政和四年始遷於此，未詳何神。

福順延德大王祠

在都酒務西，未詳何神。廟有楊景範造廟石刻云：熙寧甲寅到官，夢遊福順廟，見執簿者臂頹，求予治之。未幾，以漕命遷酒税於王故宫之基，乃用卜，宅於茲土，豈神之靈有以先授我耶？

三姑祠

在柘湖之側。《吴地志》秦時有女子入湖爲神，即此祠也。柘湖今湮塞爲蘆葦之場，神亦弗祠。今澱山湖中普光王寺亦有三姑祠，靈甚。湖旁三數十里，田者與往來之舟皆禱焉。故老相傳秦時人，姓邢氏，女兄弟三人，云即柘湖所祠也。

山

輿地方志，推表山川，蓋祖《禹貢》、《周職方》之遺意也。水多於山〔三三〕，右瀕皆爾。而崇岡峻嶺，華亭又無焉，特其映帶湖海〔三四〕。或得名自昔者，不可遺軼。今敘而目之。

崑　山。在縣西北二十三里。高一百五十丈，周回八里。陸機《贈從兄士光車騎》詩云：「髣髴谷水陽，婉孌崑山陰。」注引陸道瞻《吳地記》曰：海鹽縣東北二百里有崑山，陸氏父祖葬焉。《輿地廣記》云：崑山，陸氏之先葬此。後機、雲兄弟有辭學，時人以玉出崑岡，因名之。按征北將軍陸褘墓，今在山顛。

機　山。在縣西北三十里。因陸機得名。山下有村曰平原，亦因陸平原名之。平原內史，即機也。《干山圓智寺記》云：所謂機山者，往往排巒列嶺〔三五〕，槩爲陸氏之家山，總而名焉。

橫雲山。在縣西北二十三里。高七十丈，周回五里。本名橫山，唐天寶六年易今名，與機山相望，僅五里許。或云因陸雲名之。有白龍洞，在山頂之西南隅，其深不可計。山下有祭龍壇。

澱　山。在縣北六十里，在薛澱湖中。周回三百五十步，高三十丈。山形四出如鼇，上建浮圖，下有龍洞，屹立湖中，亦落星、浮玉之類。傍有小山，初，年僅兩席許，久之寖長。寺僧築亭其上，榜曰明極。

金　山。在縣東南九十里。周回十里，高十七丈。《吳地記》云：有平坡，可容二十人坐。山北有寒穴，其泉香甘。

余　山。在縣西北二十四里。高八十丈，周回十八里。舊傳有姓余者居此，因名焉。按《姓苑》余姓出南昌。

干　山。在縣西北二十九里。高七十丈，周回五里。舊圖經云：昔有干氏居此。《圓智寺記》云：茲山後皆干氏所有，故以爲名。

薛　山。在縣西北二十四里。高九十丈，周回七里。《吳地記》云：薛約道居此，因以爲名。

城　山。在縣北二十里。高八十丈，周回五里。舊經云：山狀周環如城，因此爲名。

細林山。在縣西北十八里。高五十丈，周回七里。本名神山，唐天寶六年易今名。

土　山。在縣西北二十五里。高二十丈，周回一里九十步。

秦　山。在縣南六十里。高二十八丈，周回一里九十步。

達岸山。在縣東南百六十里海水中。周回八里，高二十五丈。

竹嶼山。在縣東南百八十里海水中。周回六里，高五十丈。

許　山。在縣東南二百五十里海水中。周回五里，高五十丈。

簳　山。在縣北三十里。周回三里，高五十丈。

遮　山。在縣東南七十里。周回二里，高五十丈。

浮　山。在縣東南一百里海水中。周回一里一百步，高十丈〔三六〕。

蘇　山。在縣東南一百六十里海水中。周回一百五十步，高二十丈。

嚴　山。在縣西北二十七里。周回四里二十二步，高四十丈〔三七〕。

鳳皇山。在縣西北十八里。

陸寶山。在縣西北二十五里。亦本陸氏家山。

水

華亭號爲澤國，其東南則巨浸，其西則長泖，其北則松江，縈繞二百餘里。其浦溆則顧會、盤龍、崧塘、大盈、趙屯五者爲大。昔桑欽、酈道元生長西北，故《水經》敘西北加詳，而東南疏略，識者思欲補欽之遺矣，況一邑之水其能盡言之耶？今考五浦之源委，而種別之。其他陂塘河渠有可書者，列次之焉。

三泖

按《廣韻》：泖水名華亭水也。陸龜蒙詩云：「三泖涼波魚蕝動。」注曰：「吾遠祖士衡，對晉武帝『三泖冬溫夏涼』，蓋謂此也。」《祥符圖經》：谷泖，縣西三十五里，周回一頃三十九畝半；古泖，縣西四十里，周回四頃三十九畝；今泖，西北抵山涇，南自泖橋出，東南至廣陳，又東至當湖，又東至瀚海塘而止。朱伯原

《續吴郡圖經》曰：泖在華亭境。泖有上、中、下之名，泖之狹者猶且八十丈。又按海鹽之蘆瀝浦，海鹽即武原也。行二百餘里，南至於浙江，疑此即谷水故道。《水經》以爲入海，而此浦入江，蓋支派之異也。今俗傳近山涇爲下泖，近泖橋爲上泖。或者其與陸士衡、朱伯原之言合。按縣圖，又以近山涇泖益圓曰團泖，近泖橋泖益闊曰大泖，自泖而上縈繞百餘里曰長泖。此三泖之異也。或以須顧泖、謝家泖爲三泖，此二者在縣之東南，一陂澤爾，與古所謂三泖者相望五七十里，殊不知泖自有上、中、下之名也。

谷水

陸士衡詩：「髣髴谷水陽，婉孌崑山陰。」陸道瞻《吴地記》云：海鹽縣東北二百里有長谷，昔陸遜、陸凱居此。谷水東二里有崑山，父祖葬焉。水北曰陽，山北曰陰。則此水在崑山之北也。《寰宇記》谷名華亭，谷水下通松江。《祥符圖經》：華亭谷水東有崑山。《元和郡國圖志》在縣西三十五里。朱伯原《續吴郡圖經》本之酈善長，云松江東南行七十里入小湖，自湖東南出謂之谷水，南接三泖，陸士衡詩所云即此水也。或曰縣之西湖即谷水也，湖東灘磧即唳鶴灘也。鶴飲此水，其聲則清。按《圖經》，縣之西湖即瑁湖也。如陸士衡詩、《吳地記》、《寰宇記》、朱伯原《續圖經》言谷水如此，而世傳如彼，何也？獨《祥符圖經》曰谷水，在縣南，長百五十步，世之所傳其出於此乎〔三八〕？

松江

松江，在縣之北境七十里。其源始於太湖口，而東注於海。《書》曰：「三江既入，震澤底定。」韋昭以爲三江者，松江、浙江、浦陽江也。今浙江、浦陽江與震澤不相入，韋説非也。《續吳郡圖經》據酈善長云，松江自湖東北迳七十里，江水分流，謂之三江口。《吳越春秋》云，范蠡去越，乘舟出三江之口，入五湖之中，謂此也。庾仲初《揚都賦》注云：太湖東注爲松江，下七十里有水口，分流東北入海爲婁江，東南入海爲東江，與松江而三。今松江自吳江縣過甫里，迳華亭，入青龍鎮，自湖至海，凡二百六十里，若夫有新江、舊江之別者。嘉祐間，吴中水災，時李兵部復圭爲轉運使，韓殿省正彦宰崑山，開松江之白鶴滙，如盤龍之法。其後崇寧中，漕使郟亶又浚治之，遂爲民利。嘗詢之父老所以然者，松江東注，委蛇曲折，自白鶴滙，極於盤龍浦，環曲而爲滙，不知其幾，水行迂滯，不能逕達於海。今所開松江，自白鶴滙之北直瀉震澤之水，東注於海，略無迂滯處，是以吴中得免水患。

滬瀆江

在縣東北。《吴郡記》：松江東瀉海曰滬海，亦謂之滬瀆。《廣韻》：「滬，水名也。」《白虎通》：「發源而注海曰瀆。」陸魯望《漁具詩序》：列竹於海澨曰滬，吴之滬瀆是也。皮日休《吴中苦雨》詩：「全吴臨巨溟，百里到滬瀆。海物競駢羅，水怪爭滲漉。」即此是也。江側有滬瀆壘，蓋虞潭、袁崧防海之處。兩旁有東西蘆浦，瀉於瀆江。舊圖滬瀆江口在縣東北一百十里。

顧會浦

按《慶曆開顧會浦記》：直縣西北走七十里，趨青龍鎮，浦曰顧會，南通漕渠，北達松江，今曰通波塘浦。自簳山之陽，地形中阜，松江潮至，半道輒回。簳山之旁，沙塗壅積。故自慶曆辛巳、紹興乙丑、乾道乙酉，一再開通。未幾，輒淤滯。紹興乙丑，因浚塘，又於縣之北門築兩挾堤，依舊基爲閘，以時啓閉。復於浦之東闢治行道石梁四十六，以通東鄉之停浸。

盤龍浦

自縣東北達於舊江，以其委蛇曲折，如龍之盤，得名。《祥符圖經》縣東北四十五里。《續吳郡圖經》有盤龍滙者，介於華亭、崑山之間，步其徑纔十許里，而洄穴迂緩逾四十里，江流爲之阻遏，盛夏大雨，則泛濫，淪稼穡，壞屋廬，殆無寧歲。自乾興以來，屢經疏決，未得其要。范文正公守平江，嘗經度之，未遑興作。寶元元年，太史葉清臣按漕本路，遂建議釃爲新渠，道直流速，其患遂弭。

崧子浦

按舊圖，崧子浦在縣東北五十里。又崧子塘在縣北十五里。分而爲二者，蓋北十五里崧子浦之口，東北五十里者下注於舊江口也。《慶曆開顧會浦記》以爲嵩塘。蓋此浦與顧會浦同流而異派，皆瀉水於松江。

大盈浦

在縣西北七十里。南接澱山湖，北自白鶴滙以達於松江浦，闊三十餘丈。《慶曆開顧會浦記》論華亭浦漵五，而大盈居其一。王介甫詩：「徒嗟大盈北，浩浩無春秋。」即此浦也。

趙屯浦

在縣西八十里。南接澱山湖，北達於松江浦，闊五十餘丈。即王可交遇仙處。

内勳浦。在縣西八十里。

直　浦。在縣西北七十五里。

南澥浦。在縣西北六十八里〔三九〕。

梁紇浦。在縣西北八十里。

艾祁浦。在縣東北六十五里。

華潮浦。在縣東北六十五里。

郭巷浦。在縣東北六十五里。

小來浦。在縣東北三十五里。

新涇浦。在縣東北八十里。

上澳浦。在縣東北八十里。

西蘆浦。在縣東北八十五里。

大蘆浦。在縣東北八十五里。

上海浦。在縣東北九十里。

南蹌浦。在縣東北一百里。

右浦凡十四，在縣之北境，皆所以達上流之水以歸於松江也。

薛澱湖

在縣西北七十二里，有山居其中。湖之西曰小湖，南接三泖，其東大盈浦，其北趙屯浦。蓋湖所以受三泖及西南諸港之水，自二浦以瀉於松江也。舊圖所不載，止有小湖，在西北六十里，周回三里。《吳郡圖經》云：西北有白蜆、馬騰、谷、瑇瑁四湖。舊圖谷湖在縣西北五十三里，馬騰西北六十里，白蜆西北七十里。今白蜆湖在長洲界，所謂馬騰、谷、瑇瑁相去五十里間。澱湖周回幾二百里，茫然一壑，不知孰爲馬騰湖，孰爲谷湖也，此湖古來鍾水之地〔四〇〕。近者如白蜆湖皆成圍田。

湖之四旁亦有築堤爲田者，歲有水潦，則瀦水者益狹矣。

錡湖

在縣西北三十五里，周回二十里。一名洋湖。舊經云：湖有陸錡宅，因以爲名。又縣東南六十里亦有洋湖，徑十餘里。今皆爲蘆葦之場。

鶩寶湖。在縣東三十里，周回五里。

來蘇湖。在縣南七十里，周回十七里。

唳鶴湖。在縣南四十五里，周回五十六里。

永興湖。在縣南四十里，周回三里。

右四湖載之《祥符舊圖》，今未詳所在。

沈涇塘

在縣西五里。南接運河，北接大盈浦。蓋自槜李城下，水流東北，則此塘所以瀉上流之水也。往時歲旱，浚之。遇潮漲，則亦可以引松江之水以資灌溉。

古浦塘

在縣西。行二十七里，以達於泖。歲旱，亦可引三泖之水以資灌溉。

鹽鐵塘

在縣東南。長三十里。世傳吳越王於此運鹽鐵，因以爲名。

杜浦塘

在縣東八十里。

下沙浦

在縣東九十里。紹興乙丑，通判曹泳開港浦，凡十八處。

須顧泖

在縣東南二十里。

謝家泖

在縣東南二十里。泖北有泖涇。

白龍潭

在縣西北三里。世傳有龍蟠伏於中。歲旱，常禱雨焉。

沸井浜

在滬瀆。東西有蘆浦，中間一水相通，有數尺許，特深，如井然。水騰湧，晝夜不息，或云海眼也。常有戲浴於中者〔四一〕，二三尺以下其氣稍溫。

堰閘

華亭東南並鉅海，自柘湖陻塞，置閘十八所，以禦鹹潮往來。政和中，提舉常平官興修水利，欲涸亭林湖爲田，盡決隄堰，以泄湖水。華亭地勢東南益高，西北益卑，大抵自三泖五浦下注松江，以入於海，雖決去諸堰，湖水不可泄，鹹水竟入爲害，於是東南四鄉爲斥鹵之地，民流徙他郡。中間州縣雖知其害〔四二〕，復故隄堰，獨留新涇塘以通鹽運，海潮朝夕衝突，塘口至闊三十餘丈，鹹水延入蘇湖境上。乾道七年八月，右正言許公克昌請於朝，時太博邱公密除秀州，陛辭之日，面奉至尊壽皇聖訓，亟來相視，與令堵觀議，以新涇塘潮勢湍急，運港距新涇二十里，水勢稍緩，不若移堰入運港爲便。於是募四縣夫，經始於九月廿六日，畢工於十二月廿七日。堰成，併築堰外港十六所，港之兩旁塘岸四十七里百八十五丈有奇。明年正月廿二日，上遣監察御史蕭之敏相視，又捐四鄉民租。九年，以招復流民。又明年正月，遣中使宣諭守臣張元成增築。二月，特置監堰官一員，招土軍五十人，置司顧亭林巡邏，以防鹽運私發諸堰。今堰外隨潮沙漲，牢不可壞，三州之田，得免鹹潮浸灌之患。此聖天子德惠，而二三臣之力也。堰成無記，恐將來無所稽考，故迹其本始而詳著之焉。

運港大堰。闊三十丈，深三丈六尺，厚二十一丈九尺。

䕶墩犯今上嫌名涇堰。闊十五丈，深三丈五尺。

黄姑涇堰。闊五丈，深一丈五尺。
張戀涇堰〔四三〕。闊十二丈，深三丈。
老兒涇堰。闊二丈，深一丈。
何家涇堰。闊十一丈五尺，深二丈。
善涇堰。闊九丈，深一丈六尺。
張涇堰。闊三丈，深一丈。
徐家涇堰。闊九丈，深一丈八尺。
邵家涇堰。闊九丈，深一丈八尺。
新開涇堰。闊九丈，深一丈八尺。
招賢涇堰。闊十一丈，深二丈八尺。
管家涇堰。闊三丈，深一丈四尺。
戚家涇堰。闊六丈，深二丈五尺。
丫义涇堰。闊五丈，深二丈五尺。
吳塔涇堰。闊十丈三尺，深二丈六尺。

蔣家涇堰。闊七丈五尺，深一丈六尺。
竹岡堰。在縣東六十里。未詳所在。
砂岡堰。在縣南七十里。未詳所在。

鹹塘岸

運港東塘岸自運港堰至徐浦塘計二十四里一十七丈，西塘岸自運港堰至柘湖二十三里，上闊六尺，下闊一丈五尺，高六尺。

舊瀚海塘

西南抵海鹽界，東北抵松江，長一百五十里。

張涇閘

在縣東南四十八里。隆興甲申八月，本路漕臣姜詵奏請於張涇堰增庳爲高，築月河，置閘其上，甃巨石。兩址相距常有四尺，深十有八板，板尺有一寸，以時啓閉，故鹹潮無自而入。月河之長三千三百五十有五尺，廣常有六尺許〔四四〕。克昌爲之記。

冢墓

《祥符圖經》載諸陸、潘濬、笮融凡十二墓。若濬與融既非邑人，不知何自而葬於此。陸禕墓在崑山，碑誌尚可考，反不及之，無乃未見征北墓碑耶？然諸陸之墓自禕外，訪其處所，無復存者，而融墓至今稱之。事有幸、不幸者，可爲之歎息。

陸康墓。在縣西北二十里。

陸遜墓。在縣西北二十三里。
陸抗墓。在縣北二十里。
陸瑁墓。在縣西北三十二里。
陸凱墓。在縣西北二十二里。
陸宏墓。在縣西北四十里。
陸曄墓。在縣西北四十四里。
陸監墓。在縣西北一十九里。
陸景文墓。在縣西北三十里。
陸叡墓。在縣西北十九里。
已上詳見人物門。
潘濬墓。在縣西北二十里。按《吴志》云：濬，字承明，武陵漢壽人也。弱冠，從宋仲子受學，爲郡功曹。孫權殺關羽於荆上，拜爲輔軍中郎將，有功，遷奮威將軍。權即位，封劉陽侯，遷太常。赤烏二年薨。
笮融墓。在縣東北四十里。按《吴志》云：融，丹陽人。初，徐州牧陶謙使督廣陵運漕。曹公攻謙，徐土蕭條，融將男女一百口、馬三十匹走廣陵。今北亭鄉有笮墓涇，涇旁有高壠，世稱爲笮墓云〔四五〕。

陸禕墓。在縣西北二十七里崑山之絕頂。舊有征北將軍陸禕墓碑，今雖斷毀不全，而龜趺尚存焉。

知縣題名

自置縣以來，唐之賢宰，舊經所載止蘇籥一人，稱其在縣簡惠，莅事公正。國朝咸平以前，令之姓氏無所稽考。自咸平五年迄於建炎二年，商餘慶至許知微凡五十有三人，則姚舜明爲之記。自紹興元年迄於淳熙元年，呂應問至劉俣凡一十有九人，則劉俣爲之記。自淳熙三年迄於紹熙四年，趙汝謜至楊潛凡七人，則楊潛爲之記。其間流風善政，爲民所稱誦者蓋亦有焉。

唐張聿。琅琊人。

包　某。延陵人。德宗時。
蘇　籥。
商餘慶〔四六〕。咸平五年。
劉唯一。景德元年。
孟虛舟。大中祥符元年。
李釋回。大中祥符三年。
董　抗。大中祥符五年。
尚　逵。大中祥符九年。
蹇利涉。天禧元年。
張貽慶。天禧二年。
李　衡。乾興元年。
張　鑄。天聖元年。
王舉直。天聖二年。
田慶遠。天聖三年。

李宏。天聖五年。
向繹。天聖七年。
楊備。天聖十年。
唐詢。明道二年。
錢括。景祐三年。
丁詡。寶元二年。
錢貽範。康定二年。
謝景溫。慶曆四年。
宋宜。慶曆六年。
章拱之。皇祐元年。
吴及。皇祐四年。
楊慥。至和元年。
胥元規。嘉祐二年。
聶儀仲。嘉祐五年。

袁晉材。嘉祐七年。
胡定之。治平二年〔四七〕。
張若濟。熙寧元年。
上官汲。熙寧四年。
邵奇。熙寧七年。
盧乘。元豐元年。
周袞。元豐四年。
陳謐。元豐七年。
陶鎔。元祐二年。
劉鵬。元祐五年。
章景遇。元祐七年。
黄佖。紹聖元年。
俞結。紹聖三年。
賈泰。元符元年。

孫植。元符三年。
左咼。建中靖國元年。
楊子方。崇寧元年。
章玫。崇寧二年。
楊光弼。大觀元年。
徐思安。大觀三年。
章懿文。大觀四年。
姚舜明。政和元年。
黄昌衡。政和七年。
胡侃。宣和元年。
鮑貽愿。宣和三年。
陳球。靖康元年。
許知微。建炎二年。
呂應問。紹興元年。

張公紱。紹興三年〔四八〕。
詹堯可。紹興六年。
林　衡。紹興九年。
楊壽亨。紹興十三年。
趙伯虎。紹興十六年。
陳祖安。紹興十九年。
吳惇犯今上御名仁。紹興二十二年。
龔　相。紹興二十三年。
王　崧。紹興二十五年。
周允聞。紹興二十六年。
周　極。紹興二十九年。
蔣思祖。紹興三十二年。
張　昉。乾道元年。
雷　粲。乾道元年。

侍其銓。乾道二年。
堵觀。乾道五年。
陳岏。乾道八年。
劉俁。淳熙元年。
趙汝譓。淳熙三年。
徐安國。淳熙六年。
楊槫年。淳熙九年〔四九〕。
葉仲英。淳熙十二年。
劉壁。淳熙十三年。
柳楙。淳熙十六年。
楊潛。紹熙元年。
張穎。
張抃。
徐民瞻。

樊　湛。
錢　訚。嘉泰元年。
趙汝章。嘉泰四年。
湯　詵。開禧元年。
汪立中。開禧二年四月到任，十一月借緋，三年九月磨勘，轉奉議郎。
滕　珂。嘉定元年。
徐晞稷。嘉定二年。
樓　鏞。嘉定四年。
陳　遇。嘉定五年。
陸三省。嘉定六年。
李百壽。嘉定七年。
錢德謙。嘉定八年。
陳　鋾。嘉定十一年。
張孝聞。嘉定十三年。

陳奇之。嘉定十五年。

王琮。嘉定十七年。

詹驌。寶慶三年。

黄崖。紹定元年。

程熹。紹定三年。

韓曾。紹定六年。

楊瑾。端平元年。

宋良才。嘉熙元年。

韓識。嘉熙四年。

蔡朴。淳祐二年。

施退翁。淳祐四年。

鄭南。淳祐七年。

陳叔弼。淳祐八年。

進士題名特奏名附

唐博學宏辭科

陸　贄。字敬輿。西京試第六人。

光啓二年

陸　扆。字祥文。禮第一人。

三禮科

顧　謙。

華亭壯邑，業儒者衆。今訪之耆舊，及考諸登科記，自天禧三年迄於紹熙四年，凡一百七十有七年，登進士第者凡八十有八人，其間魁多士，冠南宮，入政府，登從班者蓋不乏人，亦云盛矣。陳舜俞登慶曆六年第，再中嘉祐四年材識兼茂明於體用科。按國史，舜俞湖州人，知山陰縣。時青苗法初行，不奉令，上疏自劾，謫南康酒稅，棄官而歸，居秀之白牛村，自號白牛居士，雖湖人不得不載也。崇寧五年，朱季資以内舍辟雍錄試，於中書賜第。紹興四年，呂元亮以布衣被薦，召對出官，皆非常科，茲不載焉。至若特恩，則無題名可考，姑摭耳目之所見聞者附云。

天禧三年王整榜

呂　諤。

天聖二年宋庠榜

呂　詢。

景祐元年張唐卿榜

呂　評。

慶曆六年賈黯榜

陳舜俞。字令舉，嘉祐四年直言極諫科第一人。

嘉祐二年章衡榜

呂　全。用開封貫〔五〇〕。

六年王俊民榜

朱伯虎。用開封貫，字才元。第五甲第二人。太子少師。

八年許將榜

戴顯甫。一姓錢。

朱　鞏。用開封貫。字宏道〔五一〕，伯虎從父。

治平二年彭汝礪榜

朱伯熊。用開封貫。伯虎之弟，字才翁。宣奉大夫。

熙寧三年葉祖洽榜

呂公美。用開封貫。

六年余中榜

呂　奎。用開封貫。

元豐二年時彥榜

柳庭俊。工侍。

章　粹。用建寧貫。

元祐三年李常寧榜

呂益柔。用開封貫。甲科第二人。刑侍。字文剛。
張徽言。
六年馬涓榜
朱紱。改名諤。甲科第二人。右丞。伯虎從子。
富開。
朱之純。用開封貫。
紹聖元年畢漸榜
柳庭傑。庭俊之弟。
呂桓。犯欽宗御諱。
四年何昌言榜
張天材。改名卿才。
崇寧二年霍端友榜
朱紘。改名讜。用開封貫。紱之弟，第三甲第一人。
五年蔡薿榜

王　篪。
張　甸。
呂少蒙。用開封貫。
大觀三年賈安宅榜
柳　約。戶侍。庭俊之弟。
姚　轂。改名焯。
張　昭。
陳之元。
衛上達。改名仲達。禮書。字達可。
黃子服。
政和五年何㮚榜
衛　開。八行。宣教郎。
黃　鍰。鎮之弟。
黃　鎮。

張康朝。

八年嘉王榜

衛　閬。字致虚，涇之祖。朝奉大夫，贈太師、魏國公。

宣和元年貢士王俊乂榜

衛膚敏。甲科第三人。禮侍。閬從子，字商彦。

三年何涣榜

富　說。開之子。

建炎二年李易榜

黄　銓。甲科。

紹興二年張九成榜

孫朝彦。用開封貫。

五年汪應辰榜

任盡言。用眉州貫。甲科。質言弟，字元受。

朱冠卿。

任質言。用眉州貫。
葛湓卿。用開封貫。
八年黄公度榜
陳璹。用泰州貫。
董天民。
十二年陳誠之榜
潘旦。
十五年劉章榜
潘瑋。甲科。改名緯，字仲寶。
陳伯達。
張圖南。
十八年王佐榜
張偉。字書言。新江鄉道成里人。
林公望。字叔山。崧宅里人。

柳仲永。用鎮江貫。字德修。
廿一年趙逵榜
張廷筠。昭之子。
鄭聞。省元。用開封貫。參知政事。
廿四年張孝祥榜
衛稷。仲達仲子。處州教授。
錢良臣。參政。字友魏。
徐銳。
廿七年王十朋榜
朱佾。
三十年梁克家榜
許克昌。用拱州貫。字上達。狀元。
蓋經。用開封貫。字常父。甲科。戶侍。
衛博。字師文，稷從弟。樞密院編修。

柳大雅。用臨安貫。
張伯垓。尚書。
呂　篆。用平江貫。
陳夢鵬。用湖州貫。
三十二年木待問榜
陳之方。用建州貫。
張　序。
張子泳。一姓朱。又作隆興元年。
趙善洙。《玉牒》。
乾道二年蕭國梁榜
朱繹之。用湖州貫。兵郎。中甲科。字貴言。
吳伯凱。用開封貫。
趙善調。《玉牒》。
徐　玠。用鎮江貫。

周　益。

柳　梓。

五年鄭僑榜

王觀國。用開封貫。

林廷瑞。用平江貫。

葉　昉。

八年黃定榜

任巖叟。用通州貫。

淳熙二年詹騤榜

衛　藻。字德章，仲達仲孫。朝奉大夫。

五年姚穎榜

趙師慄。《玉牒》。

張之德。

八年黃由榜

朱端常。用湖州貫。繹之子。尚書。
柳　說。用臨安貫。
十一年衛涇狀元。闐之孫。
十四年王容榜
胡林卿。用平江貫。甲科。
王正綱。用泰州貫。
十六年上舍魁釋褐
林　至。字德久。官祕書省。師朱晦庵。
紹熙元年余復榜
趙汝澄。《玉牒》。
慶元五年曾從龍榜
趙汝詒。
嘉泰二年傅行簡榜
張　淡。

張渙臣。

嘉定元年鄭自誠榜

衛价。用鎮江貫。仲達曾孫，字藩叟。

衛洽。涇弟。

衛洙。右司郎中。

四年趙建大榜

趙汝郕。《玉牒》又作七年袁甫榜。

十三年劉渭榜

孫一飛。

胡琚。林卿之子。

林革。至之子。

十六年蔣仲珍榜

張益臣。

開慶元年周夢炎榜

葉汝舟。
柳正孫。
景定三年方山京榜
錢夢炎。
咸淳元年阮登炳榜
曹應符。字泰叔。衢州司戶參軍。
趙崇嘏。
咸淳鄉貢進士陸霆龍。字伯靈。禮記。郡魁。
謝國光。字觀夫。
紹定二年黄朴榜
黄英發。
五年徐元傑榜
杜從龍。
嘉熙二年周坦榜

錢宜之。
錢廙之。
淳祐十年方逢辰榜
洪應辰。
寶祐元年姚勉榜
錢拱之。
布衣被召賜第
朱季賢。內舍。
呂元亮。
衛　謙。字有山，仲達六世孫。宋末登第，未詳何年。
特奏名附凡三十一人。
章　梲。
詹　奕。
衛仲遠。

衛　稹。
陳聖任。
鄭　滙。第二名。
吳正邦。
陳世德。
朱宗卿。
葉　簡。
王　鼎。
姚端方。
錢九韶。
葉　昺。
朱　振。
張伯起。
章移忠。

鄭　丙。
林一飛。
曹元鼎。
柳　楩。
柳大韶。
戚　簡。
黄　裳。
朱端復。
朱伯龍。
朱彦直。
朱端禮。
朱　澥。
朱　聞。
朱　允。

【校勘記】

〔一〕教：明鈔本作「道」。

〔二〕戒：明鈔本無。按《至元嘉禾志》卷一四有「戒」字。

〔三〕五洩山：觀自得齋叢書本作「王洩山」，《至元嘉禾志》卷一四作「五臺山」。按《宋高僧傳》卷一二、《欽定盤山志》卷八皆作「五洩山」，當是。

〔四〕「歸」字上宛委別藏本有「自洛」二字。《至元嘉禾志》卷一四無。

〔五〕靈：宛委別藏本作「雲」。按《至元嘉禾志》卷一四同。

〔六〕余山：宛委別藏本作「佘山」。按《天中記》卷六〇作「佘山」，乾隆《江南通志》卷一七四、《宋詩紀事》卷九一作「佘山」。按《至元嘉禾志》卷二八亦作「佘山」，注云：「祖傳舊有佘氏慕道於此，因名焉。」《明一統志》卷九、《大清一統志》卷五八皆云舊傳有姓佘者，養道於此，因名。故當以「佘山」爲是。下同。

〔七〕「寺」字下宛委別藏本有「中」字。

〔八〕「題」字下宛委別藏本有「字」字。

〔九〕心鏡：宛委別藏本作「心鑑」。按《至元嘉禾志》卷一〇作「心鏡」。
〔一〇〕盧：宛委別藏本作「仝」。
〔一一〕「果」字下宛委別藏本有「寺」字。
〔一二〕「屯」字下宛委別藏本有「之口」二字。
〔一三〕名：宛委別藏本、明鈔本無。
〔一四〕礪：原作「厲」，據宛委別藏本及《北磵集》卷四、《至元嘉禾志》卷二〇改。
〔一五〕他：宛委別藏本作「地」。按《至元嘉禾志》卷二〇作「他」。
〔一六〕譬：明鈔本無。按《至元嘉禾志》卷二〇有此字。
〔一七〕鳩：宛委別藏本無。按《至元嘉禾志》卷二〇有此字。
〔一八〕求：原作「永」，據宛委別藏本及《至元嘉禾志》卷二〇改。
〔一九〕物：明鈔本及《至元嘉禾志》卷三〇、《宋詩紀事》卷九二作「佛」。
〔二〇〕「平二年賜今額」六字明鈔本無。
〔二一〕按此句宛委別藏本作「其初名興國長壽院」。
〔二二〕中：宛委別藏本作「□年」。

〔二三〕「改」下宛委別藏本有「爲」字。
〔二四〕初：宛委別藏本無。
〔二五〕「元」字上明鈔本有「寺」字。
〔二六〕勤：明鈔本作「瘽」。
〔二七〕災：明鈔本作「菑」。
〔二八〕「甚」字下宛委別藏本有「重」字。又「主」字右本作「王」。
〔二九〕「曰」上宛委別藏本有「而言」二字。按《說郛》卷一一六、雍正《山西通志》卷二二八、《月令輯要》卷九「曰」字上有「附語」二字。
〔三〇〕曾祖：原作「高祖」，據宛委別藏本、明鈔本及《至元嘉禾志》卷一二、乾隆《江南通志》卷二〇〇改。
〔三一〕高祖：原作「曾祖」，據宛委別藏本、明鈔本及《至元嘉禾志》卷一二、乾隆《江南通志》卷二〇〇改。
〔三二〕「各」字上宛委別藏本有「時有先後」四字。
〔三三〕「水」字上宛委別藏本有「按」字。

〔三四〕「其」字下宛委別藏本有「間」字。
〔三五〕列：明鈔本及《至元嘉禾志》卷四作「別」。
〔三六〕十：明鈔本作「一」。按《至元嘉禾志》卷四作「十」。
〔三七〕四十：宛委別藏本作「二十」。按《至元嘉禾志》卷四作「四十」。
〔三八〕此：宛委別藏本、明鈔本作「斯」。
〔三九〕六十八：宛委別藏本作「六十五」。按《至元嘉禾志》卷五作「六十八」。
〔四〇〕此：宛委別藏本作「北」。按《至元嘉禾志》卷四作「此」。又按乾隆《江南經略》卷一下、乾隆《江南通志》卷一、卷一二亦云古來鍾水之地爲薛澱湖，故此處當作「此」字。
〔四一〕「於」字下宛委別藏本有「水」字。按《至元嘉禾志》卷五無「水」字。
〔四二〕「縣」下宛委別藏本、明鈔本有「官」字。
〔四三〕戀：宛委別藏本作「戀」。按《至元嘉禾志》卷五、《吳中水利全書》卷一八作「戀」。
〔四四〕常有：宛委別藏本、明鈔本無此二字。按《至元嘉禾志》卷二〇、《吳中水利全書》卷二四有「常有」二字。
〔四五〕稱：宛委別藏本作「傳」。

〔四六〕商餘慶：原作「商慶餘」，據宛委別藏本、明鈔本及上文乙。
〔四七〕二年：宛委別藏本作「元年」，明鈔本作「一年」。
〔四八〕三年：宛委別藏本作「二年」。
〔四九〕九年：觀自得齋叢書本作「十年」。
〔五〇〕開封：明鈔本作「開府」。
〔五一〕宏道：明鈔本作「雄道」。

雲間志卷下

賦

懷土賦

陸機

余去家漸久，懷土彌篤。方思之殷，何物不感。曲街委巷，罔不興詠；水泉草木，咸足悲焉。故述斯賦。

背故都之沃衍，適新邑之丘墟。遵黃川以葺宇，被蒼林而卜居。悼孤生之已晏，恨親沒之何速。排虛房而永念，想遺塵其如玉。眇緜邈而莫覿犯高宗嫌名，徒佇立其焉屬。感亡景於存物〔一〕，惋隤年於拱木。悲顧眄而有餘，思俯仰而自足。留茲情於江介，寄瘁貌於湘曲〔二〕。玩通川以悠想，撫歸塗而躑躅。伊命駕之徒勤〔三〕，慘歸途之良難。愍栖鳥於南枝，弔離禽於别山。念庭樹以悟懷，憶路草而解顔。甘堇荼於飴茈，緯蕭艾其如蘭。神何寢而不夢，形何興而不言。

詩

贈從兄車騎詩李善注曰陸士光。　陸機

孤獸思故藪，離鳥悲舊林。翩翩游宦子，辛苦誰爲心。髣髴谷水陽，婉孌崑山陰。營魄懷茲土，精爽若飛沈。寤寐靡安豫，願言思所欽。感彼歸塗難，使我怨慕深。安得忘歸草，言樹背與襟。斯言豈虛作，思鳥有悲音。

奉和皮日休吳中即事

陸魯望

風清地古帶前朝，遺事紛紛未寂寥。三泖涼波漁蕝動，遠祖士衡對晉武帝以「三泖冬溫夏涼」。五茸春草雉媒嬌。五茸，吳王獵所，茸各有名。雲藏野寺分金刹，月在江樓倚玉簫。不用懷歸忘此景，吳王看即奉弓招。

迴自青龍呈謝師直

梅聖俞

共君相別三四年，巖巖瘦骨還依然。唯鬚比舊多且黑〔四〕，學術久已不可肩。嗟予老大無所用，白髮冉冉將侵顛。文章自是與時背，妻餓兒啼無一錢。幸得詩書銷白日，豈顧富貴摩青天。而今飲酒亦復少，未及再酌腸如煎。前夕與君歡且飲，飲纔數盞我已眠。雞鳴犬吠似聒耳，舉頭屋室皆左旋。起來整巾不稱意，挂帆直走滄海邊。便欲騎鯨去萬里，列缺不借霹靂鞭。氣沮心衰非欲睡，夢想先到蘋洲前〔五〕。願君無復更留醉，醉死誰能似謫仙〔六〕。

逢謝師直　梅聖俞

昔歲南陽道中別〔七〕，今向華亭水上逢。把酒語君悲白日，流光冉冉去無蹤。

華亭十詠　唐詢

華亭本吴之故地，昔附於姑蘇，佩帶江湖，南瀕大海，觀望之美焉。歷吴、晉間，名卿繼出，風流文物，相傳不泯，閭里所記，遂為故事。景祐初元八月，予被詔為縣。至部且一年，而囹圄多因繫，簿書嬰期會，黽沒朝夕，精疲意殆，凡山川風物在境内者，未嘗一日而講求焉。粤今秋，邑人有訟古泖湖者，持舊圖經詣庭以自直，因得而究之，凡經所記土地、人物、神祠、墳壟所言甚詳。即采行部之餘，輒至其地，因里人而咨焉，多得其真。代異時移，喟然興歎。

其尤著者為十詠，皆因事紀實，按圖可見，將以志昔人之不朽，誠舊俗之所傳云爾。

顧亭林顧亭林湖，在東南三十五里。湖南又有顧亭林，相傳陳顧野王居此，因以爲名焉。

平林標大道，曾是野王居。舊里風煙變，荒原草樹疏。湖波空上下，里閈已丘墟。往事將誰語，淒涼六代餘。

寒穴金山北有寒穴，清泉出焉，其味甘香。

絕頂干雲峻，寒泉與穴平。還同帝臺味，不學隴頭聲。夜雨遙源漲，秋風顥氣清。誰云蔗漿美，纔可析朝酲。

吳王獵場在華亭谷東。吳陸遜生此，子孫嘗所遊獵，後人呼爲陸機茸。今其地爲桑陸。

昔在全吳日，從禽耀甲戈。百車嘗載羽，一目舊張羅。地變柔桑在，原荒蔓草多。思人無復見，落日下山坡。

柘湖在縣南七十里。湖中有小山，生柘樹，因以爲名。《吳越春秋》海鹽縣淪没爲柘湖。《吳地記》秦時有女入湖爲神〔八〕。今其祠存。

世歷亡秦遠，湖連大海瀕。柘山標觀望，玉女見威神。渺渺旁無地，滔滔孰問津。何年化魚鼈，髣髴歷陽人。

秦始皇馳道在縣西北崑山南四里。相傳有大堤路，西通吳城，即馳道也。

秦德衰千祀，江濱道不修。相傳大堤在，曾是翠華遊。玉趾如將見，金椎豈復留。悵然尋舊跡，蔓草蔽荒丘。

陸瑁養魚池在縣西。今名瑁湖。或云即陸瑁所居，相傳有宅基存焉。

代異人亡久，滮池即舊居。未移當日地，無復故時魚。蒲藻依稀在，風波浩蕩餘。水濱如可問，一爲訪庭除。

華亭谷在縣南。縈行三百里入松江〔九〕。

深谷彌千里，松陵北合流。岸平迷晝夜，人至競方舟。照月方諸泣，迎風弱荇浮。平波無限遠，極目漲清秋。

陸機宅華亭谷水東有崑山，相傳即其宅。陸機詩云：「髣髴谷水陽，婉孌崑山陰。」今其地存焉。

舊牒傳遺趾，悠然歷祀深。人無令威至，門巽下邽箴。谷水當年溜，崑山昔日陰。魯堂那復見，絲竹若爲尋。

崑山華亭谷東二里有崑山，陸機祖葬於此，因生機、雲。時人以崑山出玉〔一〇〕，因名此山，以美機、雲焉。

昔有人如玉，茲山得美名。巖扃鎖積翠〔一一〕，谷水斷餘聲。喬木今無在，高臺久已傾。如何嵩嶽什，獨詠甫侯生。

三女堽在縣東南八十里。相傳吳王葬女，爲三女堽於此。

淑女云亡久，哀丘尚著名。九原誰可作，千載或如生。青骨何時化，荒榛此地平。空餘圖諜在，不復啓佳城。

顧亭林野王所居也。　王介甫安石

寥寥湖上亭，不見野王居。平林豈舊物，歲晚空扶疏。自古聖賢人，邑國皆丘墟。不朽在名德，千秋想其餘。

寒穴

神泉冽冰霜，高穴與雲平。空山渟千秋，不出嗚咽聲。山風吹更寒，山月相與清。北客不到此，如何洗煩酲。

吴王獵場

吴王好射虎，但射不操戈。匹馬掠廣場，萬兵助遮羅。時平事非昔，此地桑麻多。猛獸亦已盡，牛羊在田坡。

柘湖

湖中有山生柘，故名〔一二〕。《柘湖記》云秦有女入湖爲神。今有廟。

柘林著湖山，菱葉蔓湖濱。秦女亦何事，能爲此湖神。年年賽雞豚〔一三〕，漁子自知津。幽妖窟險阻，禍福易欺人。

始皇馳道

穆王得八駿〔一四〕，萬事不其修〔一五〕。茫茫千載間，復此好遠遊。車輪與馬跡〔一六〕，此地亦嘗留。想當治道時，勞者尸如丘。

陸瑁養魚池

野人非昔人，亦復水上居。紛紛水中游，豈是昔時魚。吹波浮還沒，競食糟糠餘。吞舟不可見，守此歲月除。

華亭谷水行三百里入松江。

巨川非一源，源亦在衆流。此谷乃清淺，松江能覆舟。蟲魚何所知，上下相沈浮。徒嗟大盈北，浩浩無春秋。

陸機宅

故物一已盡，嗟此歲年深。野桃自著花，荒棘徒生箴。芊芊谷水陽，鬱鬱崑山陰。俛仰但如昨〔一七〕，游者不可尋。

崑山世傳陸氏家生機、雲，故名崑山，言生玉也。

玉人生此山，山亦傳此名。崖風與穴水，清越有餘聲。悲哉世所珍，一出受欹傾。不如鶴與猿，栖息尚全生。

三女岡

自古世上雄，慷慨擅功名。當時豈有力，能使死者生。三女共一丘，此憾亦難平。音容若有作〔一八〕，無乃傾人城。

雲間，唳鶴之鄉也，得名舊矣。前人故跡多有存者，寥寥千古，斷碑殘刻不可稽證。唐公彦猷，昔宰是邑，得記籍於編氓，遂即事物之尤者賦為十詠。相國舒王從而和之，觀其立言措意，發揮形容，豈務鬬緝為一時綺語而已。撫事興悲，該含教化〔一九〕，使志士高人過而玩閱，殆有深思遐想不能自已者，誠足嘉矣。歷年滋久，裒次在後，或未之見。逮今府座檢討毛公好古博雅，得《泉寒穴序》而銘之，取斯詠，載其閑。余姑求諸別集而得焉，且念唐公之作刊示庭廡既久，而此獨無傳，抑亦文物之闕事，故書之翠珉，以示方來，庶幾海濱之邑自是增光焉爾。權知縣事徐汲記。

青龍海上觀潮　梅聖俞

百川倒蹙水欲立，不久卻迴如鼻吸。老魚無守隨上下，閣向滄洲空怨泣。摧鱗伐肉走千艘，骨節專車無大及。幾年養此膏血軀，一旦翻爲漁者給。無情之水誰可憑，將作尋常自輕入。何時更看弄潮兒，頭戴火盆來就濕。

顧亭林

梅聖俞

鄉村空林木〔二〇〕，不見古人居。猶尋古人跡，更與古人疏。昔爲賢豪里，今亞蘆葦墟。湖邊夜夜月，光彩波上餘。

寒穴

山頭寒泉穴，淨若鏡面平。熨齒敲冰冷〔二一〕，貯缾微玉聲。傍有野鹿跡，上啼林鳥清。何由一往挹，況復方病酲〔二二〕。

吳王獵場

孫氏有吳國，四海未息戈。獵以耀威武，平野萬騎羅。英雄魏與蜀，貔虎一何多。世事異莫究，但見桑麻坡。

柘湖

柘土久陷沒〔一三〕，千歲嗟水濱。不復吳鹽邑，空有秦女神。浩蕩吞海日，曠闊迷天津。扁舟誰能往，早暮逢漁人。

秦始皇馳道

秦帝觀滄海，勞人何得修。石橋虹霓斷，馳道鹿麋游。車轍久已沒，馬迹亦無留。驪山寶衣盡，萬古空冢丘。

陸瑁養魚池

來觀瑁湖水，乃是陸生居。春塘草幾變，誰膾此中魚。莫容科斗應，亦有魯王餘。不隨蛟龍飛，神鼈未可除。

華亭谷

斷岸三百里，縈帶松江流。深非桃花源，自有漁者舟。閑意見水鳥，日共泛觥籌〔二四〕。何當騎鯨魚，一去幾千秋。

陸機宅

我思陸平原，廢宅荒草深。才高乃速禍，事往不可箴。飢烏啄樹顛，野鼠窟庭陰。黄耳亦已死，家書無復尋。

崑山

陸氏幾世祖，葬此生令名。猶如産美璞，遂爾傳嘉聲。寒巖畜奇秀，源水日東傾。何言千載間，二子不更生。

三女岡

吳王葬三女，因留此岡名。已化彼粲質，合有蘭蕙生。嬋娟夜月照，晻藹朝霧平〔二五〕。古魂如未泯，不遠闔廬城〔二六〕。

過華亭

梅聖俞

晴雲唳鶴幾千只，隔水野梅三四株。欲問陸機當日宅，而今何處不荒蕪。

題李景元畫

蘇軾

景元，名申，本儒家子。落魄詩酒，閑尤善墨戲，米元章《畫史》嘗及之。

往來松江上，不知其所終。

聞說神仙郭恕先，醉中狂筆勢瀾翻。百年寥落何人在，只有華亭李景元。

醉眠亭

李行中

行中，字無悔，築亭青龍江上，東坡名之曰醉眠。諸公皆有詩。

簷低檻曲莫嫌隘，地僻草深宜晝眠。代枕莫憑溪上石，當簾時借屋頭煙。倦遊拂壁畫山徑，貪醉解衣還酒錢。一水近通西浦路，客來猶可棹漁船。

醉眠亭寄韓憲仲廷評

野徑荒亭草沒腰，一眠聊以永今朝。放懷不管人間事，破夢時聞夜半潮。玉柱劉乂詩未獻，金龜太白酒難招。知君有意尋安道，咫尺何時動畫橈。

趙明叔太博未識醉眠亭先貺佳篇

要識荒亭路不賒，浦西橋北對漁家。牕嫌日曝新栽竹，蔬占畦長未種花。壁上客來堆醉墨，籬根潮過積寒沙。被人誤號陶潛宅，也學門前五柳遮。

李行中秀才醉眠亭三絕

蘇　軾

已向閑中作地仙，更於酒裏得天全。從教世路風波惡，賀監偏工水底眠。

君且歸休我欲眠，人言此語出天然。醉中對客眠何害，須信陶潛未若賢〔二七〕。

孝先風味也堪憐，肯爲周公晝日眠。枕麴先生猶笑汝，枉將空腹貯遺編。

同前　蘇轍

是非一醉了無餘，唯有胸中萬卷書。已把人生比籧傳，更將江浦作堦除。欲眠賓客從教去，倒臥氍毹豈暇舒。京洛舊遊真夢裏，秋風無復憶鱸魚。

同前　李常

陶公醉眠野中石，君醉輒眠舍後亭。人知醉眠盡以酒，不知身醉心常醒。衆人清晨未嘗飲，已若醉夢心冥冥。淫名嗜利到窮老，有耳亦不聞雷霆。醉石雖頑委山側，苔昏日剝誰與扃。牧童樵叟亦能指，卒以陶令垂千齡。危簷弱棟倚荒渚，海霧江雨穿疏櫺。勿謂幽亭易摧折，勉事偉節同明星。

同前

陳舜俞

酒膽長輕六印腰，醉中一枕敵千朝。興亡藐比榮枯柳，聚散看同旦暮潮。酣法本應塵外有，醒魂徒向水邊招。已聞佳士過從約，不似江東返去橈。

同前

張　先

醉翁家有醉眠亭，爲愛江堤亂草青。不聽耳邊啼鳥亂，任教風外雜花零。飲酣何必過比舍，樂甚應疑造大庭。五柳北牕知此趣，三閭南楚謾孤醒。

同前

王　觀

松陵江畔客，築室從何年。世俗徒紛紛，不知李子賢。在彼既不知，不如醉且眠。聲名衮衮誰知命，醉非愛酒眠非病。長江渾渾無古今，群山迴合來相映。呼奴沽酒不可遲，買魚斫鱠煩老妻。何必紉繩繫飛兔，百年長短空自知。直將裩虱視天地，冥冥支枕窮四時。九衢足塵土，朱門多是非。秋風老蓴鱸，扁舟何日歸。

同前　秦觀

醉來豐瘁同，眠去身世失。二樂擅一亭，夫子信超逸。杯行徂老春，肱枕頹外日〔二八〕。壯志未及伸，幽願良自畢。

同前　張景修

樽前從客笑，夢裏任花飛。野鳥喚不醒，家童扶未歸。有榮還有辱，無是即無非。萬事藏於酒，先生亦見機。

同前

韓宗文

萬慮中來攪不眠，醉時一覺自陶然。冥冥固已忘天地，豈向杯中見聖賢。得酒休論飲得仙，醉中遺物爲神全。世間反覆無窮事，吏部難忘抱甕眠。昔有遺賢世所憐，滄浪亭下醉時眠。松江變酒終難待，卻對殘燈理短編。

同前

蘇棁

疲人思向醉中眠，物我翛然萬慮閑。渴飲蔗漿勞隱几，吾身自足草萊間。趁陽渴鹿背清泉，之子名亭取性便。適意中間卻無事，期君忘醉亦忘眠。

同前　　晁端佑

瀟灑松陵江上亭，醉來一夢傲雲屏。生前笑語君須惜，世事紛紛不用醒。盤石幽亭樂未央，是非窮達兩相忘。塵寰下望知何許，爛醉高眠自有鄉。塵埃收得一身閑，飲盡春瓶曝背眠。醉耳猶嫌山鳥聒，夢魂終日上高天。一枕雙湖意浩然，狂歌酒盡即高眠。吾生久與時相棄，好逐君歸作二仙。

同前　　晁端彦

人生有出處，兩事固希全。達則都廊廟，致君堯舜前。聲名喧宇宙，指顧生雲煙。不然早晦隱，縱意樂當年。第一莫如醉，第二莫如眠。無悔水鄉士，子瞻稱其賢。埋照不干世，作亭臨清泉。歡來即痛飲，酣謔竟長筵。陶陶非假寐，泯絕平生緣。盡得杯中趣，常爲枕上仙。影從明月照，名任清風傳。願君遂此志，其樂更相先。醉無三日醒，飲盡百斛船。境界如古莽，魂夢遊鈞天。莫學不佞者，狥祿遭纏牽。進無濟世志，退無負郭田。獨醒少意緒，寡睡多煩煎。風波驚性命，鞍馬積胝胼。未得立籬下，應難臥甕邊。區區爲寡仕，短詠愧非妍。

同前

晁端稟

吏部甕間眠，先生牕下臥。夜偷綠醑飲，晝喜清風過。人爲清風快於酒，擺落煩襟洗塵垢。吾知醉寢勝閑睡，可以寄天真兮忘世累。溝瀆超江漢，幕席視天地。蝴蝶不知緣變化，黃粱未熟虛營利。從來閑處得閑樂，何者功成與名遂。隴西夫子稱世賢，世家自是酒中仙。作亭占得松陵地，東坡名之爲醉眠。醉復眠兮眠復醉，頤養鄒軻浩然氣。賢人爲濁聖人清，昏昏夢寐都忘形。花影滿身猶未覺，竹風吹面不知醒。憶昔樂天貪醉吟，吟哦未免勞其心。不如醉睡了無事，其樂陶陶得趣深。我身走塵埃，羈鞅殊未息。有所思兮在高軒，欲往從之路艱塞。無緣一榻同醉眠，空禿千毫揮醉筆。

同前　關景山

杜老顛狂尋酒伴，經旬只走出空床。輸君縱飲還高臥，長有生涯作醉鄉。
貧饒北海杯中物，靜勝長安市上眠。亂地春風吹不醒，功成合與酒爲仙。

同前　楊蟠

江花可醉草堪眠，細想人間底處便。客散樽空欲歸去，此身還被月留連。
江上聊遊我未能，羨君長醉臥高亭。不因鶴唳破殘夢，還有涼風吹酒醒。
清尊疏簾一醉身，寂寥不稱詠詩人。春風亦有憐才意，故擺殘花作繡裀。

同前

僧道潛

嘗聞李謫仙，飲酒興無盡。醉來臥空山，天地即衾枕。當時放迹奇，流俗不可近。君今外形骸，與世不拘窘。寸心合虛曠，萬事一以泯。開亭向幽圃，朝夕事醉寢。茅簷落日欲醒時，起對嬋娟拂瑤軫。

題干山圓智寺

沈遼

海天寥寥禾黍秋，人籟已息煙露收。數聲鶴唳草堂靜，何苦更向咸陽遊。

雲間

野天茫茫秋水清，生盡蒲蓖無人耕。不知三吳地力壯，老鶴空向煙中鳴。

又

蠟屐去陽羨，乘桴望雲間。腰垂陶令印，意在莊生環。斯民久困敝，何用惠孤瘝。於心倘有愧，拂衣歸故山。

陸機雲碑

朝日欲出已復西，人間興廢那可知。崑山陵谷久已變，水旁惟有將軍碑。

佘山月軒　朱伯虎

愛月開軒絕頂間，屹然危創壓層巒。剪除羣卉當簷盡，添得清光滿檻看。亂石雲堆秋色冷，老松風入夜聲寒。十年夢寐江鄉景，杖屨終期日倚欄。

超果教院見遠亭

李景元

高僧欲縱目，橋上建橫亭〔二九〕。野水茫茫白，羣山點點青。客帆風送葉，漁火夜遺星〔三〇〕。看盡朝昏景，天涯一畫屏。

湖齋

朱之純

平湖十頃水汪洋〔三一〕，得意茅齋且屈藏。園種小桃今結子，池栽翠芰更聞香〔三二〕。六龜已兆千年瑞〔三三〕，予湖上治圃於桃根，獲古龜六枚，其小如錢。雙鶴看呈八月祥。昔時雲間有仙鶴觀〔三四〕，每中秋月夜，有仙鶴下，往往觀之〔三五〕，得名以此。今予治圃谷水，鄰其地也。居此倏然忘世味，此心尤懶去龍陽〔三六〕。

寄題華亭朱氏谷陽園

蔡　肇

陸機異時宅，故物無復迹。悠悠谷水陽，野水悽餘碧。我觀《豪士賦》〔三七〕，文字豈不白。一爲功名誤，末路真可惜。至今風雨夜，哀鶴鳴不息。千秋得吾人，淨眼照阡陌。結茅風煙際〔三八〕，一悟世網窄。古今一丘貉，貴賤百年客。閉門橙橘香，隱几冰凍釋。我懸升斗祿，矯首望八極。人生勞逸間，此殆天所激〔三九〕。鵬翔赤霄動，鯨噴碧海拆。爲爾具扁舟，送此齒髮迫。

朱氏天和堂

黄　裳

朱樸隱居華亭，自號天和子。

谷水悠悠水天闊，綠竹漪漪玉龍活。天和堂在翠微中，堂上誰誇青瑣闥。二俊昔爲才所驅，未識危邦何太愚。輕抱雄文走西洛，漫勞黄耳尋中吳。豈謂七百有餘載，乃獲夫子營我廬。能向平時脱羈絡，爲悟浮雲此生錯。通道益深醉隱亭，載鵬風厚逍遥閣。萬累紛紛無處尋，須信天和有斯樂。彼哉二俊胡不歸〔四〇〕，空歎華亭數聲鶴。

同前　徐鐸

先生晦迹谷水東，志趣不與晉賢同。遥聽鶴唳笑二陸，巢傾穴碎非爲工。浩然養素遠聲利，脱去羈束離樊籠。醉隱亭中三十載，桃紅李白搖春風。感時嘯詠聊自適，誰知富貴爲窮通。羡君高操超流俗，直疑變姓稱朱公。

同前　楊傑

聞説隱君子，天和長自如。卮言莊叟意，谷水士衡居。窮達分已定，利名心頓疏。繡溪歸未得，吾亦愛吾廬。

同前

趙挺之〔四一〕

華亭山水佳，秀色宛如畫。前賢有隱蹟，卜築俟來者。高人養天和，放浪寄林野。安知歲月徂，但喜名利捨。傳家得之子，流輩推博雅。春風振客衣，逸棹東南下。賦詩臺閣彦，落落珠璣瀉。持觴拜親膝，喜色動鄉社。都城十二衢，塵土翳車馬。一夢逐君行，茲懷已瀟灑。

同前

豐稷

路左漿先饋，門前屨幾重。勇歸塵事擲，恬處道心濃。弄水知幽谷，觀雲想妙峰。夜深孤鶴唳，清露滴高松。

宣妙院上方

劉正夫

水定浮春岫，鴉盤落遠林。上方鐘送夕，隱几興何深。

華亭秋日

張擴

陰雲薄薄滿秋輝，曉露含光濕翠微。旁舍擊牛嘗社酒，荒城擣練給征衣。浄如掃迹蚊無幾，多不論錢蟹正肥。定是水鄉差可樂，不應潦倒未成歸。

過澱山湖

張擴

昨日過湖風打頭，葦蒲深處泊官舟。近人烏鳥語聲碎，瀕海風煙日夜浮。午飯腥鹹半鮭菜，客床顛倒一皮裘。平生浪說在家好，晚向波濤未肯休。

顧亭林

胡松年

海山盪佳氣，千載傳古居。平生讀書地，竹柏靜以疏。忠義貫白日，名不埋幽墟。苗裔今幾何，誰能補其餘。

船子和尚三詩

千尺絲綸直下垂，一波纔動萬波隨。夜靜水寒魚不食，滿船空載月明歸。二十餘年江上遊，水清魚見不吞鈎。釣竿斫盡重栽竹，不計工程得便休。三十餘年坐釣臺，鈎頭往往得黃能。錦鱗不遇虛勞力，收取絲綸歸去來。

又題松澤西亭

一葉虛舟一副竿，了然無事坐煙灘。忘得喪，任悲歡，卻教人喚有多端〔四二〕。

一任孤舟正又斜，乾坤何路指生涯。拋歲月，臥煙霞，在處江山便是家。

愚人未識主人公，終日孜孜恨不同。到彼岸，出樊籠，元來只是舊時翁。

華亭道中

僧道潛

白水茫茫天四空，黄昏小雨濕春風。五更百舌催殘夢〔四三〕，月到官河柳影中。

墓誌

吴郡征北將軍海鹽侯陸府君之碑〔四四〕

君諱禕，字元容，吴郡吴人也。昔龜鳳啓符，嬀□□襲□□之胤，世爲諸侯。或□於陸鄉〔四五〕，因氏姓焉。顯考吴故左丞相□，聲聞於海内。君繫遠祖之懿緒，承洪族之清□。嵩嶽降其神，淵瀆協其氣。是以景靈咸贊，奇姿挺傑。合九□□性聰，苞五□□□叡。故能□□大業，□經□德。指瓊雪而□□行，瞰雲霄而厲峻節。若夫惇經好古，玄□圖□，則思□□之□，神入幽芒之□。□□□而識其機，苞萬品而□其指也。爾乃披褐林□〔四六〕，□遲養真。值□□求士，匪□□□，□□□藪，沈綱繞□。□□□□石之□，幽澤無散髮之□。君□斂節降志，屈□從時。赤烏六年，徵宿衛郎中，□□□□〔四七〕，□遷左郎中、治書執法、□中校尉〔四八〕、立義都尉、五官郎中、騎都尉，遷黃門侍郎。君克明□憲，允亮納言。□□□□□封海鹽侯，加裨將軍，行左丞相、鎮西大將軍事。於時基辰□御，江河異宗，皇晉蕃平南境，有□□□□□□□，君征北□□□□□□□□□。□□□則儒色溫，□武弁則□氣莊。爾乃撫戎廟筭，量敵□□。□□□北攻前□□□□□□□□□□□彼場□憚威之□也。及其委戈執□〔四九〕，入賓皇儲，若珍袵席。講道論□□□□□□□□而□□其□□□世俗方昏，日月不照，鴟梟□□，豺狼競趨。君耻寧武之詳愚〔五〇〕，厲相考之烈□，□□□□□□□以□□□□□□□□□興遭。貝錦疾□合采，□受侮以遐遷。永蕭□於積祀，到太康之□□。□□□□□栖□□水□□□□鱗。君將□□□之蟠，奮朝陽之羽。□□箕之入周，陳洪謨於晉宇。享年不永，春秋知命，□□而□。夫□□君德，□銘大勳，今之通義，人道之□事也。君元子西曹、章安二縣令、奉車都尉衛，仲子□□□□大夫、□□掾□，□子散騎□郎、前將軍、歷陽、宣威二郡內史喈。仰堂構之遺蕓，蒙析薪之□荷。詠□□永思，感蓼莪□□□。□□山以代君，命執翰以褒德。庶同輝於日月，垂永熙於罔極也〔五一〕。乃作頌焉。其辭曰：

皇綱不□，天裂地□。煌煌南基，敵輝北辰。桓桓□□，□命作□。龍嘯江□，威響北振。運否承泰，六合□一。帝鑒海嶽，求其隱逸。將彈南冠，入亮皇室。我翼未揮，□□□折。何用不德，命此執翰。鏤金作頌，億載不刊。

泰寧三年歲次乙酉十二月壬戌朔一日壬戌立。

大唐故朝議大夫護軍行黄州司馬陸府君墓誌銘 朝議郎行右拾遺靳翰撰

君諱元感，字達禮，吴郡吴人也。昔者舜嗣堯歷，協帝初以闢門；田育姜姓，賓王終而有國。其後俾侯於陸，開錫氏之源；作相於吴，纂承家之祕。立德之緒，莫京於代。曾祖慶梁，官至婁令。入陳，三辟通直、散騎、侍郎，皆不就。祖士季，陳桂陽王府左常侍，隋越王府記室，皇朝太學博士、弘文館學士。父謀道，皇朝周王府文學、詳正學士，並茂稱奕代，餘慶資身。擢慧葉而增芳，飛靈波而益濬。去官辭辟，語默稱賢。函席曳裾，文儒繼美。君生而敏慧，長而溫良，識聰朗而惟深〔五二〕，體矜重而不野。宗族愛而加敬，鄉黨狎而愈恭。始以資宿衛，解褐韓王府參軍事。以丁憂去職，服闋。值國討狄軍，出定襄，戎幕擇材，君爲從事，文武吉甫，斯之謂與。尋爲婺州龍丘丞，贊貳有能，風俗時變。遷睦州建德、和州歷陽二縣令，育人去殺，訓物齊禮。子游絃歌武城，歎其焉用；仲康鳥獸中牟，稱其仁及。尋加朝散大夫，除黃州司馬。到官未幾，以神龍三年七月二十日遘疾而卒，春秋七十有五。天不與善，神無福謙，不其悲哉！粤景雲二年三月初一日，葬於崑山，禮也。初，文學府君以擅班固《漢書》，勑授舒王侍讀。君少傳其學，老而無倦，此《易》所謂「幹父之蠱」、《詩》所謂「聿修厥德」者也。嗣子南金等哀號，弗及孝思，率至卜兆，是營封樹，特永憂陵谷之變，託詞頌休。銘曰：

簫韶儀鳳，觀國賓王，我祚光兮。東有齊土，南入吳鄉，我族昌兮。自君嗣業，履素含章，我譽臧兮。內遊藩邸，外掃戎場，我才揚兮。為丞與令，化洽三方，我人康兮。天子命我，我朱孔陽，佐於黃兮。美志未極，盛圖云亡〔五三〕，訴穹蒼兮。碩德休問，地久天長，永無疆兮。

唐故朝散郎貝州宗城縣令顧府君墓誌

公諱謙，字自修，其先吴郡人，季歷丞相肅公之後也。漢魏以降，蔚爲茂族，史譜詳載，此得略而述焉。大王父諱希揚，登州軍州事衙推。王父諱彭，堯州司戶參軍。先府君諱行大，宣州寧國縣丞，先太夫人吴郡陸氏。公即先府君冢子也。公體質魁梧，風神朗秀，溫其珪璧，凜若松筠。粤在綺紈，質性端敏，卷舒退進，逾於老成。早歲舉明經，三禮二科，洞達微言，貫穿精義，獨行不合，時流所排。晚節以談笑曳裾，歷諸侯上客。魏帥何公一見，若平生交，表公高才，請宰劇郡，由是褐衣拜貝州宗城縣令。公以戎虜之地，民俗驕愎，非鳴琴可齊，□展驥仍乖。理張翰之扁舟，企陶公之□躅。浙右勝地，雲間故鄉。豹隱鴻冥，韜光晦迹。其有嵓廊彥士，□島逸人，每披霧見天，開雲覩雉，莫不高山仰止，如不及焉。噫！人皆知麟鳳之爲瑞，而不知善人爲瑞也。不使公執政當路，於時元龜，□□不泯於將來，盛德必鍾於後嗣，□造物者大誤，彼蒼生之不幸乎。嗚呼！夢感兩楹〔五四〕，□生二暨〔五五〕。以咸通十三年歲次壬辰六月二十有八日丁卯啓手足於蘇州華亭縣北平鄉崧子里之私第，享年六十有七。先是，公於第之南隅列植松楸，有公叔□之想焉。明年歲在癸巳十一月二十四日乙卯，灼龜析著，姑遂先志，窆於茲原，禮也。夫人弘農楊氏，貞順婉約，閨門楷儀，□爽撫孤，罔不適禮。僎，滁州全椒縣尉，先公而逝。女一人〔五六〕，適明州象山縣令張夔。男六人，長曰寰，杭州鹽官縣尉。次曰台，常州晉陵縣尉。次曰占，旁州館驛巡官，試左武衛兵曹參軍。次曰寔，鄉貢明經。次曰滔，次曰潛，皆在嬰幼。唯寔與滔，□公之胤，咸能□□接物，孝悌治身，動惟直方，靜必溫克，奉詩禮之明訓，在邦家而有□。是使聯榮清途，列羽霄漢，有後於魯，斯其比與。女二人，長適吳郡張聿之，明經出身，解褐蘇州華亭縣尉〔五七〕。次許嫁吳興姚安之，登童子、學究二科，再命爲東宮舍人。率皆禮樂名儒，簪纓盛族。公之中外姻表，輝映當代，不可一二而言也。嗣子寰，欲□□之不絕，感陵谷之咸遷，泣血號□〔五八〕，請銘幽石。恭爲銘曰：

愷悌君子兮，如珪如璋。鳳鳥不至兮，麟出罹殃。彼蒼不仁兮，曷為其常。

甘泉倏竭兮，風焰摧光。孤惸灑血兮，行路淒傷。青烏告□兮，寧神高岡。

記

新建至聖文宣王廟記

陳執古

至矣哉，先儒之稱夫子也，子貢則喻諸日月，孟子則冠於生民。通其祀則韓吏部以社稷爲非嚴，無其教則杜子美謂夷狄之不若〔五九〕。是皆傑出意表，垂範將來。扶狂簡之肺肝，判冥頑之耳目，膚淺庸蔽，又何加乎！若乃誦聖籍以知歸，服儒衣而不變，以嚴師爲己任，將尊道爲士先，苟得其人，不繫乎位。華亭縣者，嘉禾郡之劇邑也。當土敝水煩之地〔六〇〕，屬風頽俗雜之餘，民無堅正之心，世尚剽狡之氣，淫神以邀其福，佞佛以逃其禍，先王之教咸罔聞知，廟貌之靈宜夫委頓。自錢氏納土，宋運有開，年歷寖深，邑長相繼，殊未思政理以五常爲本，五常由夫子而明。必有所宗，是宜崇祀。率視如弁髦之敝，孰能存愛樹之心？介於梵刹之隅，甚矣鄭門之困。今天子明神所勞〔六一〕，禋享聿修，典冊攸存，牲幣靡闕。而況褒成教本，位極真王，通邑之祠，不絕如線，非所以副國章之舉廢，俾鄉校之知方。少傅劉君是以有志於斯也，劉君世編官族，代傳素風，養勇久負於一鳴，適道無辭於寸祿。下車而姦盜屏，假印而獄訟清，胥尹伏從，閭里競勸。當其至止，首謁聖師，撥蠨蛸而入戶庭，履蔓草而升堂陛，致美且慙於黻冕，改爲奚及於緇衣。列像毀殘，侍座跛倚，裴回瞻覩，俛仰咨嗟。不易新規，曷成大壯？爰求隙地，得於縣東。營爽塏之基，委諸薙氏；度中伐之木，命以梓人。民忘悅使之勞，吏謹不愆之素。由是重門祕殿，敞大廈以耽耽；東序西廂，亘文榱而翼翼。後建殖庭之宇，用鋪講藝之筵。旅楹既閑，陋堵室之非度；縮版以載，見宮牆之特高。而又約奉身之資，損計日之俸，儼睟容而允穆，飾華衮以鮮輝。入室之賢，侁侁侍坐；陟堂之衆，濟濟負牆。置孝愛之一人，與配侑而兼列。如在之威神備矣，致誠之典禮敦焉。俎豆嘗聞，風雨攸除。嗚呼！大道既隱，明王不興，儒雅之儔，沒沒無媿。矧夫皇猷允塞，文令闡揚，夫子之英，煥煥宜久，豈獨行於萬里，長幼之序有倫；如能達彼四方，齊魯之風可變。執古性惟樂善，學媿親師，聖門難言，誠甘取誚，互鄉與進，冀許偕行，直書内疚於無文，不朽幸刊於美石。

時天禧二年歲次戊午閏四月十有一日記。

福善院新鑄鐘記

呂諤

昔黄帝命伶倫氏鑄十二器，蓋鐘之始也。召從律之氣，揚治世之音，上同和於天地，下協贊於神人。暨西域聖人化寖中國，海貯真教，星羅梵宫，方袍之士，佛肆之間，亦建鐘焉。大者數萬斤，小者數千斤，或謂振豐隆之響，鼓鏗鍧之聲，警六和之衆，息三塗之苦。天下之人信服斯語，悉務蠲施，曾無間然矣。福善院屬秀州華亭縣之西北隅内熏浦之陽，僞梁貞犯仁宗諱明六年之所建〔六二〕。舊曰尊勝〔六三〕，皇宋大中祥符元年肇錫新額。斯院也，臺殿輪奐，廊廡完備，象設孔嚴，緇徒櫛比，惟鐘闕如。院主沙門遇來大師，幼脱塵網，素演竺書，内行醇明，外貌芳潤。忽一日，喟然歎曰：「凡燕居蘭若，式遠郛郭，苟無鐘梵之音，曷爲我晨昏之號令耶？」遂命門弟子紹諲與耆宿僧德成歷冒風霜，徧誘檀信。隴西董仁厚欣然樂善，首施淨財三十萬，繇是近者遠者靡不悅隨。天禧四年冬十月，諲乃抵郡薦狀，乞聞天庭。尋詔下，許輸錢易銅，以鑄斯器。明年，值洪水方割，下民昏墊，亟就茲緣，時不我與。洎天聖二年，歲之豐和，俗稍蘇息，諲復率衆聚財，載聞郡政，乃命青龍鎮巡檢、侍禁太原王公繼贇莅而鑄之。公芳猷蘭袐，峻節霜明，幹局有聞，從事無曠。十二月己巳，鳧氏設良冶而鍛煉焉，境邑士女觀者如堵。銅既山積，火亦煙熾。洪爐啓而祝融奮怒，巨橐扇而飛廉借力。凝煎沸渭，翕赫霄壤。俄而煙飛燄歇，豁然中度，華鐘告成，厥功斯就。揭珍臺而彌奐，發鯨杵而大鳴。激越人天，聲聞遐邇。不柞不鬱〔六四〕，不槬不窕。匪獨導我之真侶，抑亦聰彼之羣聾。縱使漢宫千石，感崩山而發秀；豐岫萬鈞，應嚴霜而振響，豈得同日而語乎？諤下制滁陽，退居江左，承命敘事，牢讓弗遑，謹直書其實云耳。

時皇宋天聖三年二月十五日記。

重開顧會浦記

章峴

禾興郡領邑四，號繁劇者，華亭居其首。唐天寶中，析吳郡東境而置焉。負海控江，土爲上腴，其魚鹽之饒，版圖之盛，視它邑之不若也。國朝重馭民之官，宰是者非名通閨籍，秩在京寺，則未始輕授。慶曆辛巳歲夏六月，彭城錢君以九棘丞來更縣，章君再調百里，二君皆有治績〔六五〕。凡績政間有因仍未遑者，輒思諗窮之〔六六〕。顯乎改爲，如恐不及。直縣西北走六十里，趨青龍鎮，浦曰顧會，南通漕渠，下達松江，舟艎去來，實爲衝要。平疇芳甸，傍羅迤邐，灌溉之厚，民斯賴焉。自榦山之陽，地形中阜，積淤不決，漸與岸等。每信潮吐納，才及半道而止者，垂三十年〔六七〕。康定建元之後，愆澤仍歲，浦無流津，榜人其咨，捨舟而徒。錢君惻然有濬浦便民之志，首建斯議〔六八〕。明年春，由青龍睨江瀾所來，圖上其狀，遂以議白府。會府公集仙錢侯偃藩之初，銳於振舉，周覽風俗，憫時菑凶，期於順成，刻意溝瀆，樂聞斯議，深然其請。乃籍新江、海隅、北亭、集賢四鄉之民，得役夫三千五百五十人，府教以尉孫君專董其役。既授成筭，乃克濟美。庀徒之始，患穀高民飢，又重費官廩，募邑之大姓，洎瀕浦豪居，力能捐金錢助庸者，意其豐約，疏之於牘。誘言孔甘，喜輸叢來，凡得錢一百三十六萬，計粟之直，頭會而晨斂之。縣是揆日戒告，標明部分，定幟臚呼，荷鍤雲集。澤門廢不勉之抶，東山賦忘勞之詩。興三月辛酉，訖四月己丑，始於邑郛，終於江澨，增深四尺，槩廣八丈，無慮役工十萬二千九百五十，畚土平道者不預焉。距縣半里，舊設堰堤，壅其上流，今則仍貫。按《圖經》，縣管塘浦，大而居其最者五，顧會是其一焉。次曰盤龍，曰嵩塘，曰趙屯，曰大盈，而嵩塘首源與顧會合俱，支流股引，環漬民壤。錢君又諭墾田者，乘農之隙，戶出丁壯，咸至顧會疏導之。其或歲苦淫雨，水沴且作，則敗去防庸，縱其澶漫，自浦而泄，滙於大川。若驕陽盛怒，蘊隆爲虐，則瀦渟潮波，分注疆畎，由浦而入，潤溉千頃。夫然，則陰陽慘舒之權，歲時豐穰之候，可移於人手，何水旱之足慮哉！爾其大堤屹起，素波盛滿，煙霞澄滅乎萬狀，漪淪朝夕而兩至，行商力穡者各適其便，拏音壤歌而歡騰其間，於是邑氓之耋老鼓舞，聚而言曰：「兹浦之堙，爲吾儕病久矣。曩時字人者，雖廉得利害，而嗇於經費，豈物有通否，必待其人耶？今吾宰以和惠浸人髓，以鍼石去民瘼，興壞起廢，易於轉圜。是舉也，靡殘乎私，罔耗於公，因民所欲而利之，則圖大垂久之制孰愈於是哉？」噫，蒲穀之爵〔六九〕，風化所繫。昔人之以最課異績，美在惇犯今上御名。史者〔七〇〕，不可勝紀。今之爲縣者，雖有通人之才，黯於施用，而易於韜晦，率不過循蹈常轍，飭身養望，爲榮名之漸，坐守歲華，幸而代去，其於建利除害幾何哉？觀是浦也，則錢君政治之淑慝從可知矣。僝工之辰，命宲寮浮舟以落之。峴職當載筆，宜識其事，聊謹歲月，以俟來者云。

慶曆二年歲在壬午四月二十九日記。

濟民倉記

李　璋

夫事有鉅可遺，而微可書者，抑有民忘其勞，猶以大爲小者，其並見於秀州華亭之縣倉乎？治平三年五月一日，予艤舟倉下，會老人植杖而言曰：我邑歲輸公租一十萬有奇入於州，戶苦之。近俾就藏僧寺客亭，人憂之。借糧貸種數加多，無定計。夙夜警，邏皂勤之。素無倉也，其誰敢議其倉者？今倉成之初，築蔬圃，割湖地，爲敖十八，容受十二萬，民自請號濟民倉，實濟而悦之也。翁云：自祖父來，脱五代湯火，沐浴膏澤，拭目觀太平，踰百年爲幸，民未識官倉，今見之，益以幸。翁頃嘗病河之冰〔七一〕，船阻而寖矣；官督急，胥是捽而抶矣〔七二〕，此豈倉之屋，乃民之身矣，倉完身完而已矣。民之心一若是，如何不曰濟之乎？翁且不知知縣誰何，翁聞嘉祐七年夏迎來，次年七月敢議倉，請於州，州請於外臺〔七三〕，從其議。已而民願助力者，源源不可遏。於是遠致海木，又不半稔而倉立。翁在田中，與鄉人聞，則不信。亟闖之，赫哉偉乎，其可信之也。迫而察，仰而觀，非人力，神而化之也。翁怪如是，乃詢於衆。衆謂我家既力有餘也，令不吾擾，愷悌之恩也。《詩》云：「愷悌君子，民之父母。」父母有命，可違與？倉費大，共助之，小也；令言重，分任之，輕也。費之愈大愈小也，言之愈重愈輕也。恩酣心而勞忘形也〔七四〕。湖亭蔬圃，不利人而害人者也〔七五〕。昔諺有之曰：「責亭葺而游席不理而休，責圃滋而育蔬不供而朴。」今變害爲利，反諺爲頌。其頌云：「倉亦有亭，廨亦有圃。亭席高廣，圃蔬蕃廡〔七六〕。」翁又曰：古聖賢興利在民者，以爲稱職，耻名之常也；

後世興作游觀，利在己而反名之，是自名其無耻者也。今知縣其如何人也，然翁聞倉成之日，與諸僚吏落之曰：吾不圖爲倉而至於斯也，慰民心而自謂濟之也已。然則翁知夫知縣之志在柱石朝社，而不在委積禾黍也。宜矣！柰何民之言曰：事雖鉅而無益，莫若微而有德。微猶然，況大者乎？翁亦曰：頌可傳，莫若刻之於石，千萬斯年，子盍記之乎？爲記之，蘇士李璋也。爲書之，鹽監殿丞徐大方也。爲立之題之者，主簿方澤縣尉朱德新也。茲二人，實佐佑於知縣。殿丞袁公，成倉者也。公名晉材，字器之，淄人也。

思堂記

蘇軾

建安章質夫，築室於公堂之西，名之曰思。曰：「吾將朝夕於是，凡吾之所爲，必思而後行，子爲我記之。」嗟乎！余天下之無思慮者也。遇事則發，不暇思也。未發而思之，則未至；已發而思之，則無及。以此終身，不知所思。言發於心而衝於口，吐之則逆人，茹之則逆余。以爲寧逆人也，故卒吐之。君子之於善也，如好好色；其於不善也，如惡惡臭，豈復臨事而後思、計議其美惡而避就之哉？是故臨義而思利，則義必不果；臨戰而思生，則戰必不力。若夫窮達得喪，死生禍福，則吾有命矣。少時遇隱者曰：「孺子近道，少思寡欲。」曰：「思與欲，若是均乎？」曰：「甚於欲。」庭有二盎以畜水，隱者指之曰：「是有蟻漏。」「是日取一升而空之，孰先竭？」曰：「必蟻漏者。」思慮之賊人也，微而無間。隱者之言，有會於余心，余行之。且夫不思之樂，不可名也。虛而明，一而通，安而不懈，不處而靜，不飲酒而醉，不閉目而睡。將以是記思堂，不以謬乎？雖然，言各有當也。萬物並育而不相害，道並行而不相悖。以質夫之賢，其所謂思者，豈世俗之營營於思慮者乎？《易》曰無思也，無爲也，我願學焉。《詩》曰思無邪，質夫以之。

元豐二年正月二十四日眉山蘇軾記。

思堂記

章望之

吾族弟質夫官華亭縣之初，治其官寺，爲思堂以居，予爲述而記之曰：君子慮於正，小人慮於邪。惟邪動罔不凶，惟正動罔不吉，是宜戒哉。戒之哉，有攸爲也。君子之於是，不勤則不成，不思則不得。故夜而思之，旦而反復之，盡日以行，積日以爲月，積月以爲年，積年以爲世，爲善而無厭，然後大善立矣。是以君子行務五德四失。曰夫何謂五德？道貴有仁，貌貴有禮，言貴有信，心貴有義，業貴有學也。道貴有仁，所以成身也；貌貴有禮，所以交人也；言貴有信，所以誠物也；心貴有義，所以制事也；業貴有學，所以通理也。何謂四失？非也，過也，怨也，忿也。非無容一，過無容再，怨無容長，忿無容元空〔七七〕。善在我思必有，不善在我思必無，思之於元空以少己也〔七八〕。古之人有立常由此，今之人元空名進士入官〔七九〕，而予於世法所宜尊而畏之，視處必志於有爲，乃斥其所趨而爲之説。

超果天台教院記

陳舜俞

天台氏之建化也〔八〇〕，以觀心爲法，以念佛爲宗。觀心者，觀有心以至乎無心；念佛者，念彼佛以證乎我佛。或陞階納陛，同踐堂奥，或順風乘航，横絶苦海，真可謂大乘之淵源，導師之方便者矣。原夫清浄本然，無有空假，因緣忽生，萬法以起，河沙妙門，一念而足。所以體同寂照，神冥樂域，丘陵坑坎，悉見嚴浄，衆鳥行樹，皆出法音。用之則然，何遠乎爾？佛隴肇基，神化周浹，諸方向風，緣應如響。則夫來四衆之珍聚，肆六時之白業。棟宇具而神人安，鐘梵作而齋戒修，又可闕乎？秀州華亭縣天台教院者，迺鶴唳之奥園〔八一〕，實龍象之精舍。先是界相東南，地隙草茂。時和年豐，民有餘施，師徒日演，廣廈斯作。講誦未聞，人莫知嚮。法師惟湛〔八二〕，台嶺之宗，實爲苗裔，言厭遊方，聿來胥宇。既以知見提撕其新學，亦用方便誘掖於里俗。於是檀供旁午，規模備具。復即淨室，作西方彌陀之像，其高十有六尺，巋然垂臂，若將援溺，以應經量。邦人吴延宥，善施樂義，乃爲之捐金，以極塗飾。然後居者有以系瞻誦之愨，遊者以之起師仰之願，揭像運之雄觀，畢空門之能事矣。嗟乎，誰爲布施爲住於相？衆生不愛頂踵，慳貪無厭，暗覆真覺，集爲苦本，流轉生滅，莫知攸止。故夫信捨作則執著亡，執著亡則空寂見，空寂見則佛性具矣。誰謂聲色不足以見如來？今夫金山之聚不輟乎吾目，和雅之音不息乎吾耳。塵法雖外，其心則我，苟無聞見〔八三〕，則無我佛〔八四〕。故夫樂苦空而斷因果，厭諸相而求解脱，未足與語道者也。院既大成，嚴像且畢，以僕夙體斯道，見囑隨喜云。

時熙寧五年正月辛巳記。

海惠院經藏記〔八五〕

陳舜俞

秀州，檇李之奥壤；華亭縣，唳鶴之名邑。白牛村在其西，有人煙之富；海惠院於其間，爲蘭若之勝。先是，賜紫僧奉英智力膚敏，傑爲主者，乃募人書所傳之經，其函八百，其卷五千四十有八。而居人吴氏子行義好施，號爲長者，爲之募財僝工，作轉輪而藏之。其屋若干楹，載礱載琢，飾以金碧。以某年某日落其成也，白牛居士陳舜俞敘其義而贊之曰：天下之險，東有泰、華，南有衡、岷，西有崑崙、龍門，北有太行、羊腸，此天所以限方域也。然而寶貨出焉，而負重者；至草木禽獸生焉，而樵蘇弋獵者往。馮者蹶而傷，下者踣而死，又生生之大患也。聖人爲之觀轉蓬而作車以載之。嵯峨決而蹊通，崪屼碎而塵飛，視千仞以爲夷，化顛踣以爲安，其車之爲利蓋遠矣。無明之山，慳貪之阻，嗔恚之岡，癡暗之崔嵬，詐妄之叢棘深林，淫亂之坑谷谿澗，而衆生莫之能免也。於是教之以法爲車，以布施爲輈，以禪定爲軫，以忍辱爲轂，以持戒爲轄，以勇猛精進爲輻，以般若爲輪，度脱諸險，不墮生死，始於自載，終於載人。故此經之輪，不爲無意也。況夫我爲法輪，致遠由己，有相雖外，發心必内，心轉輪馭，心止輪柅。舉真如之性海，一指而遍；盡塵沙之法門，有念斯足。須彌納於芥子，滄海入於毛端。真體道之樞機，利物之關鍵。作之可謂妙用，施之者不爲無窮之利乎？若夫山澗同平，夷險一致，馳騁乎無傲之駕，遨遊乎無方之機，非作非止，孰溺孰載？吾非斯人之徒，其誰與遊？然殊途同歸，何遠之有。

布金院經藏記

陳舜俞

布金院去邑七十里，有上人曰清已者，其行淳白，善護其法，所謂慈惠精進者〔八六〕。歲既久，閭里莫不嚮焉。邑人顔氏子〔八七〕，乃首施錢二百萬，書其凡所藏經，又相與營大屋，爲輪而環積之。其後工未就，於是人無遠近爭投以財，若堂而構〔八八〕，越三年而告成〔八九〕。函以文木，襲以綈錦，載以華輪，瞰以藻閣，繚以朱貝，負以虯龍，覆以隆廈，周以廣廡。方瑑圓磨，明恠幽巧，塗金間碧，嚴飾雜繪。總用錢千萬，前後施者略數百人，焕乎盛哉！夫西方之書，生滅之極談也。生滅者，周流而無窮。周流之謂迹，無窮之謂性。迹有去住，性無前後。萬物見義，莫妙乎輪。輪之名有二：一曰法輪，佛之所乘也。智慧解脱以動之，戒定悲忍以行之。小而入乎微塵而有餘，大而御乎虚空而不能容。擬諸形容，而莫之能名，法輪也。其二曰苦輪，衆生之所乘也。動之以煩惱貪著，行之以嗔亂罪害〔九〇〕。上驅乎天，中馳乎人，下轉乎地，散而入乎鬼神之都、禽獸之鄉，而莫知其歸。擬諸形容，亦莫之能名，苦輪也。噫！在佛爲法，在衆生爲苦。有衆生乃有佛，非佛不能度衆生。然佛之度衆生也，未嘗脱吾輪而載之。蓋即其所乘而指其所嚮，故能方軌同轍，而出乎無窮之域焉耳。然則凡所謂輪者，皆可以摧止諸苦〔九一〕，令法流轉，亦幾於佛矣。輪之成也，上人以予善解其義其文，足以申贊歎，見屬者不遠千里云。

某年某月記〔九二〕。

華亭縣學記

劉　發

元祐五年夏四月辛丑，左宣德郎、秀州華亭縣事劉侯初視事。越三日癸卯，謁先聖廟，顧新學有左廡而闕右廡，食無庖，爨居無什百之器，垣墉不立，犬彘得以遊處而無虞，劉侯惻然，環視彷徨。歸則發政以惠民，徐以善言風諭邑内，邑内欣善，莫不奔走以承命，於是學始繕完。又風諭得衛氏子買國子監書以資諸生，乃屬其佐劉發爲之記，且曰：「新學之建，吾無與也，必爲記不忘前人之功力爾。」已而發解官劉侯又以書見速，且曰：「學始謀於陳侯，卒建於陶侯，無以吾廁於二人之間。」劉侯之意固忠厚矣，而事在衆人之耳目，非可誣也，輒廣記而備言之。華亭大縣也，旁小縣皆有學，獨華亭無之。蓋浙西善事佛而華亭尤甚，民有羨餘，率盡以施浮屠，故其它有所建置，莫易以成就。先聖廟故在縣治側，湫隘庳陋，旁不可以爲齋館。自吴侯及爲宰〔九三〕，已嘗有意遷易之〔九四〕，而勸導率不就〔九五〕。後三十年，而陳侯謐復議建學，是時邑人衛公佐率先，願獻縣之東南地，且求獨建先聖殿。

歸即築土治木，預爲戶牖，加漆飾，以須期會。期會未定，陳侯以事去，議又罷。久之，浮屠氏從公佐乞所治材爲佛宇，公佐曰：「此材可使之朽腐，必欲移用則不可。」相繼陶侯鎔爲政，而公佐死。浮屠氏又從其子弟求其材爲公佐祈福，其子弟則今買書者也，固執如公佐之意。於是邑子朱賡、朱伯夔、周揚、許洙以之干陶侯，陶侯使之白州郡監司曰：「州郡監司見從吾，無不從者。」四人者乃率衆士人詣郡太守，又詣轉運使，皆得請。遂擇日鳩工，而四人實董其役。邑人素願盡力者固已各實其言矣，而它無助成其事者，故積久卒成於劉侯，蓋若有待焉。夫致治不可不先學校，雖庸人孺子皆知之，學士大夫方困布衣，必以是說應有司之求，及其入官則背之，果何以哉？蓋上之所程督者常在獄訟簿書，而考績不及於教化故也。以文盛之時，建學校於多士之地，或有其意而不能遂其議，或遂其議而不能致其事，或致其事而不能成其功。故發詳記其實，以爲上下之勸，使後之觀者知成功如此其難，無至於廢而不治云。

隆平寺經藏記

陳林

青龍鎮瞰松江上，據滬瀆之口，島夷閩粵交廣之途所自出，風檣浪舶，朝夕上下，富商巨賈、豪宗右姓之所會，其事佛尤盛〔九六〕。方其行者，蹈風濤萬里之虞，怵生死一時之命，居者歲時祈禳，吉凶薦衛，非佛無以自恃也。故其重檻複殿，觀雉相望，鼓鐘梵唄，聲不絶頃。寺之隸鎮者三，獨隆平藏經未備。治平四年，邑人陳守通乃始出泉購書〔九七〕，而棲經無所。沙門道常即法堂舊構，合衆力，植巨軸，貫兩輪，納匭五百，放雙林善慧之制藏，所謂五千四十八卷者。始熙寧五年之季秋，成六年之孟春，而髹漆繪事、所以爲莊嚴者垂十年，工不克就。元豐四年，曹侯永逸、王侯景琮之來也，憫其垂成僅廢，因籍藏之所入，發其端，更其徒，行清主之。未幾，城邑區聚由盧遠而下凡十人，不謀而赴，隨力之厚薄，皆有以相其事，規模法象，即其書皆相合；高下度數，按其體皆可考，袤二丈有二，其崇加三，上爲諸天宮者八，下爲鐵圍山者二，承以藻閣，覆以重橋，八觚竿聳，方匭鱗比，雲蓋雨華，繽紛蒙蔽，法從導衛，循繞環匝，翼以天神，挾以力士，欄栱欒楯，榱牖扶柱，皆雕鏤刻琢，塗金錯采，材致其良，工盡其巧，靡麗侈富，言不能既，而見者知焉。經之費凡三百萬，材之費者十之二，工之費者十之三，髹漆之費者十之四，塗繪之費者十之五。越明年元朔，合黑白二衆落成之，左旋右轉，聲蔽鐃鼓，觀者爲之目眩，聞者爲之耳徹，於是人知方等一乘、圓宗十地之爲可依也。始如來以一大事因緣出見於世，曲狥根器，巧說譬喻，最後乃云四十九年，未嘗以一字與人，而祕密法藏，獨付於靈山拈華之時，則知無說無示者是真說法，無聞無得者是真聽法，所立文字，假名權實，是以尊者迦葉之集四篋，大智文殊之結八藏，近傳五竺，遠被八荒。其感應顯異，則有若士衡投火而不焦，賊徒盜葉而不舉，其功德博大，則有若聞一偈而入佛初地，持一經而生天七返，蓋經典所在，則爲有佛書之虛空，天蓋上衛，況嚴持奉事如此之至哉。嗚呼！竭大海水，盡妙高山，雖筆墨有窮，而不能及佛一句少分之義。以余之淺陋，何以語此，而行清數來請文，所願贊其成也，於是乎書。

元豐五年春正月，馮翊陳林記。襄陽米芾治事青龍，賓老相過，出此文，愛而書之。

重開顧會浦記

楊　炬

三江東注，震澤介其間，潦集川溢，畎澮皆盈，而浙右數被水患。蘇、秀、湖三州地形益下，故爲害滋甚。紹興甲子夏大水，吳門以東，沃壤之區，悉爲巨浸。部使者飭郡邑詢求故道，導源決壅，以洩水勢。於是監州曹公以身任責，慨然興歎曰：「吾嘗巡行屬邑，講問民瘼，亦既有得於此，顧未有以發之也。觀雲間之爲縣，連亘百里，彌望皆陂湖沮澤。當春農事方興，則桔槔蔽野，必盡力於積水，而後能種藝。是宜地勢愈卑，當有支渠分導瀦水而納之海。」乃歷覽川源，考視高下，訪於父老，謀之邑僚，得顧會港浦。自縣之北門至青龍鎮浦凡六十里，南接漕渠，而下屬於松江。按上流得故閘基，僅存敗木，是爲旱潦潮水蓄洩之限。復得慶曆二年《修河記》於縣圃，而知茲河廢興之歲月，與夫淺深廣狹之制，役徒錢穀之數，判然察其惠利之實有在於此矣。蓋歷百有六年，河久不濬，而淪塞淤澱，行爲平陸。遂以狀請於朝，籍縣之新江、海隅、北亭、集賢四鄉食利之民以疏治之，官給錢糧，而董以縣令簿尉。公偃冒風霜，率先僚屬。興工自十月二十有六日，役三月而河成。起青龍浦，及於北門，分爲十部，因形勢上下，爲級十等。北門之外，增深三尺，而下至鎮浦，極於一丈，面横廣五丈有奇，底通三丈，據上流築兩挾堤，因舊基爲閘而新之。復於河之東闢治行道，建石梁四十六。通諸小涇，以分東鄉之渟浸，不旬浹，水落土墳。由是自斡山東西民田數千頃，昔爲魚鼈之藏，皆出爲膏腴，豈不美哉！役工二十萬，用糧以石計七千二百，爲錢以緡計二萬五千，若其他凡見於前記者，兹不暇錄。訖工之辰，憲臺以常平官復視，公與邑僚泛舟從遊，還，謂炬當書其實〔九八〕，以刻於碑之陰，毋事於誇也，炬安敢不勉！遂識其歲月及其功利而不復爲之文。

紹興十五年歲次乙丑三月望日記。

華亭縣浚河置閘碑

許克昌

皇帝克肖，剛健精粹，高明悠久，夙夜於治道。日月以照之，雷風以動之，小大之臣，迺震迺肅，丕應徯志，奔走率職，智不敢閎謀，勇不敢愛力，成順致利，罔不從欲。以能大宅天命，昭彰光堯之盛烈，羣生雍雍焉。惟蘇、湖、常、秀四郡經渠數百，甽澮數千，脈絡交會，旁注側出，更相委輸，自松江、太湖而注於海，而所入之道歲久填閼，雨小過差，則泛濫瀰漫，決齧隄防，浸灌阡陌。迺隆興甲申秋八月，淫雨害稼，明年大飢，上臨朝咨嗟，分遣使者結轍於道，發廩賦粟以活餓者。迺博謀於廷曰：「維雨暘之不時，予敢不懋於德，然使水旱之不能災者，寧無人謀？」或曰：「巨家嗜利，因歲旱乾，攘水所居以爲田，則雖以鄰爲壑而不卹。既瀦水之地益狹，則不得不溢。盍盡屏所占而鑿之，以還水故宅，庶民病其少瘳乎？」上曰：「是誠有之，然不可悉鑿也，寧疏水下流而導之。」會有言蘇、秀勢最下，華亭尤近海，十八港皆有堰捍潮，可一切決之；四湖所瀦水，宜爲斗門，以便節減。上覽而異之，亟命兩浙轉運副使姜詵與令丞行視其宜。姜侯開明強濟，誠愛果達，有仲山甫匪懈之節。既受旨，即馳布德意，諏訪故老，周覽川野，窮源委，度高下，審逆順，取衝要，盡得其便利以聞，曰：「東南瀕海之地，視諸港反高，雖有神禹，不能導水使上也。盡開諸堰，適能挽潮爲害；閘河以瀦水可矣，將以決洩，而下流猶壅，則無益也。今宜浚通波大港以爲建瓴之勢，又即張涇堰傍增庳爲高，築月河，置閘其上，謹視水旱，以時啓閉，則西北積水順流以達於江，東南鹹潮自無從入也。」上稱善，即丐以常平之帑贍其役，且與守臣鄭閭會其事，制許焉。則相與庀徒揆日，賦財計功，一木一石，一夫一工，皆窮校研覈，纖悉周密，費而有節。既具，以授之縣令侍其銓。侍其亦健吏也，始協謀，終盡力，威以梱姦，說以使人，一木一石，一夫一工，必手自賦給，不可廋匿，檢程視作，弗容苟簡。乃浚河自榦山達青龍江口二十有七里〔九九〕，其深可以負千斛之舟，因其土治高岸護青墊傍，故水所敗田數萬畝還爲膏腴。爲閘於邑東南四十有八里，增故土七尺，甃巨石，兩趾相距常有四尺，深十有八板，板尺有一寸。月河之長三千三百五十有五尺，廣常有六尺。凡浚河之工萬有一千二百，金工、石工、木工、畚築之工、伐取運致之工，總其數槩七倍於浚河。靡錢緡九千三百五十四，粟石二千三百有九十。始於仲冬之朔，凡五十有五日而畢。蓋斂未嘗及民，而民亦若不知有是役也。於是耕夫野人相與來言曰：「昔也十日不雨，吾倚鋤而待澤；十日而雨，吾捧土以增坊。今四州之人自是知耕斂而已，雨暘惟天可也，此吾君之澤，而二三大夫之力。吾儕鄙人也，持牛尾抃蹈而歌嗚嗚，言語下俚，不可聽也，盍爲我文之〔二〇〕？」克昌竊迹前事，鄭白之渠成而關中沃野無凶年，其民歌之，班固志焉，於今盪耳目也。今天子仁聖勤儉，宮中無一椽之營，獨念稼穡之艱難，遇裁而懼，食不甘味，寐不奠枕，務以興天下之利，而忠恪之臣畢智慮，展四體，迄此成功，乃野人之歌不足以被筦絃、垂汗青。倘太史氏又以爲主上盛德大業固已不可勝載，茲特一方之細，故略而不悉，則是使四州之大利曾不得齒於關中之二渠，垂光萬世，此承學之罪也。乃爲歌五章以遺斯民，使扣角擊壤，以極其鼓舞懽愉之情，用發揚聖德，亦使知自今農爲可樂，而招之反本云。若夫念圖功之孔艱，嗣美績於無窮，加治於未壞，時浚而勿壅，尚屬諸來者。其詞曰：

水横流兮無津涯，浩浩洋洋兮誰東之。帝不寧兮謀臣來，謀臣兮夙夜。水滔滔兮迤而下，不寋茭兮但耕稼。君王智兮如神禹，川後雨師兮莫余敢侮〔一〇二〕。且決且溉兮介我稷黍，我受一廛兮終善且有。汝行四方兮曾不足以餬其口，盍歸來兮君王錫汝以萬金之畝。帝謂兮三臣，錫之福兮慰汝勤。報我君兮歲後天，施我孫子兮彌豐年。

乾道二年十二月二十五日記。

序

縣齋詩序

朱之純

彭城劉侯元祐庚午來宰雲間，下車一日，先修庠序，次立教誡，下至簿書期會，各有條理。今來十旬，一境告治，訟庭清明，幾致刑措。於是即縣齋之東，新其一堂、一亭、一閣，堂曰絃歌，亭曰三山，閣曰艮閣，與士之賢者講論歌詠於其中，蓋將有志乎美風俗也。然予嘗思之，自浙右爲邑，未有繁劇過此者。其境東南濱海，西北負江帶湖，方二百餘里，其戶口除浮寄浪居而占於籍者，亦不下數十萬。比嘉祐初，太常丞吳公所治，往往三倍其數，故生齒日衆，情僞滋多，而獄訟少有衰息。厥後欲鎮以寬者失之慢，矯以猛者傷於刻，間有慨然將勤以濟之者，雖戴星出入，日昃不食，力愈勞，神愈耗，而姦宄鬬狠，終不能勝，是何耶？豈其操術本末之倒置與將意其難治而作聰明之過與？抑亦不能平易而以百姓之心爲心與？不然，何四十年間民用不靜，而劉侯之來未幾而風移俗易之疾耶？《詩》曰：「豈弟君子，民之父母。」夫豈弟之道，凡爲政者莫不念此，然行之而民不心服者，以其作於人爲而好惡之私勝之耳。使夫豈弟發於天資，平心如鑑之應形，接物如鐘之待扣〔二〇二〕，雖天之高，地之厚，鬼神之無形，金石之無情，猶且應之，況利其仁而樂其義者乎？此固爲民父母之道也。得所以爲民父母之道，則其子從之之疾又何怪焉？宜其遊心三山，鳴琴一堂，登高而賦之，使人知仁義禮樂之意也。予圃隱湖西〔二〇三〕，比有客見過，因問邑之治否，誦公豈弟，出於自然。且曰：「方周盛時，齊人五月報政，文公猶驚其速。況處今之世，教化未明，而劉君治江海僻陋之地，曾未十旬，了無可治，則是古道復行，豈不賢哉？」噫！以客之所言證予之所聞，則君坐斯堂、宴斯亭、登斯閣也，宜無愧於古人矣〔一〇四〕。客退，因序其所聞而爲之詩。

洋洋百里起謳吟，惠化薰陶谷水陰。明月詩函三島秀，清風曲奏一堂深。武城浪說言游道，單父休誇子賤音。政敏誰知過齊國，想君真得古人心。

右弦歌堂

俗易風移古道還，縣齋疊石作三山。因憐席上紅塵少，贏得壺中白日閑。想見六鼇擎水下，《記》曰三山在水下。坐看雙鶴落雲間。華亭每中秋夜，有仙鶴下。何須更叩黃金闕，只此幽亭是玉關。

右三山亭

畫閣峨然冠翠巒，更占艮地特巑岏。曉窻高揖東風暖，夜幕低垂北斗寒。突兀狀驚青蜃吐，徘徊勢若老龍蟠。嗟予勁節非徐子，那得陳侯一榻看。

右艮閣

思吴堂詩序

朱之純

思吴堂，嘉祐中太常丞吴公幾道所作也。初曰環碧亭。公有惠政，四十餘年民誦不絕。今彭城劉侯來宰雲間，採民所譽，因至其亭，見其頹毀蕪没，乃喟然歎曰：「昔人思召公，愛及其棠，戒之曰『勿翦勿伐』，况此亭中冠一湖，吴公歲時與民所共樂者，最爲勝槩。當秋分之月夜，湧出金波；遇春暮之花時，變爲錦水。若乃火雲燀空，揖清風而愠解；凍雲凝地，覩白雪以神清。有此佳麗，荒而不修，良可惜也。」於是增大基址，飛出軒宇，寰以虹梁，徘徊煙波之中，浩浩乎誠可樂者。乃闢其亭爲堂，易其舊名曰「思吴」，所以從民望也。吴公之來，予生方七歲，其教條治目，更歷異政，不得其詳，然猶能髣髴記其去時，父老悲啼，攀轅不與前進，以至空一邑隨之。及予壯歲，疑其得民如此，乃問鄉人長者，因語其施設大略，蓋有惻怛之誠感動冥默者二三事焉。如浙右旱蝗，蘇、秀爲甚。公方下車，克自痛責，遂禱横山之神，即致甘雨，蟲亦避境，不食其稼，至秋大稔。乃出教條，命民預修水利，以待淫潦，或停或注，達於江海。已而大水暴至，阡陌堅牢，溝洫既浚，復稔如初。比及三年，風俗歸厚，天無札瘥，地無旱潦，家給人足，歌誦滿路。噫！此古之所謂遺愛者，宜乎去之久而思之深也。今劉侯爲政，豈弟又且孜孜尋訪吳之治迹，欲舉而必行之，惟恐後時，則名斯堂也，豈非從民之望，抑亦見其樂取人以爲善也。然人有疑其名者告予曰：「詩人思古皆傷，今之不然也。以劉侯之仁，民胥樂之，又何吳思之有？」余應之曰：「人固有遭其虐政而思昔人之賢，以哀今之不見者；又有遇其善政而思昔人之賢，以幸今之復見者。則思古之説，豈一端哉？當其男以田功之畢，女以織事之休，内無飢寒之戚，外無賦役之勞，思以斗酒共相娛樂。今於此時，爲之命僚佐，臨清流，設玉斝，金鼓喧闐於波間，管絃嘈囋於堂下，歌者舞者，形和聲和，以觀遊人士女，或三或五，溶溶洩洩，如鷗鳥之浮川，鯈魚之戲藻，是人之樂也，皆相慶曰：『吳之復來矣。』若夫政不出此，則人之不樂生。令於此時精耗簿書之冗，力疲獄訟之煩，事既無窮，應亦不暇，又何能俯清泠之淵，笑談終日，與之偕樂耶？設有勉強爲之，雖撞鐘擊鼓，人聞其聲，將蹙頞而相告曰：『欲見吳之莫得也。』然則此堂之作，一遊一豫，足以爲政之勸沮。而劉侯之慮，有出於此，其深得思吳之樂與荀卿曰『欲觀千歲今日』是也。以劉侯之賢，其樂顯前人之善如此，則異時此堂復修，予將期後民之所思有甚於今日矣。」堂成，劉侯就予索詩，於是序其所聞而賦之詩云：

畫堂重構一湖中，更述民思渤海公。自昔三年留惠政，至今百里誦清風。波間陡覺歡聲別，陌上新傳樂事同。從此邦人轉懷德，悠悠谷水幾時窮。

書朱象先畫後

蘇　軾

松陵人朱君象先，能文而不求舉，善畫而不求售〔一〇五〕。曰：「文以達吾心，畫以適吾意而已。」昔閻立本始以文學進身，卒蒙畫師之耻。或者以是爲君病，予以爲不然。謝安石欲使王子敬書太極殿榜，以韋仲將事諷之。子敬曰：「仲將，魏之大臣，理必不爾。若然者，有以知魏德之不長也。」使立本如子敬之高，其誰敢以畫師使之。阮千里能彈琴，無貴賤長幼皆爲彈，神氣沖和，不知向人所在。內兄潘岳使彈，終日達夜無忤色，識者知其不可榮辱也。使立本如千里之達，其誰能以畫師辱之。今朱君無求於世，雖王公貴人，其以何道使之，遇其解衣磐礴，雖余亦得攫攘於其旁也。

元祐五年九月十八日東坡居士書。

銘

寒穴泉銘並序

毛澤民

歐陽文忠公爲《大明水記》云：「山水上，江水次之，井水爲下。」山水乳泉，石池漫流者上。然余客東都時，日從定力院取井水煎茶，此井不知有山泉，而味乃與惠山等。至衡其輕重，則定力之水輕，是此井寧肯出山水下哉？至載劉伯芻謂水之宜茶者有七等，又載李季卿論水次第有二十種，惠山泉蓋居第二。文忠公以爲不然，雖余亦不以爲然也。蓋水之在天下者，人安能盡知之？顧可使不知之水，又盡居七等二十水之下乎？水之良不過甘也，一甘而第爲二十，差爲七等，又遂以爲天下無水而高之，是當欺我。秀州華亭縣有寒穴泉，邑人知之者鮮。縣令姚君汲以遺余，余始知之。問此邦人，則多不知也。取嘗甚甘，取惠山泉並嘗，至三四反覆，嘗略不覺有異。是就余所知，則惠山、寒穴相望裁二百餘里間，蓋有兩第二泉矣。嗟乎！論水者談何容易。景祐中，相國舒王有《和華亭縣令唐詢彥猷寒穴泉》詩云：「神泉冽冰霜，高穴與雲平。空山渟千秋，不出嗚咽聲。山風吹更寒，山月相與清。北客不到此，如何洗煩酲。」此泉雖所寄荒寒，宜因相國詩聞於時，然亦復未聞也。余恨前人之論水者既不及知之，余欲以告今之善論水者，爲作銘云：

泉之顯晦，豈亦有數。生此寒穴，與世不遇。美不見錄，為汲者惜。泉獨知冽，不計不食。

箴

新作華亭縣門箴

沈遼

政之善，出於是。不善，亦出於是。斯民何知？維令所置。勿謂可欺，固亦易制。師言不私，是乃可畏。朝而闢焉，小大必治。逮昏而闔，以休吾吏。治得其平，謂我愷悌。有或不然，乃門之媿。元空歲久摧圮。會廣西闕，遂因其材，而遷元空。熙寧十年九月一日錢塘沈遼攝令記。

祭文

祭滬瀆龍王文

葉清臣

維景祐五年歲次戊寅十一月癸巳朔五日，兩浙諸州水陸計度轉運副使兼提點市舶司、本路勸農使及勾管茶鹽礬稅、朝散大夫、太常丞、直史館、騎都尉、賜紫金魚袋葉清臣，謹遣供奉官、商量灣巡檢劉迪，以清酌庶羞之奠，致祭於滬瀆大王之神。清臣叨被朝恩，出持使斧。覩采風俗，詢究利病。上分天子之寄，下救斯民之瘼。職思其守，靡敢怠遑。眷惟全吳，舊多積水。加以夏秋霖潦，田疇汚沒，浩浩罔濟，人無聊生。聞諸鄉老之言，患在盤龍之滙。但陵谷遷變，枉直倍差，水道迴遏，湖波壅滯〔一〇六〕。自乾興以來，屢經疏決，未得其要，不免爲沴。蘇、秀之人皆云，神故有廟在江涘。錢氏有土，祀典惟夤。霜星貿移，棟宇崩壞，官失檢校，民無尊奉。自時厥後，歲亦多水。且謂神不血食，降災下民。清臣躬行按視，徇人所欲，乘乎農隙，釃此江流。神果有靈，主斯蓄洩，敢告無風雪，無瘥癘，舉臿而土潰，決渠而水降，改昔沮澤，化爲壤田，即當嚴督郡縣，修復祠貌，春秋致饗，蘋藻如故。若疲吾役夫，不能弭患，則我躬不閱，遑卹於神？惟神聰明昭鑒無忽。尚饗！

【校勘記】

〔一〕亡：明鈔本作「忘」。按《藝文類聚》卷二六作「亡」，當是。

〔二〕湘曲：《藝文類聚》卷二六、《淵鑑類函》卷三〇五作「海曲」。

〔三〕命駕：明鈔本及《藝文類聚》卷二六、《淵鑑類函》卷三〇五作「躑躅」。

〔四〕鬢：宛委別藏本及《至元嘉禾志》卷二八同，《宛陵集》卷一〇、《宋詩鈔》卷八作「髭」。

〔五〕洲：《宛陵集》卷一〇、《宋詩鈔》卷八作「渚」。

〔六〕似：明鈔本及《至元嘉禾志》卷二八、《宛陵集》卷一〇、《宋詩鈔》卷八作「如」。

〔七〕歲：原作「向」，據宛委別藏本、明鈔本及《宛陵集》卷一〇、《至元嘉禾志》卷二八改。

〔八〕「女」字下明鈔本有「人」字。按《至元嘉禾志》卷一二、卷一四引《吳地記》有「子」字。

〔九〕行：原作「衍」，據明鈔本及《臨川文集》卷一三、《王荆公詩註》卷一九、《方輿勝覽》卷三、《至元嘉禾志》卷二九改。《宛陵集》卷四四作「紆」。

〔一〇〕以：宛委別藏本作「有」。按《至元嘉禾志》卷二九作「以」，當是。

〔一一〕鎖：宛委别藏本、明鈔本及《至元嘉禾志》卷二九作「銷」。按《御選宋金元明四朝詩》卷三六作「鎖」，當是。

〔一二〕名：宛委别藏本作「多」。按《臨川文集》卷一三、《王荆公詩註》卷一九作「名」，當是。

〔一三〕按「年年」以下諸句明鈔本誤入此下《顧亭林》詩中。

〔一四〕王：觀自得齋叢書本作「皇」。按《臨川文集》卷一三、《王荆公詩集》卷一九、《至元嘉禾志》卷二九皆作「王」。

〔一五〕不：原作「得」，據《臨川文集》卷一三、《王荆公詩集》卷一九、《至元嘉禾志》卷二九改。

〔一六〕輪：宛委别藏本、明鈔本作「輻」。按《臨川文集》卷一三、《王荆公詩集》卷一九、《至元嘉禾志》卷二九皆作「輪」，當是。

〔一七〕如：宛委别藏本作「知」。按《臨川文集》卷一三、《王荆公詩集》卷一九、《至元嘉禾志》卷二九、《宋藝圃集》卷七皆作「如」，當是。

〔一八〕音容：宛委别藏本作「昔容」。按《臨川文集》卷一三、《至元嘉禾志》卷二九皆作「音容」，當是。

〔一九〕含：宛委別藏本作「舍」。

〔二〇〕鄉村：宛委別藏本、明鈔本及《宛陵集》卷四四、《至元嘉禾志》卷二九作「鄉林」。

〔二一〕熨：《宛陵集》卷四四同，明鈔本及《至元嘉禾志》卷二九作「慰」。又「敲」字，明鈔本作「先」。

〔二二〕醒：《至元嘉禾志》卷二九同，宛委別藏本及《宛陵集》卷四四作「醒」。

〔二三〕柘土久：宛委別藏本作「柘上水」。按《宛陵集》卷四四、《至元嘉禾志》卷二九作「柘土久」，當是。《檇李詩繫》卷三七作「兹土久」。

〔二四〕籌：原作「浮」，據宛委別藏本、明鈔本及《宛陵集》卷四四、《至元嘉禾志》卷二九改。

〔二五〕晻藹：宛委別藏本及《至元嘉禾志》卷二九作「掩靄」。

〔二六〕闔廬：明鈔本及《宛陵集》卷四四、《至元嘉禾志》卷二九作「闔閭」。按此二字古人通用。

〔二七〕若：原作「苦」，據宛委別藏本及《東坡全集》卷六、《東坡詩集註》二八、《蘇詩補註》

卷一二、《至元嘉禾志》卷二九改。

〔二八〕外：原作「升」，據明鈔本及《至元嘉禾志》卷二九改。

〔二九〕建：《至元嘉禾志》卷三〇作「構」。

〔三〇〕遺：《至元嘉禾志》卷三〇作「移」。

〔三一〕汪洋：《宋詩紀事》卷三二同，《至元嘉禾志》卷三〇作「汪汪」。

〔三二〕芰：《宋詩紀事》卷三二同，《至元嘉禾志》卷三〇作「菱」。

〔三三〕按此句《至元嘉禾志》卷三〇作「六龜已見千年古」，宛委別藏本、明鈔本「兆」作「見」。

〔三四〕仙：明鈔本及《至元嘉禾志》卷三〇誤作「紅」。

〔三五〕往往觀之：《至元嘉禾志》卷三〇作「人往往見之」，其義更勝。《宋詩紀事》卷三二作「下觀」。

〔三六〕按此句《宋詩紀事》卷三二同，《至元嘉禾志》卷三〇作「此心先已去龍陽」。

〔三七〕觀：宛委別藏本、明鈔本作「欲」。按《至元嘉禾志》卷三〇、《宋詩紀事》卷二七作「觀」，當是。

〔三八〕煙：宛委別藏本、明鈔本作「篒」。按《至元嘉禾志》卷三〇、《宋詩紀事》卷二七皆作「煙」。

〔三九〕激：《至元嘉禾志》卷三〇同，明鈔本及《宋詩紀事》卷二七作「檄」。

〔四〇〕胡：《至元嘉禾志》卷三〇同，觀自得齋叢書本作「何」。

〔四一〕按《至元嘉禾志》卷三〇及宛委別藏本該首詩作者爲楊傑，而《宋詩紀事》卷二一作「趙挺之」。按挺之字正夫，密州諸城人。舉進士。徽宗朝歷右僕射、中書門下侍郎，再除觀文殿大學士、佑聖觀使。卒，贈司徒，謚清憲。

〔四二〕多端：明鈔本作「往來」，《至元嘉禾志》卷三〇作「多般」。

〔四三〕舌：宛委別藏本作「日」。按《參寥子詩集》卷八、《至元嘉禾志》卷三〇、《古今禪藻集》卷一二皆作「舌」，當是。

〔四四〕「君」字下宛委別藏本、明鈔本衍「侯」字。按此碑闕字較多，《元豐類藁》卷五〇、《六藝之一錄》卷五七有該碑節文，可據此補個別闕字。

〔四五〕此闕字據《元豐類藁》卷五〇、《六藝之一錄》卷五七當爲「家」字。

〔四六〕披：宛委別藏本作「被」。

〔四七〕據《元豐類藁》卷五〇、《六藝之一錄》卷五七此處闕字當爲「轉右郎中」。

〔四八〕據《元豐類藁》卷五〇、《六藝之一錄》卷五七此闕字當爲「平」字。

〔四九〕據《元豐類藁》卷五〇、《六藝之一錄》卷五七此闕字當爲「笏」字。

〔五〇〕詳愚：《前漢紀》卷二五作「佯愚」。

〔五一〕熙：明鈔本作「照」。

〔五二〕朗：宛委別藏本作「明」。

〔五三〕亡：明鈔本作「何」。

〔五四〕楹：明鈔本作「木」。

〔五五〕此闕字宛委別藏本作「菑」。

〔五六〕女：原本闕，據宛委別藏本補。

〔五七〕「州」字下宛委別藏本、明鈔本有「府」字。

〔五八〕此闕字明鈔本作「泣」。按該句不當再有「泣」字，疑爲「天」、「慕」等字。

〔五九〕夷狄：宛委別藏本此二字空闕，《至元嘉禾志》卷一九作「庶民」。

〔六〇〕敝：觀自得齋叢書本作「蔽」。

〔六一〕「天子」上宛委別藏本有「聖」字。《至元嘉禾志》卷一九無。
〔六二〕僞梁：宛委別藏本、明鈔本及《至元嘉禾志》卷二〇作「僞吳」。按貞明爲五代後梁年號，作「僞梁」是。又「建」字下，宛委別藏本有「也」字。
〔六三〕「勝」字下宛委別藏本有「院」字。
〔六四〕作：明鈔本作「枰」，《至元嘉禾志》卷二〇作「亢」。
〔六五〕二君皆有治績：原本作「元空」，據《至元嘉禾志》卷二〇補、改。
〔六六〕輒：原本作「元空」，據《至元嘉禾志》卷二〇補。
〔六七〕三十：宛委別藏本作「二十」。按《至元嘉禾志》卷二〇、嘉慶《淞江府志》卷一、《吳中水利全書》卷一六作「三十」。
〔六八〕斯議：原本作「元空」，據《至元嘉禾志》卷二〇補。
〔六九〕蒲穀：原作「穀蒲」，據明鈔本及《至元嘉禾志》卷二〇乙。
〔七〇〕惇：《至元嘉禾志》卷二〇作「青」。
〔七一〕冰：明鈔本作「水」。
〔七二〕扶：明鈔本作「扶」。

〔七三〕臺：明鈔本無此字。
〔七四〕恩：宛委別藏本作「息」。
〔七五〕「利」字下宛委別藏本有「於」字。
〔七六〕蔬：宛委別藏本、明鈔本作「茹」。據上文，當以「蔬」字爲是。
〔七七〕按「元空」處宛委別藏本空一字。
〔七八〕按「元空」處宛委別藏本空三字。
〔七九〕按「元空」處宛委別藏本空十六字。
〔八〇〕「天台」上《都官集》卷八有「善哉」二字。
〔八一〕迺：《都官集》卷八作「真」。
〔八二〕惟湛：《都官集》卷八作「元湛」。
〔八三〕無聞見：《都官集》卷八作「無見聞」。
〔八四〕我：《都官集》卷八作「有」。
〔八五〕經藏：原作「藏經」，據《都官集》卷八乙。
〔八六〕惠：《都官集》卷八作「忍」。

〔八七〕顏氏子：《都官集》卷八作「曰顏霸」。
〔八八〕若堂而構：原本無，據《都官集》卷八補。
〔八九〕三：《都官集》卷八作「二」。
〔九〇〕嗔亂罪害：《都官集》卷八作「冥亂罪罟」。
〔九一〕皆：原本無，據《都官集》卷八補。
〔九二〕按此句《都官集》卷八作「時嘉祐辛丑十二月壬辰也」。
〔九三〕及：明鈔本及《至元嘉禾志》卷一九無此字。
〔九四〕之：明鈔本及《至元嘉禾志》卷一九無此字。
〔九五〕就：明鈔本作「過」。
〔九六〕其：《至元嘉禾志》卷一九作「也」，屬上讀。
〔九七〕泉：《至元嘉禾志》卷一九作「貲」。
〔九八〕書其實：《至元嘉禾志》卷二〇「書」作「盡」，明鈔本「實」作「事」。
〔九九〕青龍江：觀自得齋叢書本作「青龍港」。按《至元嘉禾志》卷二〇、《浙西水利書》卷上、《三吳水攷》卷一六、《吳中水利全書》卷二四皆作「青龍江」。

〔一〇〇〕我：觀自得齋叢書本作「吾」。

〔一〇一〕雨：宛委别藏本、明鈔本作「禹」。

〔一〇二〕待：明鈔本作「將」。按《至元嘉禾志》卷三〇作「待」。

〔一〇三〕湖：宛委别藏本、明鈔本作「河」。按《至元嘉禾志》卷三〇作「湖」。

〔一〇四〕「宜」字下宛委别藏本有「乎」字。

〔一〇五〕求：明鈔本作「能」。按《東坡全集》卷九三、《古今事文類聚》前集卷四〇、《至元嘉禾志》卷二一皆作「求」。

〔一〇六〕湖：觀自得齋叢書本作「潮」。按《吳中水利全書》卷二七作「湖」。

雲間志續

琴堂

在縣治思齊堂之後。用葉仲英之名改。翰林院學士樓鑰書，開禧三年冬令汪立中立。

雲間

樓鑰書

在縣西五里。開禧三年冬，令汪立中建。

記縣學序拜儀

胡林卿

雲間士藪，澤璧流道德之化，近於禮，宜習顧有因陋未遑革者。歲元日，至相與會拜浮屠之宮，雖至，不可得而序，期而不至者多有。開禧二年，汪侯來莅兹邑，纔累月政成，博咨風土之舊，或以是告。侯慨然曰：「齒尚於鄉，倫明於學，古也。吾家於鄞，里人講是禮於州校，雖異爵者，率序以齒。倣而行，可乎？」於是陽復之。翼日，薦紳冠帶，總集黌宇，序立大成殿下，潔豆籩釋菜，俾士之高年者主祀事。禮竟，循廡而陞，布席進德堂，相鄉而拜。少長從其次，子弟則列父兄後，魚貫鴈行，誾誾雅雅，侯與僚佐盛服觀禮。嗣歲之二日亦如之。邑子諸生退而合謀曰：「是其可不書！尊師蒇儀，敬也；示化孅俗，仁也；貴老順長，義也。一舉而三善具，侯誠知治本與。」迺命林卿志歲月，詔來者。林卿昨典番學，聞范文正公出守時，政用名教，厚俗爲先，州人慕嚮，久之不變，後進於長者，修慶朔之拜惟謹。彭公器資之言實然。侯今小試一邑，心惟范公是師，諸父兄弟盍世守之，以毋忘鄒魯是邦之意。侯名立中，故敷學尚書適齋先生之子。嘗舉外臺進士，官今通朝籍，假五品服云。

南四鄉記

樓 鑰

開禧三年，鑰方掛衣冠，又苦跛蹩之疾，臥家待盡。孟秋月杪〔一〕，郡以邸報來，使兒輩誦之，有臺評論嘉興府華亭之四鄉利病，深切著明，爲之矍然而起，誦之數過，仰歎曰：皇上勤恤民隱，宵旰不遑，而耳目之官洞察田里之細微，徑以徹聞，不旋踵而報可，古所謂諫行言聽，膏澤下於民，非此之謂耶？於是時，仲舅汪文昌之子立中爲宰，恐其有累，亟以書問之。得其報曰：「此出於殿中侍御史葉公之奏，非特爲一邑無窮之利，立中與同僚亦與有大幸於斯焉，士民方相與爲葉公立生祠於縣庠〔二〕。」因請爲記，且敘其事，始及積弊之實。大略邑中歲造煮醞，額止四萬緡。紹興十八年，有邑宰醞過倍，增至十三萬有奇，科抑之害，自里正市井、道釋醫卜，下至倡優，無有免者。吏胥以次差等，其長歲或至二百萬錢。賕賂肆行，公私交病，吏逃民困，官曹無以塞責，動輒科罰，重征倍税，日甚一日。參政錢公，邑人也。既登政路，盡以告於孝宗皇帝，宣諭漕臣韓彦質，俾有以寬之。先是，張涇堰壞，海潮大入，雲間、胥浦、仙山、白砂四鄉蕩爲巨壑，漫及蘇、湖、秀邑，不復可耕。乾道七年，朝廷不憚重費，大興修築。海患雖除，民力愈竭，斥鹵未清，租税全失。至是歲久，農民漸歸故業，可以起賦，猶未忍盡復舊貫，量估米，直使之樂輸。會計四鄉夏税折帛爲緡錢二萬，苗米近三萬斛。斛三緡，合爲九萬。於内以六萬五千三十九貫充一歲月解之數，以補酒額，分隸發納。尚有增額三萬貫有奇，皆不可催足之數，又盡蠲之。自淳熙六年爲始。四鄉之賦既輕而易輸，三十餘年敷抑之害一旦洗去，感被寬恩，闔境爲之鼓舞。今又將三十年，而四鄉復成大敝。副端舊寓茲邑，深知底藴，其論年來曲折，如燭照數計之明。謂既以補額外之酒錢，遂分入月解之額。府已均定，不容少虧。春催夏税，夏催秋苗，是蠶桑未動而責以折絹，銍艾未施而責以折苗，殆無此理。其尤害者，遇有災傷，如今歲既旱而蝗，它處皆有蠲減，此獨不與，而征催益急，別置牌引名色，至不可縷數。欲下漕司及本府措置，每歲別委官專催四鄉二税，徑解所隸，不許邑官干與。仍除去版帳中酒錢之數，起催輸納，並從條限給鈔，無得稽遲，災傷均與蠲放，民賴以寬，錢又無欠，邑亦易辦，一舉而三利具焉。上意開納，旋即施行。立中到官，固已歷究本末，無路自達。又以四鄉所輸每歲多不及額，邑爲補足，尤難支吾。天假之幸，有此際會，且蒙俯察，其來已久，非今日之罪，略其前日不得已之過，而禁其將來，可謂曲當矣。官寮吏民交口相賀，郡太守程公卓喜斯邑之少寬，戒飭上下奉行惟謹。立中深恐後人不知其詳，願書而登之石。葉公名時，字秀發。嘗由甲科入四明幕府，其孜孜民事有年矣。嗚呼！求民之瘼，推此心而廣之，下轉上聞，以時罷行，皆能如此，斯民其有瘳乎！故不以老退爲辭，而直書之。

下元日，龍圖閣直學士、通議大夫致仕、奉化郡開國侯、食邑一千戶樓鑰記並書，中奉大夫、試禮部尚書、兼直學士院、兼修玉牒官、兼侍讀衛涇篆額，奉議郎、知嘉興府華亭縣主管勸農公事、兼兵馬都監、借緋汪立中立石。

華亭縣建學記

魏了翁

華亭縣故有宣聖廟，自慶曆後郡縣皆有學，於是縣立學官，以附於廟。紹興、紹熙雖加繕治，然既數十年矣。今令會稽楊君瑾始至，振乏逮鰥，束奸摘隱，一年而樽節浮蠹，儲米三千石，爲平糴倉。又一年度地鳩材，遷大成殿，前門後閣，左右二廡〔三〕，而館鄉賢於夾。又東甃泮水，建講堂一，齋廬八，令佐之款謁有次，諸生之公養有廩，通爲垣以宫之，翼翼沈沈，邃嚴靖深。伻來以圖，請記成事。予惟論學校者，未有不傷教法之壞；議科舉者，未有不歎詞章之靡，經生學士尚論比閭之法、庠序之教〔四〕，則悼王制之不可復。嗚呼！侯封井牧去籍二千年矣，是未可以驟復也。雖然，治古終不可復與？曰：不然也。天命流行，發生萬物，雖五行異質，四時異氣，而仁義禮智之性、惻隱羞惡辭遜是非之情，則古今同此民也。父慈子孝，兄友弟恭，夫義婦順〔五〕，則古今同此心也。古之爲教，非強其所無也，亦惟即射鄉之會而正齒位，所以養其尊賢敬老之良知；即歲月之吉而讀教法，所以發其尊君親上之深省。逮已事而竣也，則反諸閭塾。所謂家有塾者，合二十五家之子弟於閭門之左右，而父師少師者爲之左右師以教之。民生其間，無習而非正人，無行而非正道，無聞而非正言，志一心臧，不見異物而遷，故曰斯民也，三代之所以直道而行也。自鄉治廢而民散，朝夕無閭塾之教，歲時無庠序之屬，死徙不相知，出入不相友，緩急不相賙。而爲民父母者，沈於簿書期會之衡，矻矻晨夜，救過不贍。於是奸胥亂民緣絕爲欺，吏以官爲市，民與吏爲讎，違其常心，以陷於辟。是雖曰世降俗敝已非一日，獨不思古今一宇宙也。而今之民顧不古若，豈誠不古若哉！而況吳中族姓人物之盛，自東漢以來有聞於時。逮魏晉而後，彬彬輩出，左太沖所謂高門鼎貴〔六〕，魁岸豪傑。虞、魏之昆，顧、陸之裔，雖通言吳郡，而居華亭者爲尤著。蓋其地負海枕江，平疇沃野，生民之資用饒衍，得以畢力於所當事。故士奮於學，民興於仁，代生人材，以給時須。自陸士衡、士龍以至唐宰相元方、象先、希聲，猶曰隨世以就功名。至敬輿，則巍然三代人物也。涵養作成〔七〕，豈一旦之功？先正朱文公謂三代而下，惟董仲舒、諸葛孔明、陸敬輿俱有王佐氣象。自今觀之，其論諫數百，如推誠、散利等疏，無非聖賢之明訓；其所闢邪說如「寧我負人」、「反經合道」，凡後世喪邦之說，一繩以正。嗚呼！斯不亦間世之大儒乎！乃自近歲，遽以華亭爲不易治，令不具官，胥横民肆，簿書漫漶，獄訟繁滋，銓曹注擬，往往有望望然去之者。吁，何至是哉！《記》曰「凡釋奠者必有合也」，或謂合他國之先賢而祀之。然則是邦有如宣公，自可謂人物之標準。地靈人傑，千古不磨，作而興之，則非守令事耶！唐人詩稱敬輿爲縣人而志不書，其何以爲刑善化俗之助？楊君建學之初，揭堂曰「明善」，合子思、孟子相傳之要旨，與諸生發明爲己之學，冠佩林立，聽者皆竦。嗚呼，千萬人之心一也，上以誠感，則下以誠應矣。予既嘉楊君之爲，又歎敬輿鍾美是邦而人未之或知，故爲表而出之。其自今父詔師傳，斯游斯息，玩聖賢之所學爲何事，毋忘賢令尹之德，安知如敬輿者不數數遇也！

端平三年九月壬戌，資政殿學士、通議大夫、提舉臨安府洞霄宫、臨邛郡開國侯、食邑一千五百戶、實封三百戶魏了翁記，朝議大夫、吏部尚書、給事中兼同修國史、實錄院同修撰兼侍讀趙彦悈書，朝散郎、起居舍人方大琮篆蓋。

增修華亭縣學記

王　遂

古者王畿方地千里，六鄉之内無非教者。其法自家有塾始，二十五家之間必有塾，塾必有道德而嘗仕者爲之師。由家而黨，由黨而術，無一人之不學，無一所之不師。所以比屋可封，而人有士君子之行者，良有以也。施君退翁家山陰而仕華亭，其在扶馮猶六鄉也，則上而達道德，壹志慮，下而考其德行道藝之可任者，非夫人之責而誰與？國朝建都吳會逾百年矣，而華亭之爲縣，公卿將相由此而出，大家巨室於此處焉，不減王畿之盛，而求其人物挺然自立，得先民之格言，若尹吉甫之詠歌於《詩》，劉康公之談道於《春秋》，鮮有聞者，由夫小學之教不行於童授之時，大學之道不立於成人之後故也。夫是以士之所習者無非聲病綴緝之文，否則記誦口耳之學，上之所以誘之者爲利祿科舉之事〔八〕，否則溺於異端曲學之非，而學之所以教者末矣。聖天子發明孔、顔、曾、孟之旨，本原周、程、張、朱之傳，自首善之官而達乎三輔，本末備具，而况於施君之得於山陰，有朱氏之教，則其舉而措之華亭者，豈直一陸敬輿之不負所學而已哉？縣故有學，卑隘不稱。端平間，楊金部瑾因其地而闢之，魏鶴山爲之記，無非天典民彝之舊，然猶以地迫而陋，不及增廣，以待後人。徑術未端，非行天下之大道；齋廬相背，非立天下之正位，規撫創改，棟宇未周，是天下之廣居不得而居之也。施君治化修明，民安其政，既庶而教，不能不以鄭校、魯宫爲疑。君曰：「吾之職也。」因米廩餘積而裁度補助之，周墉五十丈，左右前後四面而立，芟薙其蓁蕪，增益其沮洳。昔行其右，今左爲涂，其上重建狀元坊，内立講堂，後爲之軒，兩廡對峙，四齋並立，後建小學三楹。工役材植，悉依市直。七月告成，毫髮無侵於民，朋來友習，相觀而善，教養之道，於是乎備。士躍然而請，願記本末，以詔方來。君移書謂遂曰：「子之宰山陰而攝教事也，嘗得周旋其間，請必有獲。」遂退居金壇，地之相距者三舍，亦聞政成事舉，辭不獲命，則曰：華亭非衣冠之都會乎？新其學而大之也固宜。今敞其軒楹，闢其廬舍，使小學有養，大學有教，其於王政無先焉。抑聞之古之小學，必常視無誑，必請肄簡諒，有灑掃應對進退之儀，五禮六樂、五射六御、六書九章之文，無以尊敖幼，無以少陵長，淫詞廢典，無惑民聽。其於幼儀内則得矣，非孝於事親之道乎？及其進乎大學，則必謹獨，於不睹不聞，必止善於致知誠意，有父子、兄弟、夫婦、君臣、朋友之教，修身、齊家、治國、平天下之序，無以貴軋賤，無以衆暴寡，尊君親上，無有二心。其於《中庸》之率性，《大學》之明德得矣，非忠於事君之義乎？夫學莫先於忠孝，而忠孝者，百行之冠冕，萬善之喉衿也。果能此道矣，敬足以直內〔九〕，誠足以贊化育而參天地，豈特大小學之利而已哉？將見推而達之四方，非獨華亭一邑而已。施君以縣最聞於朝，吾黨與有榮矣〔一〇〕。盍書之堅珉，以爲教者學者之規，是以爲記。

淳祐六年端午日，華文閣直學士、中大夫、提舉江州太平興國宫、食邑九百户、賜紫金魚袋王遂記並書，端明殿學士、宣奉大夫、提舉臨安府洞霄宫、臨邛郡開國侯、食邑一千八百户、食實封八百户高定子篆蓋，通直郎、特差知嘉興府華亭縣主管勸農公事、兼兵馬都監、兼監鹽場、主管堰事、搜捉銅錢下海出界、專一點檢圍田事、兼弓手寨兵軍正、借緋施退翁立石。

【校勘記】

〔一〕杪：原作「永」，據《至元嘉禾志》卷二一改。明鈔本作「末」。
〔二〕立生祠：原作「生立祠」，據宛委别藏本及《至元嘉禾志》卷二一乙。
〔三〕廡：《鶴山集》卷四六作「翼」。
〔四〕序：明鈔本及《鶴山集》卷四六作「塾」。
〔五〕順：原作「聽」，據四庫本《鶴山集》卷四六、《江蘇金石記》卷一六改。
〔六〕門：觀自得齋叢書本作「明」。按《鶴山集》卷四六作「門」。
〔七〕「成」字下明鈔本及《鶴山集》卷四六有「此」字。
〔八〕爲：明鈔本作「無非」。
〔九〕直：明鈔本作「居」。按《龜山集》卷二一、《晦庵集》卷四〇、《性理大全書》卷四六皆有「性足以直内」之語，作「居」誤。
〔一〇〕矣：宛委别藏本「焉」。

跋

雲間志題跋一

比歲戲門華亭沈生恕時來過余，每至，必盤桓信宿。生雅好收書，會吾鄉袁君廷壽家遺書大出，先後得其數十種以去，中有宋紹熙四年楊潛《雲間志》，余未前見，簡覈，足敵范文穆《吳郡志》。其書嘉定錢少詹事所寫，寄青浦王侍郎，而袁君鈔得之者。於袁與錢、王二公皆殁矣，寫本孤絕，因勸生刻以行世。生諾之，未果。其明年，余就醫渡泖，泖上方有修志之議，余以爲議新志不如刻舊志，費省而爲用博也。乃決以屬淵如，刻之白下。又明年五月刊成，則恕已病。病且殁矣，恕弟慈貽余書，願卒其兄志。乃往，致潤如，俾歸其版印行，並識於後，一以悲恕之弗及覩，一以喜慈之能終事也。

嘉慶甲戌中秋，前華亭校官王芑孫書。

雲間志題跋二

此書成於紹熙四年，而知縣、進士題名續至淳祐、寶祐而止。卷末數葉載樓大防、魏華父諸公記，亦後人續入也。宋時華亭縣兼有今松江全郡之地，此志體例亦繁簡得中，而近代藏書家罕有著録者。予始從王鶴谿借鈔得之，並寫一本，以遺王蘭泉云。丙申春竹汀居士錢大昕記。

雲間志題跋三

往者吾友袁君廷壽有鈔書癖，與盧學士文弨、錢少詹大昕諸先生往還，每聞祕冊，必請傳其副。間邀予過五硯樓品題商榷，以爲樂事。憶初鈔得是書相示時，予謂之云：「元徐碩《至元嘉禾志》每條下所繫考證以典核稱，而華亭一縣之考證乃全取楊潛語，惜未有能爲之表微者耳。」今倏忽十有餘年，其本遂爲沈屺雲司馬收得，偕孫伯淵觀察刊行，昔賢慧命賴以不墜，豈非二三好古君子心力之所爲哉！故輒記緣起以附於後。嘉慶甲戌歲五月，元和顧廣圻書。

雲間志題跋四

楊濳《雲間志》三卷〔一〕，余見諸五硯樓，係新□□，後歸松江沈氏。坊友□舊鈔本見示，□番餅五枚易之，補余舊藏舊志之闕。濳研老人云：「宋人縣志存於今者，剡錄與此耳。」今余所收二志皆舊鈔，可謂幸事。歲莫無聊，藉消遣悶緒。庚午季八月二十日復翁識。

雲間志題跋五

辛未夏仲，沈綺雲以五硯齋樓本屬爲校勘。余倩逢子東蘿任其事。此本較佳，間□一二字，可證此誤者，以墨筆作蠅頭字，上書於上方。沒□□□甫書。

【校勘記】

〔一〕按「楊潛《雲間志》三卷」下至「□□甫書」原本無，據觀自得齋叢書本補。

參考書目

《三國志》（晉）陳壽撰 （劉宋）裴松之注 中華書局一九五九年點校本
《晉書》（唐）房玄齡等撰 中華書局一九七四年整理本
《陳書》（唐）姚思廉撰 中華書局一九七二年整理本
《南史》（唐）李延壽撰 中華書局一九八三年整理本
《前漢紀》（東漢）荀悦撰 影印文淵閣四庫全書本
《資治通鑑》（宋）司馬光撰 中華書局一九五六年整理本
《通志》（宋）鄭樵撰 中華書局一九八七年影印本
《月令輯要》（清）吴廷楨奉敕纂 影印文淵閣四庫全書本
《方輿勝覽》（宋）祝穆撰 上海古籍出版社一九九一年影印本 中華書局二〇〇四年點校本

《明一統志》（明）李賢等撰　影印文淵閣四庫全書本
《大清一統志》（清）乾隆時官修　影印文淵閣四庫全書本
《至元嘉禾志》（元）單慶修　徐碩纂　清道光十九年刻本　影印文淵閣四庫全書本
《姑蘇志》（明）王鏊撰　影印文淵閣四庫全書本
《欽定盤山志》（清）蔣溥奉敕撰　影印文淵閣四庫全書本
雍正《山西通志》（清）覺羅石麟等監修　影印文淵閣四庫全書本
乾隆《江南通志》（清）趙宏恩等監修　影印文淵閣四庫全書本
《三吳水考》（明）張内蘊　周大韶等撰　影印文淵閣四庫全書本
《吳中水利全書》（明）張國維撰　影印文淵閣四庫全書本
《浙西水利書》（明）明姚文灝撰　影印文淵閣四庫全書本
《江南經略》（明）鄭若曾撰　影印文淵閣四庫全書本
《性理大全書》（明）胡廣等奉勅撰　影印文淵閣四庫全書本
《六藝之一錄》（清）倪濤撰　影印文淵閣四庫全書本
《藝文類聚》（唐）歐陽詢編　上海古籍出版社一九八二年影印本

《古今事文類聚》（宋）祝穆編　影印文淵閣四庫全書本
《説郛》（元）陶宗儀輯　影印文淵閣四庫全書本
《天中記》（明）陳耀文編　影印文淵閣四庫全書本
《淵鑑類函》（清）王士禛等編　影印文淵閣四庫全書本
《宋高僧傳》（宋）釋贊寧撰　影印文淵閣四庫全書本
《風雅翼》（元）劉履編　影印文淵閣四庫全書本
《宋藝圃集》（明）李蓘編　影印文淵閣四庫全書本
《古今禪藻集》（明）釋正勉等輯　影印文淵閣四庫全書本
《宋詩鈔》（清）吴之振編　影印文淵閣四庫全書本
《北礀集》（宋）釋居簡撰　影印文淵閣四庫全書本
《宛陵集》（宋）梅堯臣撰　影印文淵閣四庫全書本
《都官集》（宋）陳舜俞撰　影印文淵閣四庫全書本
《龜山集》（宋）楊時撰　清康熙四十六年楊氏重刻本
《東坡全集》（宋）蘇軾撰　影印文淵閣四庫全書本

《東坡詩集註》（宋）蘇軾撰（宋）王十朋註　影印文淵閣四庫全書本
《蘇詩補註》（宋）蘇軾撰（清）查慎行註　影印文淵閣四庫全書本
《參寥子詩集》（宋）僧道潛撰　影印文淵閣四庫全書本
《元豐類藁》（宋）曾鞏撰　影印文淵閣四庫全書本
《臨川文集》（宋）王安石撰　四部叢刊本
《王荆公詩註》（宋）王安石撰　影印文淵閣四庫全書本
《晦庵集》（宋）朱嘉撰　影印文淵閣四庫全書本
《鶴山集》（宋）魏了翁撰　影印文淵閣四庫全書本
《檇李詩繫》（清）沈季友撰　影印文淵閣四庫全書本
《宋詩紀事》（清）厲鶚撰　上海古籍出版社一九八三年校點本

宋元珍稀地方志叢刊

四川大學歷史地理研究所學術叢書

海鹽澉水志

（宋）羅叔韶修　常　棠纂
李勇先校點

前言

《海鹽澉水志》二卷，一本作八卷，又名《绍定澉水志》，宋羅叔韶修，常棠纂。棠字召仲，號竹窗，海鹽人，仕履未詳。

按澉水在海鹽縣東三十六里，《水經》所謂谷水流出爲澉浦者是也。唐開元五年，張廷珪始奏置鎮。澉水雖斗大一隅，厥土斥鹵，凡丘源之流峙，稅賦之重輕，道途之遐邇，聚廬之衆寡，與夫選舉名數，先賢遺迹，素乏圖經，茫無可考，此《澉水志》之不可無也。

據紹定三年羅叔韶序及《四庫全書總目提要》可知，宋紹定三年，修職郎、監嘉興府海鹽縣澉浦鎮稅兼煙火公事羅叔韶效官茲邑，甫及半祺，正欲搜訪興理而爲之紀載，然吏事鞅掌，未暇顧及。適棠寓居是鎮，建言：「郡有《嘉禾志》，邑有

《武原志》，其載澉水之事則甚略焉。使不討論聞見，綴緝成編，則何以示一鎮之指掌？」於是叔韶使棠爲志，正訂稽考，集作一經，名曰《澉水志》，凡十五門，曰地理，曰山，曰水，曰廨舍，曰坊巷，曰坊場，曰軍寨，曰亭堂，曰橋梁，曰學校，曰寺廟，曰古蹟，曰物産，曰碑記，曰詩詠，而冠以鎮境總圖，前有叔韶及棠二序。《澉水志》成書以後，續有增補。李裕民《四庫提要訂誤》云，宋紹定三年棠所作實爲初稿，其後又大加增補，如水門記至淳祐十一年，廨舍門記至紹定六年，坊場門記至淳祐八年，軍寨門記至淳祐間，亭堂門記至淳祐九年，寺廟門記至淳祐五年，碑記門收常棠於寶祐二年二月所撰《澉浦鎮題名記》，可證增補之時應在寶祐二年或稍晚，增補者即本書作者常棠。至宋末，李興宗又稍作增補，在常棠《澉浦鎮題名記》「張焯」之後補入其後任五人，最末一人爲李興宗，下記「迪功郎，咸淳六年八月二十到任」，未記卸任年月，則李氏之增補應在咸淳六年至八年間，而内容僅限於此題名。是志敘述簡核，綱目該備，體例謹嚴，而文尤雅潔，蓋爲一鎮作志，自不能多所搜羅，故以精簡出之。該書八卷，爲頁止四十有四。明韓邦靖撰《朝邑縣志》，言約事盡，世以爲絕特之作，今觀是編，乃知其源出於此，可謂體例精嚴，藻不妄抒者矣。澉水雖見《水經注》，然是書乃志地，非志水，不可入山水類中，而鎮亦郡縣之分區，故歷代目錄書皆附於史部地理類都會郡縣之屬。

至於該書版本，據常棠序，紹定三年，《澉水志》一時編集，大略已備，而叔韶滿任離去，竟無暇過問。逾七八政，歷歲既久，訂正尤詳。後二十七禩，權鎮孫君始付梓鏤版以傳，鄉鎮有志始於此書。明嘉靖三十六年，徐兰嘗刻是書（或云董氏重刻本），八卷，一冊，中國臺灣有庋藏。明天啓年間，有黃岡樊氏刊本，即樊維城《鹽邑志林》本。樊氏將此書改編成上、下兩卷，又刪去卷首鎮境總圖，故今所見《澉水志》卷首已無輿圖。清修《四庫全書》時，四庫館臣將此書收入其中。清咸豐七年，有海昌陳氏雙清草堂刻本，今未見傳本。清末，沈氏海日樓刻《嘉禾舊志合刻》本，亦二卷。民國二十四年，有程煦元輯鉛印《澉水志匯編》本，題曰《常棠澉水志》。民國二十六年，上海涵芬樓影印明《鹽邑志林》本。同年，上海商務印書館《叢書集成初編》據《鹽邑志林》本排印，另有上海商務印書館《景印元明善本叢書十種》本。此外，《海鹽澉水志》有乾隆間傳鈔重編本等多種鈔本。今以清道光十九年刻本爲底本，參校四庫本、影印元明善本、叢書集成初編本，以及其他相關文獻，加以校點整理。

李勇先

二〇〇九年三月書於川大竹林村

目錄

序

海鹽澉水志序

嘗謂《六典》不作，無以考周家風土之厚薄，民物之耗豐；圖籍不收，無以知秦人山川之扼塞，戶口之強弱。此澉水之志不可無也。澉水斗大一隅，厥土斥鹵，凡邱源之流峙，稅賦之重輕，道途之遐邇，刻本作遠近。聚廬之衆寡，與夫選舉名數，先賢遺跡，素乏圖經，茫無可考。叔韶效官於茲，甫及半祼，正欲搜訪興理爲紀載，吏事鞅掌，未暇也。竹窗常棠，字召仲，寓居是鎮，一日告余曰：「郡有《嘉禾志》，邑有《武原志》，其載澉水之事則甚略焉。使不討論聞見，綴緝成編，則何以示一鎮之指掌？」於是正訂稽考，集作一經，名曰《澉水志》。澉水者，蓋水經所載谷水流出爲澉浦者是也。召仲其容辭！

紹定三年重陽前一日，修職郎、監嘉興府海鹽縣澉浦鎮稅兼煙火公事羅叔韶序。

海鹽澉水志序〔一〕

紹定三年，鎮尹羅儀甫屬余撰《澉水志》，雖一時編集大略，而儀甫滿去，竟勿遐問。逾七八政，粤歲既久，訂正尤詳。因日邊孫君來此，聽訟優長，遇事練熟，雖鎮埸廢壞，非疇曩比，然能公謹廉敏，明燭隱幽，才幹有餘，趨辦自足，爰割己俸，售募鐫行。水軍袁統制聞而喟然曰：「是書不刊於鎮稅全盛之前，而刊於鎮稅凋弊之後，甚可嘉已。」銳捐梓料，肅贊其成。噫！《元和郡縣志》，丞相李吉甫所製也，後三百餘年，待制張公始刻於襄陽。今余所編《澉水志》後二十七祺，權鎮孫君即鏤於時阜，則是書之遇知音又不大可慶耶！

竹窗常棠書。

四庫全書總目提要〔二〕

《澉水志》八卷，宋常棠撰。棠字召仲，號竹窗，海鹽人，仕履未詳。澉水在海鹽縣東三十六里，《水經》所謂谷水流出爲澉浦者是也。唐開元五年，張廷珪奏置鎮。宋紹定三年，監澉浦鎮税、修職郎羅叔韶使棠爲志，凡十五門，曰地理，曰山，曰水，曰廨舍，曰坊巷，曰坊場，曰軍寨，曰亭堂，曰橋梁，曰學校，曰寺廟，曰古蹟，曰物産，曰碑記，曰詩詠，而冠以輿圖。前有叔韶及棠二序，叙述簡核，綱目該備，而八卷之書爲頁止四十有四。明韓邦靖撰《朝邑縣志》，言約事盡，世以爲絕特之作。今觀是編，乃知其源出於此，可謂體例精嚴，藻不妄抒者矣。

【校勘記】

〔一〕按原本無此序，此據鵠齋叢書本補。

〔二〕按原本無此篇，此據《四庫全書總目》卷六八《澉水志提要》補。

海鹽澉水志卷上

總敘 刻本此下卷之一

按乾道文書令，諸犯聖祖名、廟諱、御名正字皆避。若遇書籍及傳録舊事，則爲字不成。此書從宋本録出，提行空格均仍其舊。下同。

地理門

沿革

澉浦舊屬會稽。《元和郡縣志》云：《禹貢》揚州之地。周時，吳泰伯置城，爲越所併。漢順帝永建四年，陽羡令周喜上書，遂分浙江東爲會稽郡，西爲吳郡。《輿地廣記》云：秦置海鹽縣，屬會稽郡。吳越時，分境於檇李。檇李，今屬嘉興縣界。以此攷之〔一〕，澉浦乃古越地。石晉時，吳越錢氏奏置秀州，始隨分隸。又《水經》云：東南有秦望山，旁有谷水流出，爲澉浦。秦望山在會稽，及鮑郎場十竈，九在秀，而一在越，是知澉浦古隸紹興，而今隸嘉興。

風俗

《輿地廣記》云：古揚州地。人性輕揚，尚鬼，好淫祀。此方不事田產，無倉廩儲蓄，好侈靡，喜樓閣惟招接海南諸貨、販運浙西諸邦、網羅海中諸物以養生。水鹹地濕〔二〕，俗僭。

形勢

鎮南、鎮西諸山峻秀，東與北多低矮白山，不種林木，東枕大海，相望秦駐蹕山，實爲嶮要。

戶口

戶口約五千餘，主戶少而客戶多，往來不定，口尤難記。

稅賦

隸縣之德政鄉，田肥稅重，惟石帆、秦山二村在鎮東海邊，多致陷沒。

鎮名

唐開元五年張廷珪奏置。按《水經》云：秦望山，谷水流出，爲澉浦，因名。

鎮境

東西一十五里〔三〕，南北五里。《武原志》云：周回五里半。紹興間，人民稀少。今煙火阜繁，生齒日衆，故不止此〔四〕。

四至八到

東至海岸，邊海界，西至六里堰，近潮村界。
南至篠山，邊海界，北至官草蕩新浦橋界〔五〕。
東南到葛母山界，西南到鹽官靈泉鄉界。
東北到秦駐山界，西北到鮑郎浦界。

水陸路

水路西去海鹽縣四十里，北去嘉興縣九十里。陸路東去海鹽縣三十六里，南去鹽官縣八十里。

山門 刻本此下卷之二

長牆山。在鎮東三里。高八十丈，周圍十九里。山之阿有黄道祠，山之下有造船場，山之巔立烽燧，山之外捍大海。秦始皇東遊，登山望海，以其孤聳遥望如堵牆，因名。

葫蘆山。在鎮西南四里。四望絕在海中，如葫蘆出沒之狀，潮生潮退，葫蘆自若。

篠　山。在鎮東南六里。

秦駐山。在鎮東北一十五里。有始皇廟。下有聚落，有荒草蕩，俗謂秦駐塢〔六〕。始皇東遊，曾住此山。

沈氏山。在鎮東北五里。

半潮山。在鎮東北五里。

青　山。在鎮東三里，爲鎮市之主山，下有屠瓌智墓〔七〕。刻本無此六字。

廟　山。在鎮西北三里。地名礦頭。上有礦王土地廟。

澤　山。在鎮西南五里。

黃毛山。在鎮西北四里。右十山不種林木，官給亭户養草煎鹽之所。

萏　山。在鎮西北五里。上有普明院及朱令公廟〔八〕。

陸墓山。在鎮西北五里。因姓得名。

石屋山。在鎮西北五里。上有石，壘成屋。舊傳黃巢時民避兵處。

楊　山。在鎮西北六里。

碧里山。在鎮西北九里。

吳家山。在鎮西四里。右六山不種林木，百姓牧養牛羊處所。先是，亭民百姓互爭柴山。自五代至本朝有訟，屢經御判，人以石匣貯文，以藏於地，二百年初無定屬。每歲交鋒山上，殺死不已。淳熙十一年，倉使石檢詳起宗委幹辦公事常於公暇采輿論，參酌予奪，各分定界，永爲不易之論。具奏，上悅。由是息爭。刻本無此五字。

譚家嶺山。在鎮西南十里，與臨安府鹽官縣黃灣交界〔九〕。上有譚仙廟。

泊艣山。在鎮西三里，高冠諸山。《輿地志》云：始皇渡海，泊艣此山，因名。舊傳昔海舟泊此山下。後沙漲，接鎮境。

荊山。在鎮西南五里，佔永安湖之勝。山有悟空寺，寺有五顯靈官廟，其感應通靈。

葛母山。在鎮南五里。

橫山。在鎮西三里柵橋上。

颺山。在鎮西南五里永安湖之側。刻本無之字。

月山。在鎮西三里堰下。

寶家山。在鎮西南三里。刻本無「南」字。

雞籠山。在鎮西南三里。刻本在吳家山後。

鳳凰山。在鎮西南二里。

吳家山。在鎮西南三里。

馬鞍山。在鎮西北五里。

金牛山。在永安湖西北。

塘　灣。在鎮東市中，捍海岸也。後聚居其上，遂爲市井。

棊子灣。在鎮東長牆山外。

羅漢山〔一〇〕。在鎮東泊櫓側〔一一〕。

慈竹灣。在鎮南二里。

細柳灣。在鎮西三里。

竇家灣〔一二〕。在鎮西竇家山上。

張　灣。在鎮西南六里堰上。

蔡　灣。在鎮西南孫家堰南。

南姚灣。在鎮西北五里。

北姚灣。在鎮東北五里。

西陳灣。在鎮西北黃毛山背。

東陳灣。在鎮西北黄毛山背〔一三〕。

夏灣。在鎮東北八里。

陸吳灣。在鎮西北五里。

横山灣。在泊櫓山前。

徐灣。在柳家橋南。

邵灣。在六里堰下。

張塔。刻本作「搭」。下同。在鎮市塘上。古捍海增岸〔一四〕，後民旅聚居其上爲市，今俗呼曰塘上〔一五〕。

陸塔。在六里堰下。

沈塔。在鎮市南。

鴉鵲墓。在陸塔。客舟不上岸者多在於此泊舟〔一六〕，爲埠頭。

水門 刻本此下卷之三

海在鎮東五里，東達泉、潮〔一七〕。西通交、廣。南對會稽，北接江陰許浦。中有蘇州洋，遠徹化外。西南一潮至浙江，名曰上潭。自浙江一潮歸泊黄灣，又一潮到鎮岸，名曰下潭。東北十二里名曰白塔潭，可泊舟帆，亦險要處。雖在澉浦、金山兩軍之間，相去隔遠，夜暮緩急，卒難應援〔一八〕。昔日朝廷欲立巡檢寨，今澉浦水軍置鋪於此。

招寶塘。在鎮市中。海濱高峻，易涸易盈。淳熙九年，奉御筆命守臣趙善悉相視重濬，面闊三丈，底闊二丈二尺〔一九〕，深五丈，市鎮止有此一運渠〔二〇〕。

永安湖。在鎮西南五里。周圍一十二里。元以民田爲湖，儲水灌溉，均其税於湖側田上，税雖重，而田少旱。四圍皆山，中間小隄，春時遊人競渡行樂，號爲小西湖。

東　浦。在鎮東。大海透入東北礵頭，潮入汲煮鹽。

鮑郎浦。在鎮西北十二里。古老云，昔鹽場開基於此。有姓鮑者，鬻浦煮鹽。因名曰鮑郎者，吴俗，女夫之通稱也。後沙漲，移入東浦側。紹興經界爲田，是浦接連招寶塘爲河，至今俗呼爲鮑郎浦。又按《南史》孫恩作亂，海鹽令鮑陋遣了嗣之追奔，陷没於此。

放生池。南渡以來，本鎮創亭於海瀕收稅，即今之弦風亭也。亭之東鬻小湫，每遇聖節，鎮官率合鎮見任寄居文武兩班於此祝聖放生。

艮　澤。黄道山下枕龍眼潭，泊舟處地勢高峻，客旅居民無井可汲。山之腰有泉源，先是，廟僧善機用工浚鑿〔二一〕，以濟汲用。淳祐十一年，統制邢子政開廣〔二二〕，立屋三間，因扁斯名。

六里堰。在鎮西六里。高下相去數仞，爲惠商、澉浦、石帆三村灌田、隄防之所。緣舟船往來，實爲入鎮門户，因置車索。今屬本鎮提督〔二三〕。

三里堰。在鎮西三里。元無此堰。淳祐九年六月大旱，居民沿河私捺小堰〔二四〕，至水通諸堰，悉復毁去，獨此堰爲居民私置車索，邀求過往，久爲定例。然軍船之往來，鹽場之綱運，酒庫之上下與夫稅務諸場之版解，商旅搬載海岸南貨，别無他歧，河流易涸，實爲不便。況此方既有六里堰，足以防閉水利，此堰贅立，委是爲害。淳祐十年，茶院酒官朱南杰申縣開掘，濟利一方，但提督諸堰實隷鎮官，常宜覺察重捺邀求之弊。

孫家堰。在鎮西南四里。

沈家堰。在鎮西南半里。

北湖堰。在鎮西南蔡灣側。

鎮　閘。在鎮市中。今隷鎮官司。

廨舍門 刻本此下卷之四

鎮　廨。昔鹽場兼職。嘉定十四年，察院羅君相請分專員。紹定六年，羅叔韶始買丁橋東民地以創廨。

鮑郎鹽場廨。在通江橋側。

巡檢廨。在安德橋側。

坊巷門

阜民坊。在鎮前街西。

張家街。在鎮市北。

張塔。刻本作「搭」。街。刻本作「衖」。下同。在鎮市南。

義井巷。在鎮市南。

塘門街。在鎮市南。

廣福坊。在鎮前街東。

馬官人街。在鎮市南。

海鹽街。在鎮市北〔二五〕。

坊場門

澉浦稅場。係鎮官兼職。嘉定十四年，朱俯修鹽場，得舊額，有騎都尉監澉浦鎮稅、兼鮑郎鹽場。大觀二年重修，字朱俯以前，卻以鮑郎鹽場「兼澉浦鎮稅煙火公事」繫銜，至是始分專員。

鮑郎鹽場。東亭元五竈，南亭四竈。緣東亭人貧額重，南亭人多盤少，嘉定十四年十二月，申明倉臺，移東亭一盤過南亭，添作五舍，東亭減作四舍。

戶部犒賞子庫酒庫。昔在琠城，後遷茶院，去鎮西一十二里。紹興初，有鞠姓者，抱倅廳緡錢，繼屬漕司庫官兼之，因立子庫於市。淳祐八年，增創新樓。

市舶場〔二六〕。在鎮東海岸。淳祐六年創市舶官，十年置場。

抽解竹木。舊係監鎮提督，抱納漕司竹木錢。淳祐四年，漕使袁右司差專官下鎮抽解。自後爲例，鎮官無預抽解。抱納錢如故雇發。

鐵布軍需場。鐵布舊屬鎮稅。淳祐九年，浙西安撫司差官下鎮置局。

軍寨門

水軍寨。在鎮東海岸。淳祐間，撥許浦水軍百人於長牆山下，歲易一戍。開禧丙寅，統制王復古置寨，隸殿司。

巡檢營。在鎮市浦東。

亭堂門

弦風亭。在海岸，即鎮官收稅之地。紹熙間〔二七〕，監鎮葉樾創，名曰觀瀾。寶慶三年，監鎮趙潛夫改今名。

宣詔亭。在鎮前。端平元年，監鎮張思齊立。

閱武亭。在長牆山上。王復古立。

時阜堂。即鎮廨之東廳。監鎮傅朋壽扁斯名〔二八〕。

秀野堂。在鮑郎場西側。

美固堂。在水軍寨。淳祐九年，統制邢子政立。

橋梁門

跨浦橋。在鎮東浦上。

新橋。在鎮東五里。

閘橋。在鎮市中。

丁家橋。在鎮廨前。

通江橋。在鮑郎場前。

鴻橋。在鎮市北浦上。

西石橋。在鎮市西犒賞子庫側。過橋南，爲入永安湖路。

鹽倉橋。在鎮西橋下。水通礦頭鹽倉舍。

安德橋。在巡檢廨側。

柵橋。在鎮西三里。本鎮纂節發引收税之處。

望湖橋。在鎮西南五里。地至澉墅西，通永安湖，東至海岸，中分水脈，至錢家港入鎮市〔二九〕。

戴家橋。與望湖橋爲八字橋。下南至東王村，通海岸，北通孫家堰。

新浦橋。在鎮北二里入縣路上。

張公橋。在六里堰下。本鎮運河水脈，至此始分爲二，由橋側上西南王家莊到茶園通港，由橋下入西北火燒涇到玄通港，然皆淺狹易涸，欠浚鑿。

金家橋。在鎮西北六里。客旅巨舟重販者多於此泊入鎮貿易，復歸解纜。

孫老橋。在六里堰下。或遇淺涸，客貨多以步擔運，於此發舟。

學校門 刻本此下卷之五

鎮學。昔時未有。嘉定十一年，鎮官徐之紀繪夫子像，就禪悅教院行舍菜禮。自後歲節冬至，於此序拜鄉飲。

寺廟門

禪悦教院。在市中。元祐二年，僧惠林建施水院。建炎元年，請到院額，實本鎮祝聖行香處。

悟空寺。在鎮西南荊山。建隆二年，僧德升開山爲永安寺，治平元年賜額。

祐福禪庵。在鎮市浦東。寶祐二年，僧永固開山建觀音殿及塑菩薩像爲焚修所，接延雲水，棲止安禪。

廣慧禪院。在金粟山下。國初錢武肅王賜，號施茶院。祥符元年改今額。

永福教院。在鎮市浦東。乾道元年，僧普澄建觀音院爲焚修所，後爲徑山接待院。

普明院。在鎮西北五里若山。周顯德六年，僧寶強立觀音院〔三〇〕。治平元年得額。

東嶽行祠。在鎮市東北。建炎間，有白猿出入，神馬馳驅。毛巡檢夢神曰：

「何不創獄祠？」毛乃於營側立祠。每歲暮春，諸鄉民社祈求豐稔，感應如響。

張帝廟。在鎮南市。嘉泰三年立，紹定三年重建。後泊戶以廟門爲酒肆。寶祐二年，監鎮張焯與茶院陶監酒拆去酒店，立李太尉小殿，對廟門，以免穢雜。

真武祠。在澉市浦東。淳祐五年，鎮守澉浦鎮統領水軍、南京指揮尚景捨資塑真武像並龍虎君。

醫靈祠。在鎮之東青山西南側王家畈之西〔三一〕。開禧三年〔三二〕，里人孟毅夢神呼曰：「吾閩中吳真君，當食此方，福祐斯民。」晨見海中有一神主浮海至岸，遂居於側，毅因捨基，創殿尊奉。後閩商繪像傅塑，諸祈療病者甚驗〔三三〕，四方咸集，遂成叢林。

顯應侯廟。在長牆山後石帆村〔三四〕。因海沸〔三五〕，此村半陷爲潮，遷出山頭。建炎二年〔三六〕，僧若中開山，俗呼爲黄道大王。寶慶三年，都運諸大卿請到廟額。黄道大王不知何所從始〔三七〕，或謂楚黄歇封於吳，其子隱海邊修道。石帆村既廢爲海，歲久因循，無所考究。或謂古有姓黄人居山後，山以人而得名，故就稱爲黄道山，神以山而得名，故就稱爲黄道王。嘗觀東坡載儋耳山云：里人呼爲山胳膊，僞稱其神爲鎮海王。元豐五年七月，始詔封山之神曰廣德靈王。初無姓名來歷，今里人俗呼爲黄道大王。至寶慶，始敕封顯應侯。陸龜蒙云〔三八〕，甌粵山椒水濱多廟貌，信夫！廟中有神曰楊太尉，尤爲靈異。凡客舟渡海，祈禱感應如響。意其亦是石帆村聰明正直之人遵海而南，無不遵敬。

廣福廟。在鎮東市廣福坊側。舊傳建炎間潮入東浦，人於水際得木主，題曰廣福明王，時人因祠爲當界土地，沈氏捨基爲廟。至今每歲以得木主日爲生慶誕。

吴越王廟。在鎮西南三里，地名澉墅〔三九〕。崇寧間，立爲土地祠。今攷吴越國王傳，錢俶字文明。祖鏐，唐末據吴越地。俶嗣位，至我朝宋雍熙元年，改封吴越國王。今澉墅，吴越地也，意錢俶其神乎！若以爲吴王夫差、越王句踐，考其本傳，吴王闔廬興師伐越，越擊吴，敗於檇李，射傷闔廬，垂死，告其子夫差曰：「必毋忘越。」及吴圍越於會稽，句踐請爲臣妾。後越破吴，吴退棲姑蘇，使公孫雍肉袒膝行，請成於越。越王曰：「吾置王甬東。」吴王曰：「臣老矣，不能事君王。」遂自殺。夫差以父闔廬之冤未報，可謂不共戴天之仇，九泉下恨不食其肉，又肯共廟血食乎？今俗訛而爲吴越二大王，兼塑二王像，非也。嘗觀《武林圖經》論忠清廟事，舊制以夫差爲首祀，與申胥並列，特所未喻。疑其神未必爲夫差，乃俗之傳譌也。今吳越祠亦類此。

古蹟門

龍眼潭。在鎮東海口。舊傳白龍窟於此。今客舟艤泊以待潮。

石　帆。在靈潭右。聳若帆掛，有神現其上。潮生帆不爲減，潮退帆不爲增，月霽則吐蚌珠，陰晦則耀神火，舟觸必碎，人莫能涉。

白龍母冢。在鎮東南長牆山後叢棘中。每歲秋間，白龍來視母冢，必然風雨大作。

隱馬石。在鎮西南。舊傳有馬隱入山中。今石有人形、馬形、隊形等類〔四〇〕。

穿山洞。在長牆山外，下臨大海。石巖如洞，俗呼爲穿山洞，有神曰陳都監。

黃巢衖。在六里堰左。夾道陰翳。古老云黃巢聚兵處。

金牛洞。在黃巢衖南金牛山下。據《武原舊志》云：民人皋伯通兄弟逐金牛入洞，忽不見，因名。據郡志與《海昌圖經》皆云皋、蘇二將，上有二大王廟。高宗南渡後祭文云：「義氣同稟，剛毅莫儔。胡爲來此〔四一〕？緣逐金牛。牛沒尾掉，空回可羞。拔劍自刎，曾無怨尤。人亡廟存，英氣横秋。至今父老，能道所由。天子初郊，典禮加優。樽酒既設，清酌庶羞。尚饗！」又據《鹽官縣志》云：「按《寰宇記》，昔吳楚間有金牛，自毘陵奔此而沒，因名。洞深不可測。當建炎初，黄灣居民多避虜於此〔四二〕。」

望夫石。在永安湖仰天塢之右。山巔有石磐，磐側有立石。昔日有海商失期不返，其妻登磐望夫，泣殞，化而爲石，因名。

石　碑。在六里堰西，地名根竹。有二石碑，夾道而立，高一丈五尺。舊傳漢戚姬葬碑，歲久磨滅。

茶磨山。在黄巢衖側。周回山下有港，港外周回有城塹，舊傳唐末黄巢伏兵處。

秦王石橋柱。在秦駐山背。舊傳沿海有三十六條沙岸，九塗十八灘，至黄盤山上岸，去紹興三十六里，風清月白，叫賣聲相聞，始皇欲作橋渡海。後海變洗蕩，沙岸僅存其一，黄盤山邈在海中，橋柱猶存。淳祐十年，猶有於旁灘潮裏得古井及小石橋、大樹根之類，驗井甎上字，則知東晉時屯兵處。
王家吭。在長牆山下石帆村。古田吭也。今田廢爲海，尚存數家生聚於潮花鼓舞間。

物產門刻本此下卷之六

早稻名

雀奧　紅蓮　黃箭子　杷椏　烏絲糯　金州糯　百日子　金成　六十日子

雜穀

大麥　小麥　蕎麥　豆　油麻　稗　鶯粟〔四三〕

絲布

絹　緜　苧　麻　黄草

貨

鹽

花

芍藥　荼蘼　薔薇〔四四〕　木香　瑞香　紫荻
長春　牡丹　萱草　月丹　海棠　石榴
山茶　水仙　粉團　鳳仙　芙蓉　金沙
雞冠　石竹　佛手　棠棣　玉簪　夜合

木樨　梔子　聚仙　雀梅　罌粟〔四五〕　金橙
荔春　白鶴　葵　梅　桃　真珠珮　李
芭蕉　茶　菊　蘭　荷　荇　杏　槿

果

桃　梅　李　杏　梨　柿　橘　柚　蓮
棗　枇杷　林檎〔四六〕　榴　栗　葡萄　銀杏

菜

蘿蔔　冬瓜　甜瓜　菠稜　萵苣　苦蕒
山菰　茄　菘　芥　薤　蔥　莧　蒿　蕈
蕨　韭　蒜　雞頭　芋頭　枸杞　胡蘿蔔

竹

筀 篜 紫 斑 筋 金 篾〔四七〕

木

松 桑 檜 柏 杉 柳 楮 椿 榆

楝 柘 楓 梧 桂 槐 檀 楊 朴

椒 楠 皁筴 烏柏

藥

菖蒲 連翹 茴香 韭子 杏仁 龍腦

槐花 半夏 枳實 瞿麥 紫蘇 荊芥

青蒿　良薑　牛膝　桑皮　赤小豆　車前子
枸杞子　香附子　天花粉　桑螵蛸　穀精草
麥門冬　黑牽牛　白殭蠶　香白芷　白茅根
密蒙花　紫蘇子　羊蹄根　淡竹葉　馬屁勃
海浮石　馬鞭草　白匾豆　地錦草

禽

鷹　雁　鸛　鷗　鷺　鴉　鵲　鴿〔四八〕　鷰　雀
鳩　鶉　鵰　鶻　雉　鷲　百舌　啄木　杜
鵑　竹雞　布穀　野鴨

畜

牛　羊　犬　馬　鵝　鴨　雞　豬　貓　狗

驢　騾

海味

鯔　鯧　鰲〔四九〕　鮫　鰲　鱸　梅　蠣　鰕　鰻
鯊依刻本補　蛤　鯪　鱭　鰌　蟶　蜆〔五〇〕　銀魚
鯿　拳螺　香螺　淡菜　帶魚　鰣鯽　蟛蜞
白蟹　黃鰊　土鐵　沙蟹　蚌蛤　老婆蟹
沙魚　海蟄　望潮魚

河味

鯽　鯉　鮎　鱖　銀　鰲　鰍　鱔　黿　蛙
鰕　蟹　黃顙　吐哺　白鰷　黑魚

【校勘記】

〔一〕原本「放之」在下句「澉浦」之下，此據影印元明善本、四庫本、叢書集成初編本乙。

〔二〕鹹：原作「鹽」，據影印元明善本、四庫本、叢書集成初編本改。

〔三〕一十五：影印元明善本、四庫本作「一十二」。

〔四〕止：原作「至」，據影印元明善本、四庫本改。

〔五〕草蕩：原作「蕩草」，據影印元明善本、四庫本、叢書集成初編本乙。

〔六〕謂：原本作「爲」，據影印元明善本、四庫本改。

〔七〕屠瓌智：原本作「屠懷智」，據影印元明善本、四庫本及《十國春秋》卷八四改。

〔八〕「及」字下影印元明善本、四庫本有「有」字。

〔九〕黄灣：影印元明善本作「邵灣」。

〔一〇〕羅漢山：影印元明善本、四庫本、叢書集成初編本作「羅漢灣」。

〔一一〕東：影印元明善本、四庫本、叢書集成初編本作「西」。又「櫓」下有「山」字。

〔一二〕竇家灣：原作「竇家山」，據影印元明善本、四庫本、叢書集成初編本改。

〔一三〕黃毛山背：影印元明善本、四庫本、叢書集成初編本作「石屋山側」。
〔一四〕增：影印元明善本、四庫本、叢書集成初編本作「橧」。
〔一五〕曰：原本作「白」，據影印元明善本改。
〔一六〕客舟：影印元明善本、四庫本、叢書集成初編本作「客船」。
〔一七〕東達泉潮：原本作「達泉湖」，據影印元明善本、四庫本、叢書集成初編本補、改。
〔一八〕援：原本作「緩」，據影印元明善本、四庫本、叢書集成初編本改。
〔一九〕二尺：四庫本、叢書集成初編本作「一尺」。
〔二〇〕一運：影印元明善本無此二字。
〔二一〕浚：原作「峻」，據影印元明善本、四庫本、叢書集成初編本改。
〔二二〕邢子政：原本作「刑子政」，據影印元明善本、四庫本、叢書集成初編本改。下同。
〔二三〕今：影印元明善本、四庫本、叢書集成初編本作「合」。
〔二四〕居民：原作「民居」，據叢書集成初編本乙。
〔二五〕市：原本無，據影印元明善本、四庫本、叢書集成初編本補。
〔二六〕場：原作「船」，據影印元明善本、四庫本、叢書集成初編本改。

〔二七〕紹熙：原作「紹興」，據影印元明善本、四庫本、叢書集成初編本改。按《宋詩紀事》卷五八葉樾慶元初監海鹽澉浦鎮稅。

〔二八〕傅朋壽：原作「傅彭壽」，據影印元明善本、四庫本、叢書集成初編本及雍正《浙江通志》卷四一改。

〔二九〕家：原本無，據影印元明善本、四庫本、叢書集成初編本補。

〔三〇〕僧寶強：原作「僧實強」，據影印元明善本改。

〔三一〕王家朊：原作「王家晼」，據影印元明善本、四庫本、叢書集成初編本改。

〔三二〕開禧：影印元明善本、四庫本、叢書集成初編本作「開熙」，誤。

〔三三〕諸：影印元明善本、叢書集成初編本作「俱」，四庫本作「但」。

〔三四〕「在」字上影印元明善本、四庫本、叢書集成初編本有「元」字。

〔三五〕沸：影印元明善本、四庫本、叢書集成初編本作「廢」。

〔三六〕二年：影印元明善本、叢書集成初編本作「三年」。

〔三七〕道：原本無，據上下文及影印元明善本、四庫本、叢書集成初編本補。

〔三八〕陸：原本無，據影印元明善本、四庫本、叢書集成初編本補。

〔三九〕原本「瀲」下衍「浦」字，據影印元明善本、四庫本、叢書集成初編本及下文删。

〔四〇〕等：影印元明善本、叢書集成初編本作「之」。

〔四一〕胡爲：四庫本作「騎馬」。

〔四二〕虜：四庫本作「兵」。

〔四三〕鶩：四庫本作「鷺」。

〔四四〕按影印元明善本、四庫本、叢書集成初編本「薔薇」與下文「牡丹」位置互易。

〔四五〕罌粟：原作「嬰粟」，據叢書集成初編本改。

〔四六〕林檎：原作「木檎」，據影印元明善本、四庫本、叢書集成初編本改。

〔四七〕篋：原本無，據影印元明善本、四庫本、叢書集成初編本補。

〔四八〕鴿：影印元明善本、叢書集成初編本作「鴿」。

〔四九〕鱉：四庫本作「鼇」。

〔五〇〕蜆：四庫本作「蛇」。

海鹽澉水志卷下

碑記門 刻本此下卷之七

澉浦鎮題名記

東南財用大抵資煮海之饒，海濱斥鹵，牢盆相望，而闗市有征，未能去也。自郡邑外每因大聚落而置官司，或至於兼二，則其責彌重，來者難之。澉浦爲鎮，隷秀之海鹽，鮑郎在焉。自鹽場兼鎮稅，課額日廣，居官者救過不給。宣城胡君應雲之來，會疆事適殷，屯戍隨增，兵民雜居，其難視異時數倍〔一〕。迺從容其間，庀事無闕，經入有羨，於以補償舊政宿逋，裕如也。行且滿考，部内穉耋相帥上其治狀於郡使者、於臺、於省，欲借留之，而不可得〔二〕。君淳熙丁未進士一第，二十年憂患屏居，及是始筮仕，未嘗作滯淹之歎，而以平時講畫者次第出之，廉以律己，勤以涖官，事不付之吏手，薄征以惠行旅，與亭户期約，不失信義，宜其上下相孚，彼此交舉如此。然則爲政者豈不在人哉！君受代有日，詢訪昔之官守者得一十九人，列其姓氏而刻之石，俾余書其端〔三〕。惟褚與君共登慈恩，且居是邦，因紀所見，以告來者云。君名從龍，應雲其字也。

嘉定九年四月望日年末，朝散郎、宗正丞、兼江淮制置大使司參謀官常褚記。

陳南美。左文林郎。紹興二十二年到任〔四〕，至二十五年滿。

李　格。左從政郎。紹興二十五年到任，至二十七年丁憂。

林　拯〔五〕。右文林郎。紹興二十七年到任，至三十年滿。

袁　藻。右迪功郎。紹興三十年到任，至三十一年罷〔六〕。

姚廷襄。左迪功郎。紹興三十二年到任，至乾道二年滿。

沈大卿。左迪功郎。乾道二年二月到任，至五年六月滿。

蔡興世。右修職郎。乾道五年六月到任，至八年八月滿。

魏　衡。右迪功郎。乾道八年八月到任，至淳熙二年六月替。

林　楠。迪功郎。淳熙二年十月到任，五年三月替。
趙師名。迪功郎。淳熙六年四月到任〔七〕，至九年八月滿。
吳仁表。修職郎。淳熙九年八月到任，至十二年滿〔八〕。
高文慶。修職郎。淳熙十二年八月到任〔九〕，至十五年滿。
王子洪。從事郎。淳熙十五年到任，紹熙二年八月滿〔一〇〕。
葉　檝。文林郎。紹熙二年十二月到任，至慶元元年二月滿。
周　焯。迪功郎。慶元元年二月到任，至七月丁憂。
吳華國。承直郎。慶元元年十二月到任，至五年十月滿。
王顯世。迪功郎。慶元六年到任，至嘉泰二年十月滿。
曾　晏。修職郎。嘉泰二年十月到任，至開禧元年四月滿。
胡從龍。從事郎。開禧元年四月到任，至嘉定元年四月滿。
詹　䱷。修職郎。嘉定元年閏四月到任，四年滿。
劉三畏。迪功郎。嘉定四年七月初三到任，五年二月丁憂。
葛挺之。迪功郎。嘉定六年二月廿八到任，九年滿。

徐之紀。儒林郎。嘉定九年四月十七到任，十一年七月丁憂。

賈岳。迪功郎。嘉定十一年六月初九到任，十四年十月滿。

澉浦鎮新創廨舍記

鎮治舊是兼職，元在定安橋西。嘉定十二年，内朝紳有請增置，靡有定寓，或借民廬，或泊僧舍，因循歲月，已數政矣。四明羅文林叔韶司鎮於此，紹定壬辰，始置民産於丁家橋東，旁有小港，開而通之，逼於垂滿，僅建正廳，穿堂而已。癸巳孟夏，思齊實爲之代，亦僦氓廛以居。慨念親民之官，司旅之職，聽訟征税，觀瞻係焉〔一一〕。曾未兩月，亟廣前規，鳩工度財，分毫不擾於民，由是宣詔有亭，戒石有銘，榜示有房，俱列於外，廊廡吏舍翼乎左右。廳之夾屋分爲二塾，扁以肅賓、倒屣。闢廳側以爲帑，外嚴公廚〔一二〕，恪奉錫晏。添買鄰地〔一三〕，以爲東廳，四時花卉雜植於前。中闢一戶，以通東廡。循披廊而趨，則有看街之所；由角門而入，則有翫月之亭。堂宇峻聳，屋室得宜〔一四〕。東西小閣寒煖隨處，以至庖湢之類纖悉備具，申明前政。郡守喜而給牓，蠲其牙阜之資，除其元輸之賦。自落成以來，雨暘時若，戶口日繁〔一五〕，民與軍而相安，商與賈而共悅，俱曰澉川當由此而益盛矣。若夫序沿革之詳細，述建造之始末，紀到滿之月日，自有大手筆在，何幸拭目以觀之。

端平三年上巳日，儒林郎、監嘉興府海鹽澉浦鎮稅煙火公事張思齊記。

澉浦鎮題名記

寶祐二年，宣城胡君用虎調尚書署澉浦司舶，揖里人常棠曰：「先君子昔領是鎮，兼鮑郎鹽場。先大夫采訪前任名氏，目濡耳染，經始記石。茲輯舊記，則在鹽場碑陰。累政莫紀，半塗已稅，是大闕脫詮次。幸今政尹張君焯政通人和〔一六〕，振華揚德，勉績寙墜。嗣文替銳，吾輩責也。」棠曰：「惟嘉定初元，先正視鎮事，余先君考敘題名，余叔祖實肇厥記。」十一年，廷紳請分二，并即鎮廨爲鹽場〔一七〕，翻碑陰以誌歲月。鎮則或僦民廬，或寓蕭寺，玩愒簡陋。紹定六祼，四明羅叔韶始相基，殖庭勤塗，暨茨門廳賓堂，鸞鵠停峙。明年，錢塘張思齊踵至，外庭內廡，撲斲丹雘，東創西闢〔一八〕，跂翼寢奥，微二君則爰處靡寧其所，然齊瓜戍代〔一九〕，猶乏紀勒。越歲十九，今張君甫克勇遂。先是，胡君下車，摩挲舊記，僅二十四人。會省帥漕列局廢置〔二〇〕，鎮征艱重，事力築底，欲勉茂請繼〔二一〕，囁嚅久之。張君聞而歎曰：余檢餘俸且不給，伏臘瑣細遠取諸家，必伺公帑以辦，此無時而可爲矣〔二二〕。迺指已售石〔二三〕，攟摭未紀者十有二政，前後附麗，並鏤新珉。不肖幼稔胡君重建，有幸今得相與繼志述事，張君賜也。噫！賢如張君，使是鎮之財賦弗減疇昔〔二四〕，則於光斯耀，必有可觀，豈止一題名而已？

是歲二月朔，竹窗常棠記並書。

朱俊之。迪功郎。嘉定十四年十月到任，十五年五月嶽祠。

史　潛〔二五〕。文林郎。嘉定十六年四月到任，寶慶二年九月滿。

趙潛夫。從事郎。寶慶二年九月到任，三年夏卒〔二六〕。

張廣年。承直郎。寶慶三年十月到任，紹定三年三月滿。

羅叔韶。修職郎。紹定三年二月到任，五年轉文林郎，六年四月滿〔二七〕。
張思齊。儒林郎。紹定六年四月到任，至端平三年六月滿。
趙汱夫。文林郎。端平三年六月到任，嘉熙二年十一月滿。
曾　羣。文林郎。嘉熙二年十一月到任，三年二月滿〔二八〕。
傅朋壽。儒林郎。淳祐三年三月到任，六年四月滿。
朱嗣立。從事郎。淳祐六年四月到任，七年轉承直郎，九年四月滿。
趙汝洄。從事郎。淳祐九年四月到任，十二年八月滿。
張　焯。承直郎。淳祐十二年八月十二到任，寶祐三年十月十五日滿。
周之綱。從事郎。寶祐四年十一月到任。
趙孟若。迪功郎。開慶元年十月廿二到任。
胡　沬。修職郎。景定五年五月到任。
徐衍祖〔二九〕。承直郎。咸淳三年四月廿九到任。五年十月，准吏部符，不候替職離任。
李興宗。迪功郎。咸淳六年八月二十到任。

美固堂記

余領軍事越三載，舟楫器械，視昔具備。一日暇，登高望遠，兩山橫倚，巨海瀕浸，營壁中立，若龜之伏焉。門闢三面〔三〇〕，如尾如足。東首而猶坦之〔三一〕，無迺形勢，有未全乎！詢諸宿老，答曰：「陰陽所忌者，卯，風焉，嘗闢復窒。」余應之曰：「此未識通變者也〔三二〕。使益牆仞而臺，臺之上而屋，則有形勢之備，無卯風之嫌，其不可乎哉？」衆皆曰：「然。」於是度材僝工，築室構堂，欄楯真景，晨光濕翠，夜影涵璧，師休役簡，當知與衆同樂，其不在茲乎〔三三〕！是堂也於以全此營之形勢，而山海也又以壯此堂之形勢，故以「美固」名者，「美哉，山河之固！」昔武侯語也，余是取焉。落成之日，淳祐庚戌六月癸未二十六日庚申，浮光邢子政並書以記。

黃道山水池記

澉浦之陽，有山曰黃道。山之腰，腰之麓，曠而平，繞而曲，潮汐所不及。維天降澤，掘地以積，一勺之多，可飲可汲。負山而居，航海而來，咸所仰給。淳祐十一年夏秋不雨，坳堂之上，涔蹄之微，潢潦無根，溝澮其涸，居者行者罔不病渴。總軍路鈐邢子政來視曰：「是殆所積之未大也。」先是，軍中有二池，規模淺陋，路鈐浚之，一軍賴以生活，雖旱甚不竭。於是山僧善機合民旅之詞以請曰：「軍民一體也，願推涖軍之惠，以大此山之池，可乎？」舶征潛放首贊其決，路鈐乃約同時之仕於此者監鎮趙汝洄、舶門朱南杰、鹽場俞塡、酒官李得基、木官戴安節、司警張思湛登山度地〔三四〕，鳩工飭材，委統領袁發主之。鑿土築池，闊四丈，深二丈有奇，壘䂬提之，道以達逵三十丈〔三五〕，架屋四楹，以司啓閉，以處守護者。凡役，皆營壘生聚暨奔走先後者，而剸犀搏蛟之徒則不使之與焉。凡費皆取辦於路鈐，而官府司存、市肆貿易亦有助楮者〔三六〕。經畫於秋之半，落成於秋之杪。其容廣，其蓄深，其惠博，路鈐用汲之大功〔三七〕，蓋將與此山相爲無窮矣。

思賢碑

寶慶二年秋，黄巖空明山趙君潛夫來鎮澉浦〔三八〕，明年夏卒。鎮人將仕郎趙與珣泣請曰：「吾不忍父老之巷哭也，哭之哀，不如傳之遠也。鎮月解，昔多貸諸賈，今寧空其室人犫珥也。估客昔畏重征〔三九〕，逸外江不可挽，今恬熙輕平，風帆雨楫輻集也。訟有檄自臺府者，屢聽不服，今片言笑折之，咸服其神也。征榷之地，昔浮埃飈起，眯目不能仰視，今亭以弦風短牆，疏篠花柳間植，燕賓友也。釋奠鄉飲，習於梵宮〔四〇〕，進退揖遜，雍雍濟濟，又昔未聞而今見之也。非吾私其宗，願子有述也。」顧余方駭慟重哀其不幸，而何忍述。雖然，又何可辭。缺職商税，旦暮急也，而君寬以裕之；俗販魚鹽，錐刀較也，而君風教以厚之；頑夫嚚婦，鞭箠且行厭也〔四一〕，而君兒女以遇之。持是爲縣，爲郡，爲國，豈惟材稱哉！余聞鎮旁浸巨湖，君嘗輕裘大帶，蹇驢蹋月，或夜泛扁舟，水靜天碧，扣舷把酒，可以識君之趣矣。蓋君高標遠韻，迥在物表，嘗謂余善畫者莫我圖也。舊嘗識於水心葉先生，章泉趙公藩，交以《詩經》薦，趙公汝譡尤敬愛之。其涖澉浦未數月也，侍郎黄公宜以著述薦，提舉司馬公述以練達薦（四二），是將以有爲也。而遽死，宜有以寫鎮人之哀思也。因系以長言，使歲時歌以招君，君其盍來乎！君從事郎，字景壽。登嘉定十六年進士第。自號鶴所。君之來兮鶴自九皋，駕以去兮渺天地而逍遥。縞衣玄裳兮横大海之驚濤，雲旗先驅兮霓旌旖旎（四三）。月皓皓兮風灑灑，青山之上兮黄灣之下。挹北斗兮椒漿，羽扇綸巾兮佩璆鏘，盻而笑兮玉潔水光。鳴鸞鳳兮舞黿鼉，馮夷鼓兮宓妃歌，魚詠龍吟兮蛟螭護訶。睠言歸兮南浦，飄飛兮過舶艫，春復秋兮終古。

七月望日，建安葛紹體撰，渭南高不華書。

德政碑

國家張官置吏，凡以理民，惟州縣之長官於民爲最親。歷觀往史，霸、遂以守郡稱，恭、茂以宰邑顯。鎮之治狀無紀焉，非無治狀也，無若人耳。繼自今以治鎮得名者，蓋自羅君始。澉浦爲鎮，人物繁阜，不啻漢一大縣。紹定庚寅春，羅君來領鎮事。至之日，見吾土風淳厚，思與三載相安，下令曰：「民旅交關，必欲其兩平。軍民雜處，必欲其兩愼。毋起訟〔四四〕，毋傷和，毋犯干有司。」丁寧數語，開心見誠，善始之意，固可逆覘其終矣。君廉而勤，公而明，寬而不縱，嚴而不苛。昔民訟若繁，今折以片言，牒訴自簡也；昔關征苦重，今輕以什一，版賦自若也。歲時行鄉飲禮，儐介雍雍，長幼秩秩，相觀相化，俗躋鄒魯〔四五〕。朝廷命簡鄉兵，用防海道，他有司兒戲耳。君出其胸中甲兵，大閲於長墻山之下〔四六〕，士馬整肅，旗幟精明，儒有頗牧，疇不嘉歎。民病厲，遣吏勞問，給藥散財，更生者幾千人。旱閉糴，賑粟千斛〔四七〕，損價售之，濟艱食者又幾千人。鎮廨自隸鹽場更一紀〔四八〕，又四政僦民廬，棲梵宇〔四九〕，不常厥居也。始君下車，欲新是圖，顧未有基址。壬辰之冬，始於丁家橋得楊氏地，至是垂滿矣，君曰：「一日必葺，古人有訓，時哉不可失，吾曷敢惜費且憚勞哉？」先是，丁家橋之下河流壅遏，血脈不通，乃命疏鑿，清泚洋洋，庶民子來，荷臿雲滃，亙三四里，如壁斯環〔五〇〕。蜡月乙未，廨舍落成，門楣崇翬，廳事雄倨，心匠默運，不愆素繩，真有造五鳳樓手段。越明年春，率士民登鉅扁，三字名筆，鸞鳳飛翥，海邦名物〔五一〕，瞻觀一新〔五二〕。君經始規模，可謂宏且遠，豈爲己計哉？遺我鎮無窮之利耳。至如建三廟之甍瓦，加新橋之設楯〔五三〕，鑿池而放生，祝聖人壽也；立坊而名廣福，錫庶民富也〔五四〕。凡此大概，衆指不能數，無非學道中流出。推是以往，宰邑則恭、茂，守郡則霸、遂，相天下則伊、傅、周、召矣，功名事業，後必有史官書之，所紀者特其治鎮之狀耳。君名叔韶，字儀甫，四明人。丁丑入胄子學，庚辰取太常第，至是再調焉。初受業於約齋李先生，蓋東萊大愚之源委也。樞尹袁公韶、憲使吳公淵、倉使袁公肅、太守黃公壯猷俱以才學薦。君行，且造朝，去如始至，藹藹遺愛，何日忘之。他日入公之廨者，必曰此廨迺今日甘棠。

紹定六年二月望日，楊啓書。

鮑郎場題名記

榷鹽之利，後世不得已也。不得已而又爲之賦，則臨涖貴乎專，經理在乎人〔五五〕。鮑郎爲場，列竈九，歲課三萬五千六百石有奇〔五六〕，而年督年課及指〔五七〕，買不與焉，迺浸就弛弊。言路上疏，謂窘於兼二之冗。庚辰詔典，銓注顓官，毋與鎮稅事。癸未，又詔今後鎮官免以鹽場繫銜。膺是選者，僉爲難之。蓋催煎之職雖舊〔五八〕，而茲方更創；昔之官守之多，而此爲初政更創〔五九〕，則責任有歸〔六〇〕，一額有虧，諉以何咎初政。則來者審擇，百度戡折〔六一〕，必就其良，噫嘻難矣！霅川朱君俯，中興勳相曾孫〔六二〕，公謹廉勤，得於家傳，始復茲事〔六三〕，顧眂規模，蕩如也。諗辭於民，民勞而瘁；詰故於吏〔六四〕，吏惰而黠〔六五〕。迺肅申約曰：官不可虧，虧官負課；私不可損〔六六〕，狥私傷生〔六七〕。回媮心而赴功，宣上旨以布政。由是劑量斥地之廣狹〔六八〕，陞降戶額之輕重，易置牢盆之閉㵎〔六九〕，窒塞鼠穴之滲泄。迺飭藏宇，迺穿運渠〔七〇〕，迺置程籍，凡一介蠹公害民之事，悉就罷行〔七一〕。至於復廨請賦，稍定輿皁，郁然如方興之家。甫朞，而課增新羨。比及三年，視諸場爲冠〔七二〕，可謂能其所難矣。埴車筴勳，必有爲王誦之。君既請代，屬余曰：「舊有題名二十四人，更十七載俶落。紹興壬申，訖於嘉定辛巳，中間胡君所立也。今鳌事方興〔七三〕，請爲摭其略而改圖。」吁，螭首鼉趺，巋然廳事，豈徒姓字遷次云哉？於以識歲月，紀治理。夫經營疏浚，爬羅剔抉，則源深而流長；扶持全護，訓飭道齊，則本固而末茂，君其有志於此歟！余聞之一牛鳴近，敢爲之記。若呂溫所謂不居其官，民而代人記者則媢人，余也何媢之有〔七四〕？

嘉定十七年甲申仲春月朔，朝奉郎、新充福建路轉運司主管文字李昌宗記，國學免解進士常令孫書。

朱　俯。迪功郎。嘉定十四年三月到任，十五年六月特循從政郎，十七年七月滿。

史彌炳。迪功郎。嘉定十七年四月到任，准登極恩，授修職郎〔七五〕，寶慶三年二月丁憂。

應彌明。修職郎〔七六〕。寶慶三年五月到任，紹定三年八月滿〔七七〕。

薛師仁。紹定三年八月到任，次年五月慶壽恩循儒林郎。

顧用卿。從政郎。紹定六年十一月到任，嘉熙元年二月滿〔七八〕。

周應旂。嘉熙元年三月到任，二年准所辟錢糧官〔七九〕，三年七月丁憂。

趙希棩。從事郎。嘉熙三年十一月到任，淳祐五年奉聖旨典岳祠。

厲夢龍。迪功郎。淳祐二年七月到任，五年八月滿。

施　棣〔八〇〕。從事郎。淳祐五年八月到任，六年十二月養親離任。

詹元善。儒林郎。淳祐七年四月到任，總領浙西江東財賦、淮東軍馬錢糧〔八一〕，准滿。

俞　塤。

王九齡。

還朝序

《周官》三百六十，而鹽人屬諸天官，其任至專，其責至重。及考其所掌之政令，而鄭司農迺謂受入教所置是也〔八二〕。蓋受入處置，一或失當，則爲瘝官曠職，是豈容於不謹乎？海鹽鮑郎鹽場歲入三萬六千五百石有奇〔八三〕，曩歲鹽官兼領鎮稅，事務繁夥，賦課爲難。嘉定庚辰，言路抗疏，上俞其請，始詔特置顓員。吳興朱君不卑小官，毅然發軔。籀挾日，一定式程，井井有條，清夷不紊，三載考績課，額獨登會。鎮有闕政，暫煩共二，且將幾年，曾不以代庖，而有遐心以文會友，以禮鄉飲，以道理剖曲直，商旅阜通，閭里安輯，人皆曰所以幸吾邦者不淺。余謂記止是乎亭民，境壤與齊民接，挺私怙強，舊染成俗，亭民之謹畏者固不爲，亭民之頡頏者不免也，齊民之惡少者所樂從，齊民之善良者不安也。君其爬羅事功以興，君其導齊人心以格，亭民於是乎自愛，齊民由是以自適，又何其幸歟？雖然，此亦跡爾，要以廉勤爲本，以公恕爲守，故君子觀其終而後爲不失君。今還朝，其能以條畫事悉力而開陳之，則儒術之行，天下自富〔八四〕，豈特此時已哉？姑敘槩以示終譽。

君名俯，字伯昂，中興宰相之聞孫也。歲在甲申日丙戌，黄寅序。

秀野堂記

鮑郎鹽場，鎮舊廨也。廨西一堂，扁曰秀野。堂之外有青樹翠蔓，淒神寒骨，如英雋之排列者；有龍蹲虎踞，嵒崿霮䨴〔八五〕，如珪璋之挺特者；有方臺中址，蟠回詰曲，如前村後墅之通行者；有馴毛集羽，斜窺澹泞，如甌吟越語之不羈者〔八六〕。堂之内有騷人墨客獻瑰吐琦，如壺鑑之清瑩者；有牙籤玉軸，裁綺純繡，如河漢之美麗者；有米老詭畫，嵐溪煙嶠，如夜實秋色之曠逸者；有蔡邕焦枯，高山流水，如叢篁聞佩之邃幽者。堂之上遙岑寸壁，石劍泉紳，可夢而知中衡清淑之氣〔八七〕。堂之下蒼苔依砌，花影畫簾，可醉而思枕簟入林之僻。雲卷空舒，月桂霜蟾，天宇修眉，牛斗璀璨，時則三光五嶽之氣恍乎盈目〔八八〕。疏風暮雨，榕籟琴續〔八九〕，隔牆讙呼〔九〇〕，樵牧倡應，時則千林萬壑之竅〔九一〕，洋乎盈耳〔九二〕。然則秀野得名，宜哉！是名之立，嘉定癸未苕溪朱君俯始分專員扁之，未幾頹壁敗霤，相繼摧毀。越十五禩，姑蘇周君應旂發鉶退食，慨曰：「吾寧捐俸起廢，可其倣例弗爲。」於是鋤莠削蕪，藝梅畚竹，重楹列牖，蓋瓦級甋，丹如也。堂成，迺芋奥寢〔九三〕，迺庋書宇，靡鳩靡斂，次第塗雘，視舊廨改觀矣。雖然，西峰秀野，不遇魏侯家法名世，則傳舍其官府〔九四〕，蕞爾亭民，榛蕪莽沒於靈芝乎？何有今吾周君傳山房之芳，拾世科之芥，故能不日之間，而萬木向榮，胸中邱壑當不在魏侯下，肯使秀野專美西峰。

己亥夏五既望〔九五〕，竹窗常棠記，承議郎〔九六〕、新充兩浙路轉運司主常棣書。

鮑郎場政績記

鮑郎催煎場，舊共澉浦，政事裕如也。自分創以來，局冷如冰，廪稍不足，以供事育。庚子歲大歉，亭民相鬻肉自救，九竈不煙，倖活無幾，宿奸陸梁〔九七〕，倒持蓮勺，撞搪傲睨，來者，當署涉筆，噤不敢問，催煎之職至是難爲矣。東陽厲君夢龍到官，庭空早走，案卷塵蕪，野廢盤舍，鹺火熸熄，上官朱勦〔九八〕，紛來自立不容頃。於是喟然曰：旱魃肆虐，饑饉荐臻，則鹽不可催。銜勒寬縱，期會玩愒，則鹽不可催。賂門乘機，洗手未及〔九九〕，則鹽不可催。倚海築場，刮壤聚土，暴曦釣鹹，漏竅瀝滷，三日功成，驟雨至，則前功又廢。催鹽之責重難如此〔一〇〇〕。迺清苦檢飭，奉公竭廉，戴月披星，鋤獮狡蠹，盡心力而爲之。復鹽竈一所，復鹽丁四十餘戶，復鹽額一萬六千八十七石有奇，一年而鹽場之課額羨，所謂才全而能鉅者也。田疇多蕪，俾耕且耨。戶百有餘家，飢者得君之食。創亭中路，掘土甃，砌草場一十二井，渴者得君之漿。官浦不通六十餘年，參度高低，疏浚約七百餘丈，曝灰者得君之水，僦居者得君之地。省臺剡薦，獎諭疊至，將以上幕奏辟，不曰有功於鹽場乎哉！淳祐五年七月，澉人歌舞相告，謂厲君歸矣，政成不記〔一〇二〕，何以詔諸後？竹窗常棠遂書以記。

詩詠門 刻本此下卷之八

題金粟寺菴

通判軍府　周　壽

清池帶蒼巘，結構俯林麓。扶疏竹外山，相向隔羅縠。老禪謝人境，歲晚收白足。誰聆跫然音，息隱尚爭逐。通場作十劫，不愧桑下宿。定中觀潮汐，絕事心已熟。

和前韻

知縣事　徐嘉言

招提敞山巖，新菴隱巖麓。石沼引清流，風漪皺文縠。晴暉滿虚室，一水令自足〔一〇二〕。菴前有含暉亭。心明身晏閑，境寂誰尋逐。寒林帶月行，夜榻和雲宿。若欲問西來，一齋飽自足〔一〇三〕。

三里塘掐梅

監鎮　葉檝

扶疏不耐繁華，意足自然清絕。壁間幻出横斜，只欠紗窗明月。

弦風亭

監鎮　趙潛夫

怪他蟹舍蠔房地，不是吟情住亦難。數尺短牆圍晝寂，半鈎疏箔障春寒。水生草滿蛙鳴合，日薄花陰鶴夢安。底處青衫病司馬，浩歌東望取琴彈。

稅亭即事

監鎮　曾　焄竹巖

林居懶出二十年，試吏強書中下考。青山自覺見人羞，白髮真成被官惱。葛山坐對日無聊，秦望閒看雲卻好。潮聲自爲訴不平，誰念詩人愁欲老。

題西湖水閣

判曹　常顒孫

倚湖松竹擁樓臺，景物招人得得來。誰識我身非俗物，洞門深鎖不容開。

游悟空寺二首

前　人〔一〇四〕

碧梧低地一聲鵲，白鳥浮空三四鷗。澉墅湖邊松石底，有人領略暮天秋。

晨出北湖頭，午炊南山下。飯已撐葉艇〔一〇五〕，來訪阿蘭若。老僧薦茶瓜，徘徊簷日斜。趺坐燒石鼎，水香浮荇花。

游若山寺

適軒常令孫

薝蔔花中鷰子飛，旌旗小隊到招提。客車陸續氈重席，僧饌雍容藿間藜。文奕已先元墅奪，詩壇漸壓魯山低。歸來醉步誰扶杖，月在牛欄西復西。

秦皇廟

竹窗常棠

古廟三間矮棘叢，帝魂枉自氣淩空。早知今日容身窄，前此阿房不作宮。

花婆井

前人

一灣秋水浸香痕〔一〇六〕，滌盡山前萬古塵。猶記當時老梳洗，淡妝明鏡照眉顰。

【校勘記】

〔一〕視：原作「事」，據影印元明善本、四庫本、叢書集成初編本改。
〔二〕可：影印元明善本、四庫本、叢書集成初編本作「能」。
〔三〕俾：原作「碑」，據影印元明善本、四庫本、叢書集成初編本改。
〔四〕二十二：影印元明善本、叢書集成初編本作「二十一」。
〔五〕林拯：四庫本作「林極」。
〔六〕罷：原作「滿」，據影印元明善本、四庫本改。
〔七〕六年：原作「二年」，據影印元明善本、四庫本、叢書集成初編本改。
〔八〕十二年：原作「十一年」，據影印元明善本、四庫本、叢書集成初編本改。
〔九〕十二年：原作「十一年」，據影印元明善本、四庫本、叢書集成初編本改。
〔一〇〕紹熙：原作「紹興」，徑改。又「滿」字，影印元明善本、四庫本作「替」。
〔一一〕觀瞻：原作「瞻觀」，據叢書集成初編本乙。
〔一二〕廚：原作「祠」，據影印元明善本、四庫本、叢書集成初編本改。

〔一三〕地：原本無，據影印元明善本、四庫本、叢書集成初編本補。
〔一四〕屋：影印元明善本、四庫本作「房」。
〔一五〕日：原作「民」，據影印元明善本、四庫本、叢書集成初編本改。
〔一六〕政：四庫本作「鎮」。
〔一七〕并：原作「共」，據四庫本改。
〔一八〕闢：原作「閤」，據影印元明善本、四庫本、叢書集成初編本改。
〔一九〕瓜：影印元明善本、叢書集成初編本作「爪」。
〔二〇〕漕：四庫本作「及」。
〔二一〕茂：影印元明善本、叢書集成初編本作「蔑」。
〔二二〕時：原本無，據影印元明善本、四庫本、叢書集成初編本補。
〔二三〕指：原作「揖」，據影印元明善本、叢書集成初編本改。
〔二四〕原本「使」字在上句「君」字上，據影印元明善本、四庫本、叢書集成初編本乙。
〔二五〕史濳：影印元明善本、四庫本、叢書集成初編本作「史瀆」。
〔二六〕夏：叢書集成初編本作「憂」。

〔二七〕六年四月：原作「六月四日」，據影印元明善本、四庫本、叢書集成初編本改。
〔二八〕二：原本空闕，據四庫本補。
〔二九〕徐衍祖：影印元明善本、叢書集成初編本作「徐行祖」。
〔三〇〕闢：影印元明善本作「開」。
〔三一〕坦：影印元明善本、四庫本、叢書集成初編本作「垣」。
〔三二〕通變：叢書集成初編本作「變通」。
〔三三〕不：原本無，據影印元明善本、四庫本補。
〔三四〕司：原作「思」，據影印元明善本、叢書集成初編本改。此蓋涉下而誤。
〔三五〕逵逵：影印元明善本、叢書集成初編本作「逵逵」，誤。《爾雅注疏》卷四：「四道交出，九達謂之逵。」
〔三六〕楮：影印元明善本、叢書集成初編本作「褚」。
〔三七〕用汲之大功：影印元明善本、叢書集成初編本無「大」字，四庫本無「汲」字。
〔三八〕潛夫：原本無，據影印元明善本、四庫本、叢書集成初編本補。
〔三九〕征：影印元明善本、叢書集成初編本作「欲」。

〔四〇〕梵宫：原作「焚宫」，據影印元明善本、四庫本、叢書集成初編本改。
〔四一〕原本「且」下有「不」字，據影印元明善本、四庫本、叢書集成初編本删，四庫本「厭」作「然」。
〔四二〕公：原本無，據影印元明善本、四庫本、叢書集成初編本及《吳都文粹》卷一補。
〔四三〕旗：影印元明善本、四庫本作「旂」。
〔四四〕起：四庫本作「啓」。
〔四五〕鄹：四庫本作「鄒」，當是。
〔四六〕下：影印元明善本、四庫本、叢書集成初編本作「右」。
〔四七〕賑：原作「振」，據影印元明善本、四庫本改。
〔四八〕鹽場：影印元明善本、叢書集成初編本作「監場」。
〔四九〕梵：原作「焚」，據影印元明善本、四庫本、叢書集成初編本改。
〔五〇〕壁：原作「璧」，據四庫本改。
〔五一〕名物：四庫本作「民物」。
〔五二〕瞻觀：叢書集成初編本作「觀瞻」。

〔五三〕加：影印元明善本、四庫本、叢書集成初編本作「如」。
〔五四〕也：原本無，據影印元明善本、四庫本、叢書集成初編本補。
〔五五〕人：四庫本作「久」。
〔五六〕百：原本無，據影印元明善本、四庫本、叢書集成初編本補。
〔五七〕年課及：原本空闕，據四庫本補。
〔五八〕催：原作「惟」，據影印元明善本、叢書集成初編本改。
〔五九〕更：原作「有」，據影印元明善本、四庫本、叢書集成初編本改。
〔六〇〕有歸：四庫本作「不輕」。
〔六一〕百度骪折：四庫本作「不可不審」。
〔六二〕中興動：四庫本作「爲昔國」。
〔六三〕復：影印元明善本、四庫本、叢書集成初編本作「服」。
〔六四〕吏：四庫本作「事」。
〔六五〕吏惰而黠：四庫本作「必治奸黠」。
〔六六〕私不可損：四庫本作「則法必懲」。

〔六七〕狥：原作「損」，據四庫本改。

〔六八〕由是劑：四庫本作「而必度」。

〔六九〕按此句四庫本作「易心滌慮，去閑溽窒」。

〔七〇〕穿運：四庫本作「流水」。

〔七一〕行：四庫本作「矣」。

〔七二〕「視」、「埸」二字，原作「眂」、「蕩」，並據四庫本改。

〔七三〕興：影印元明善本、四庫本、叢書集成初編本作「新」。

〔七四〕佘：四庫本作「宗」，即該篇作者李昌宗。

〔七五〕修職郎：四庫本作「從政郎」。

〔七六〕修職郎：四庫本作「從政郎」。

〔七七〕八月滿：四庫本作「丁憂」。

〔七八〕二月：原作「十一月」，據影印元明善本、四庫本、叢書集成初編本改。

〔七九〕所：影印元明善本無此字。

〔八〇〕施棟：四庫本作「施中」。

〔八一〕軍馬錢糧：原本無，徑補。

〔八二〕受：原作「授」，據影印元明善本、叢書集成初編本及《周禮注疏》卷六改。

〔八三〕六千五百：影印元明善本、四庫本、叢書集成初編本作「五千六百」。

〔八四〕富：原本無，據影印元明善本、四庫本、叢書集成初編本補。

〔八五〕⿱雨封：原作「對」，據影印元明善本、四庫本、叢書集成初編本改。

〔八六〕吟：影印元明善本、四庫本、叢書集成初編本作「哈」。

〔八七〕清淑：原作「淑清」，據影印元明善本、四庫本、叢書集成初編本乙。

〔八八〕恍：四庫本作「盎」。

〔八九〕榕：影印元明善本、叢書集成初編本作「格」。又「籟」字，四庫本作「齋」。

〔九〇〕讙：影印元明善本、叢書集成初編本作「籬」。

〔九一〕千林萬：四庫本作「於彼幽」。

〔九二〕盈：影印元明善本、叢書集成初編本作「充」。

〔九三〕芋：影印元明善本、四庫本作「磚」。

〔九四〕傳：影印元明善本、叢書集成初編本作「箄」。

〔九五〕「己亥」上影印元明善本、四庫本、叢書集成初編本有「嘉祐」二字。按嘉祐乃北宋仁宗年號，而常棠乃南宋人，故誤。又「既」字，影印元明善本、叢書集成初編本作「月」。

〔九六〕承：原作「永」，據影印元明善本、四庫本、叢書集成初編本改。

〔九七〕陸梁：四庫本作「陸棍」。

〔九八〕上官：四庫本作「上司」。

〔九九〕及：原本空闕，據四庫本補。

〔一〇〇〕責：影印元明善本、四庫本作「職」。

〔一〇一〕成：原作「誠」，據影印元明善本、叢書集成初編本改。

〔一〇二〕令：原作「含」，據影印元明善本、叢書集成初編本改。《宋詩紀事》卷二八作「淡」。

〔一〇三〕自足：四庫本及《宋詩紀事》卷二八作「秋熟」。

〔一〇四〕前人：四庫本作「梅隱沈叔虞」。

〔一〇五〕艇：原作「挺」，據四庫本改。

〔一〇六〕秋水：四庫本作「秋月」。

參考書目

《周禮注疏》（漢）鄭元注　（唐）賈公彦疏　影印文淵閣四庫全書本

《爾雅注疏》（晉）郭璞注　（宋）邢昺等疏　影印文淵閣四庫全書本

《十國春秋》（清）吳任臣撰　中華書局一九八三年點校本

雍正《浙江通志》（清）曾筠監修　影印文淵閣四庫全書本

《吳都文粹》（宋）鄭虎臣編　影印文淵閣四庫全書本

《宋詩紀事》（清）厲鶚撰　上海古籍出版社一九八三年校點本

宋元珍稀地方志叢刊

淳熙嚴州圖經

（宋）陳公亮 修　劉文富 纂

李勇先 校點

四川大學歷史地理研究所學術叢書

六

前言

《淳熙嚴州圖經》存三卷，宋嚴州郡守陳公亮修，劉文富纂。

嚴州，春秋、戰國屬越，後屬楚。秦屬會稽郡，西漢屬會稽、丹陽二郡。東漢屬丹陽、吳二郡。梁置新安郡。隋平陳，郡廢。仁壽二年，置睦州。大業初，州廢，置遂安郡。唐武德四年，改為睦州。天寶元年，曰新定郡。宋爲新定郡、遂安軍節度。政和八年，詔陞爲建德軍節度。宣和三年，改曰遂安軍，改州曰嚴州。咸淳元年，陞建德府。領縣六，即建德、淳安、桐廬、分水、遂安、壽昌。

嚴州有圖經始於北宋大中祥符年間。大中祥符三年十二月丁巳，詔獎翰林學士李宗諤等上新修諸道圖經，頒下州縣，俾遵承之，由是圖籍大備。而嚴之爲州，自東漢建安中至此適八百年，其遷徙廢置詳載圖經。該圖經舊板原藏郡府，中更遺漏不存。

而《淳熙嚴州圖經》書名及其編纂經過，據董棻、劉文富諸序可知，自北宋祥符修纂圖經，至紹興己未已歷一百二十有八年，其間州名有更易，軍制有陞降，戶口有登耗，賦税有增損，既皆不同。紹興七年，董棻知嚴州，嘗訪求歷代沿革、國朝典章、前賢遺範，率汗漫莫可取正。詢之故老，則曰：「是邦當宣和庚子盜據之後，圖籍散亡，視它州尤難稽考。」於是因通判軍州事孫傅有請，乃屬僚屬知建德縣事熊遹、州學教授朱良弼、主建德縣簿汪勃、主桐廬縣簿賈廷佐及郡人前漢陽軍教授喻彦先相與檢訂事實，各以類從，因舊經而補緝，廣新聞而附見，凡是邦之遺事略具矣，題曰《嚴州圖經》。至淳熙甲辰，太守陳公亮下車之初，憫其廢墜，未暇顧及。逾年，時和年豐，訟簡刑清，百廢具舉，課最之餘，因取舊經，命州學教授劉文富重加訂正，亦用此名。宋陳振孫《直齋書錄解題》云紹興年間董棻撰《新定志》八卷，淳熙甲辰武義陳公亮重修，而不名《嚴州圖經》。王象之《輿地紀勝》、馬端臨《文獻通考》、錢大昕《十駕齋養新錄》亦不云《嚴州圖經》，而俱作《新定志》，蓋新定者，嚴州舊郡名。《唐書》卷四一《地理志》：「睦州，新定郡，本遂安郡，天寶元年更郡名。」《宋史》卷八八《地理志》：「建德府，本嚴州、新定郡、遂安軍節度，本睦州軍事。宣和元年，陞建德軍節度。三年，改州名、軍額。咸淳元年陞府。」新定之爲郡名，至爲明白，無論唐、宋諸家地理書，所叙沿革皆與史志合。而宋人作州志，多用郡名標題。《景定嚴州續志》所載書籍亦但有《新定志》，初無《圖經》之目，名目雖異，而實皆一書。後景定中，方瑶等撰《續志》，即續此書而作。《續志》今尚存，而此書原爲八卷，今僅存卷一至卷三。前有紹興己未知軍州事董棻序，此舊序也。淳熙丙午迪功郎、州學教授劉文富序，此重修序也。冠以建隆元年太宗皇帝初領防禦使詔，宣和三年太上皇帝初授節度使制及敕書榜文二道。蓋修志時高宗猶在德壽宫，故稱太上。前有圖九葉，次子城圖、建德府内外城圖、府境總圖，建德、淳安、桐廬、遂安、壽昌、分水各縣境圖，以嚴州及六縣分卷，各列子目，先以歷代沿革，次分野，次風俗，次州境，次城社，次户口，次學校，次科舉，次廨舍，次館驛，次軍營，次坊市，次橋梁，次溝渠，次物産，次土貢，次課利，次祠廟，次古蹟，次賢牧正倅題名、添倅題名，次學校，次登科記，次人物，次碑碣終焉，惜卷三古蹟以後皆已脱佚，而其體例與《寶慶四明志》同。今惟嚴州、建德、淳安三卷存，其中淳安爲新安郡治，隋置睦州，故淳安一卷獨詳。

至於是書版本，宋紹興年間，董棻修《嚴州圖經》，即有刻本。紹興刻本雖已不傳於世，然清代尚存影寫宋紹興刻本，初爲嚴豹人所藏，錢大昕嘗鑒識，世無二本。黄丕烈再三欲購而未遂。朱述之鈔之，與《乾道臨安志》可稱合璧。黄丕烈《士禮居藏書題跋記》云：《嚴州圖經》爲嚴姓物，於數年前得之於崑山書集街，面裝四册，止存三卷，一百九十葉，云是太倉金元功家物。余檢葉文莊《菉竹堂書目》載有《嚴州圖經》，無卷數、册數，當是葉傳諸金，而金又散出者也。後嚴氏持示錢竹汀先生，先生以爲祕籍，世無二本，當寶愛之。宋淳熙年間，劉文富重修，即有重刻本。清代尚有傳本，錢大昕嘗見之，僅存前三卷。其紹興舊志，即董棻所撰之《嚴州圖經》，淳熙間重修，一名《新定志》，尚存宋刻殘本三卷，《開有益齋讀書志》、《士禮居藏書志》、《皕宋樓藏書志》皆嘗著録。《鐵琴銅劍樓藏書目録》著録是書有宋鈔本，從淳熙刻本中鈔出，每葉二十行，行十九字。《儀顧堂集》云：「原本誤以圖後一葉及卷一稅賦門至學校門羼入卷三後，今一一爲之釐正。是書殘宋本藏吴門汪士鍾處，即鈔本所從出，亂後不知所歸矣。」清修《四庫全書》時，偶未收録。清光緒二十二年，袁昶刻入漸西村舍叢書中。民國二十二年，誦芬堂董氏亦嘗刻之。今以清光緒二十二年漸西村舍彙刊本爲底本，校以清丁氏八千卷樓影宋鈔本、民國二十六年叢書集成初編本，並參校其他相關文獻，加以校點整理。

李勇先

二〇〇九年三月書於川大竹林村

目錄

淳熙嚴州圖經卷第三……一五一

序

重修圖經序

先王盛時，封建未壞，井地既正，疆理修明，千八百國之廣，各有土地之圖，以周知其地域，大司徒所掌是已。且司徒掌邦教之任，而乃下兼職方之事，其亦有說歟。蓋民之情性有剛柔、輕重、遲速不同，不辨其宜而施教焉，則有扞格而不相入者。是以修其教，不易其俗；齊其政，不易其宜。逮秦人罷侯置守，亦各有圖。漢人入關，所收財知阨塞而已。司徒辨五地十二壤，而施十有二教之制，無有也。漢氏去古未遠，不能復先王之制，而郡國雜治。況後世去先王益遠，而曰復古，不其疎乎？

國朝沿唐郡縣之舊，而其經理視唐尤爲盡善。大中祥符三年十二月丁巳，詔獎翰林學士李宗諤等上新修諸道圖經，由是圖籍大備。而嚴之爲州，自東漢建安中至是適八百年矣，其遷徙廢置詳載於經。郡有板本，中更遺漏不存。淳熙甲辰，太守陳公公亮下車之初，憫其廢墜，而未暇也。逾年，時和年豐，訟簡刑清，百廢具舉，課最之餘，因取舊經，命文富訂正之，將再鋟諸木。竊惟此邦之俗，舊號輯睦，因以名州，可以無事治，不可以多事理，所謂安於簡易之政，擾之則生事是已。自公之開府，將再期矣，一以寬政理，惟頑民黠吏始繩之以法，故邦人甚安之。因其俗而施其教，公已得之，此其大可書者。若夫民數之登降，財賦之盈縮，事籍之去留，公館之興廢，是則因之，否則革之，特其粗耳。故書其大者，以告後之爲政云。

歲在丙午正月丁未，迪功郎、州學教授劉文富謹序。

嚴州重修圖經舊序

《周官》職方氏掌天下之圖，周知其數要。漢得秦圖書，具知天下阸塞、戶口多少彊弱處。光武中興，按司空輿地圖以封諸子。歷代放周，遂以職方名官。至唐立制，凡地圖命郡府三年一造，與板籍偕上省。國朝定令，閏年諸州上地圖。大中祥符四年，詔儒臣修纂圖經，頒下州縣，俾遵承之。距今百二十有八年矣，其間州名有更易，軍制有陞降，戶口有登耗，賦稅有增損，既皆不同。而又艱難以來，州縣惟科斂是急，趣具目前閏年之制，寖以不舉，蓋職方之職廢也。紹興七年，棻來承乏，嘗訪求歷代沿革、國朝典章、前賢遺範，率汗漫莫可取正。詢之故老，則曰：「是邦當宣和庚子盜據之後，圖籍散亡，視它州尤難稽考。」乃喟然曰：惟嚴爲州，山水清絕，有高賢之遐躅，久以輯睦得名。今因嚴陵紀號，自唐爲軍事州。藝祖開基，首命太宗爲睦州防禦使。先帝政和中，悉褒錄祖宗潛藩之地，詔陞其軍爲節度。既而出節少府，以授今上，嘗以親王遙臨鎮焉。其後繼世，以有天下，實似太宗。蓋是鄉兩爲真主興王之地，其視少康之綸，漢文之代，有不足道，則地望顧不重哉！而汎歷代以來〔一〕，文人才士間出於其地，偉賢鉅公來爲牧守者相望也，庸可以勿紀乎？於是因通判軍州事孫傅有請，乃屬僚屬知建德縣事熊遹、州學教授朱良弼、主建德縣簿汪勃、主桐廬縣簿賈廷佐及郡人前漢陽軍教授喻彥先相與檢訂事實，各以類從，因舊經而補緝，廣新聞而附見，凡是邦之遺事略具矣，豈特備異日職方舉閏年之制，抑使爲政者究知風俗利病，師範先賢，懿績而承學，晚生覽之，可以輯睦而還舊俗；宦達名流玩之，可以全高風而勵名節，渠小補也哉？至於紀録尚或未盡，則以竢後之君子。

紹興己未春正月壬午，知軍州事董棻序〔一〕。

【校勘記】

〔一〕《嚴州圖經重刊校字記》：「第七葉原八之十二陽五行『而汎歷代以來』句疑有闕文。」

〔二〕按原本卷末有「原七葉第三葉作三之四，無第四葉，本葉作八之十二」句。

淳熙嚴州圖經卷首

太宗皇帝初領防禦使詔

建隆元年正月甲子詔曰：朕應天順人，宅萬邦而建號；自家刑國，睦九族以推恩。皇第三弟、新補殿前都虞候太宗舊名擢秀本枝，協謀興運。自天鍾德，秉文武之才；在邦必聞，有孝弟之行。屬茲創業，宜被寵光，俾領郡條，兼提使印。官階等爵，式示等威。徽鶺鴒之詩，方思於外禦；董貔貅之衆，用肅於内朝。雖曰匪親不居，亦無生而貴者。是膺歷試，仍錫嘉名，勉樹令猷，永保多福。可特授光禄大夫、檢校太保、持節睦州諸軍事，行睦州刺史，充本州防禦使、兼御史大夫，封天水縣開國子，食邑五百戶。

太上皇帝初授節度使制

宣和三年十二月壬子制曰：周封同姓以親賢，式厚深根之固；漢尊二等而立爵，載圖磐石之安。朕隆紹慶基，端膺駿命，永錫胙嗣，肇開第室之榮；對揚王休，申畀國章之寵。丕昭顯冊，亶告羣工，皇子、檢校太保、鎮海軍節度使、開府儀同三司、廣平郡王、食邑九千四百戶、食實封三千戶御名日幹分暈，珠潰疏潤〔一〕，斯干協吉，茂嶷嶷之奇姿；典命陳儀，稱煌煌之華芾。聰達藴自然之質〔二〕，藝文成不習之能。詩禮雅言，允迪聖門之訓；堯舜正道，率循嚴傅之規。既進冠以重嘉，宜遵年而出閤。班趨萬玉，行瞻極以來朝；堂敞旅楹，既環宮而列邸。載侈褒崇之數，益彰振厚之風。胙南土之山川，佩真王之印綬。面槐辨位，聯保職於三公；先乘啓行，總戎麾於兩鎮。併疇圭賦，增渙渥恩。於戲！建國以親諸侯，義重本支之盛；述職以朝天子，贊資蕃翰之良。其祇服於朕辭，以永綏於爾祉，可特授太保、遂安慶源等軍節度使，進封康王，加食邑一千戶、食實封三百戶，勳封如故。

敕書

敕遂安軍官吏、軍人、道士、僧尼、百姓等：朕以御名粹質幼龢，異材夙就。蚤遵年而親傅，既筮日以字成。出閤造朝，環宮開邸。寵進上公之秩，雄兼兩鎮之權。制勝壤於浙江，殿名邦於全趙。式壯朔南之屏，永綏中外之安。遠諒輿情，欣聆庭渙。今特授御名太保、遂安慶源軍節度使，進封康王，加食邑一千戶、食實封三百戶。故茲示諭，想宜知悉。將士等各平安好，參佐、官吏、軍人、道士、僧尼、耆壽、百姓等並存問之。遣書指不多及。二十二日。

節度使榜

遂安軍節度使

應遂安軍管內官吏、軍人、道士、僧尼、百姓，築室肇開，庭綸誕布，王封真拜，胙四履以苴茅；上衮腆儀，兼十連而建纛。方攡圭而趨箸，未握節以殿邦。屬時上聖之君，興乃丕平之治。道孚九有，邃追黄帝之風；政本羣情，盡舉元豐之制。沛施厚澤，浹被遠民。唯彼外僚，當承至意。協懋蕃宣之職，恪敷詔令之仁。芹藻儒髦，虎貔武旅，空門羽檝，稺耋耆齡。樂盛化以威寧，欽有司而無犯。諸有尊屬，並存問之。

右榜遂安軍，仍散下管内，各令知悉。

宣和四年　月　日榜。

太保、遂安慶源軍節度使康王。

建炎二年五月十三日聖旨：朕當時阽危，勉承大統。念父母兄弟之難，懷生靈塗炭之傷，思所以迎復鑾輿，弭寧禍亂，未知攸濟，夙夜震懼，無以解憂。而潛藩舊鎮，乃遵常式。貢章陳慶，有請未已，殊拂朕心。應舊領州鎮，並不許依故事稱賀。其合推恩，例仰有司條具以聞。六月十五日有旨，嚴州命官、進士、僧道、耆老等推恩賜帛有差。

【校勘記】

〔一〕《嚴州圖經重刊校字記》：「第一葉陰七行，『珠潢疏潤』，『疏』疑作『流』。」

〔二〕《嚴州圖經重刊校字記》：「陰八行『聰達藴自然之質』，原作『聰建』。案聰建不可通，『聰達有才』見《漢淮陽王憲傳》，『聰達方直』見《後漢·蔡邕傳》，『辯知聰達』見《説苑》，『清則聰達』見《道德指歸論》，其外尚多。今改。」

淳熙嚴州圖經圖

圖一：子城圖（一）

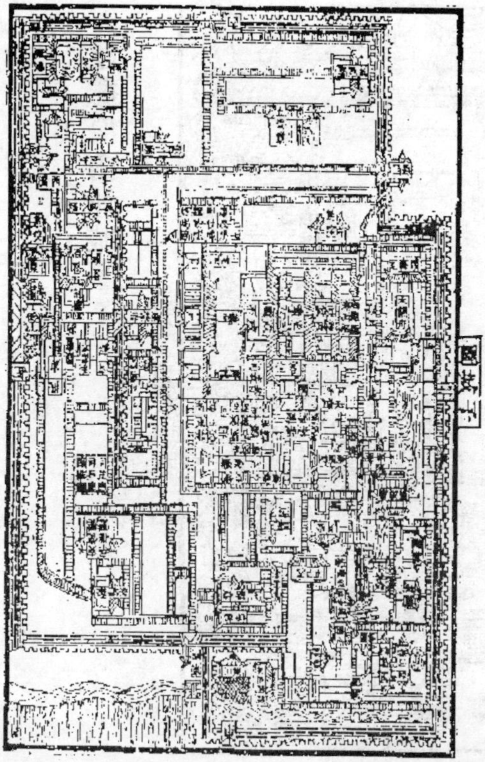

圖二：建德府內外城圖（三）

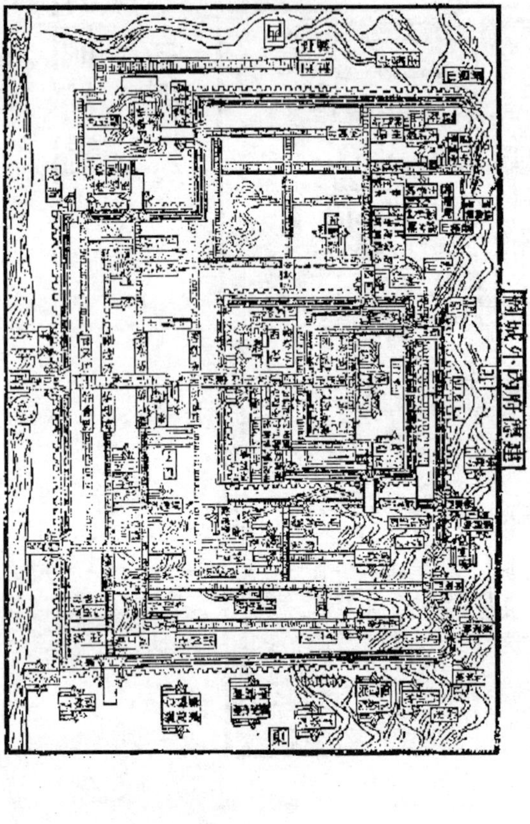

圖三：府境總圖

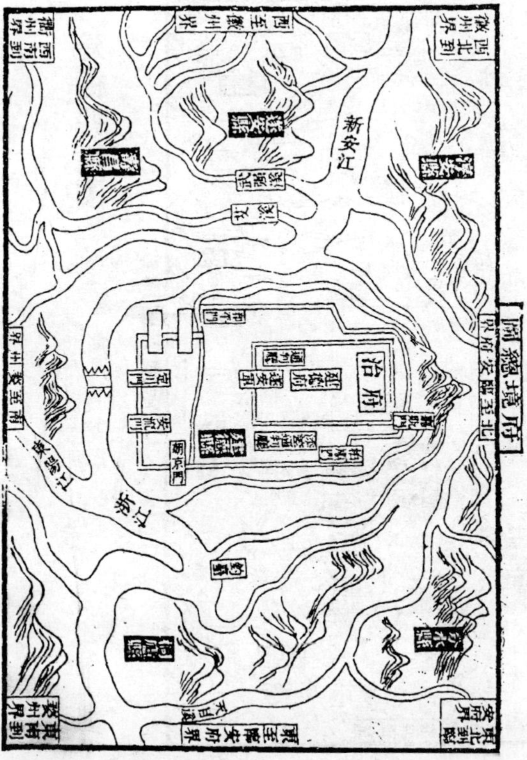

圖四：建德縣境圖〔五〕

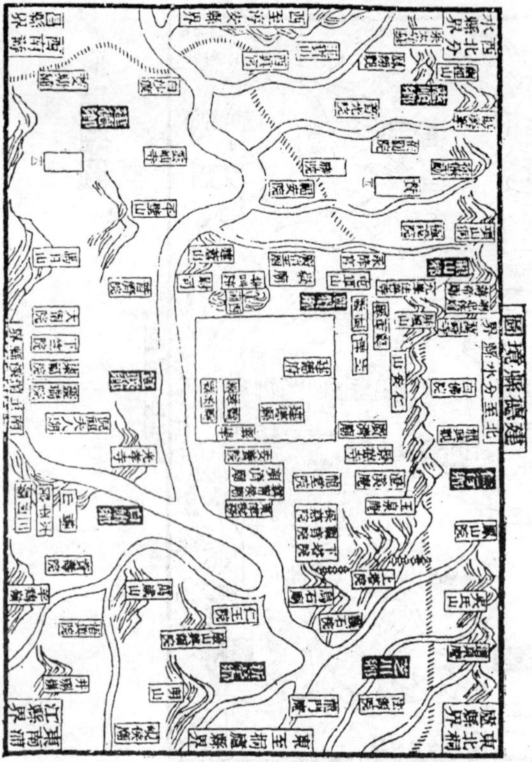

圖五： 淳安縣境圖〔七〕

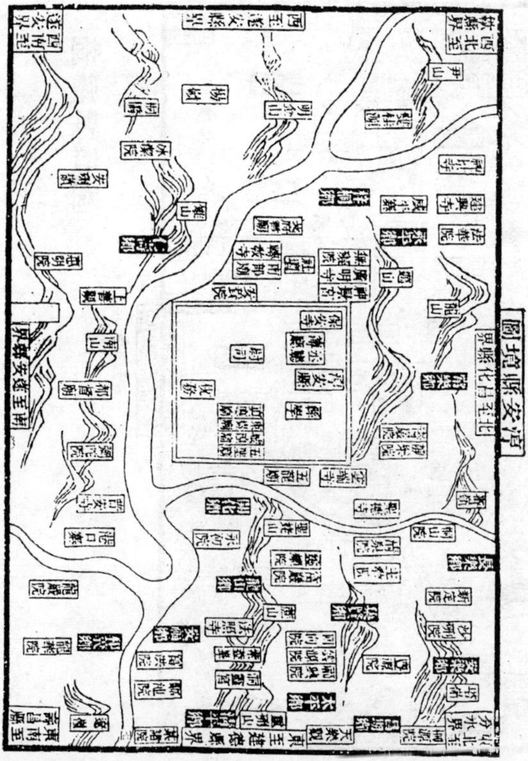

圖六：桐廬縣境圖

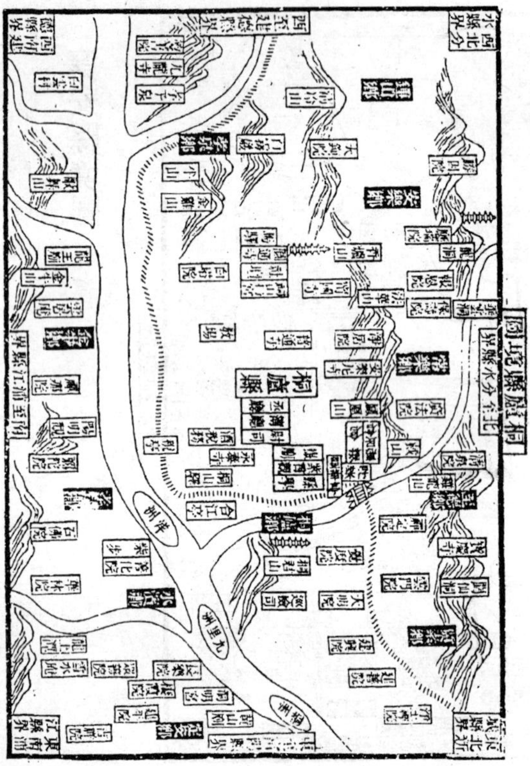

圖七：遂安縣境圖（八）

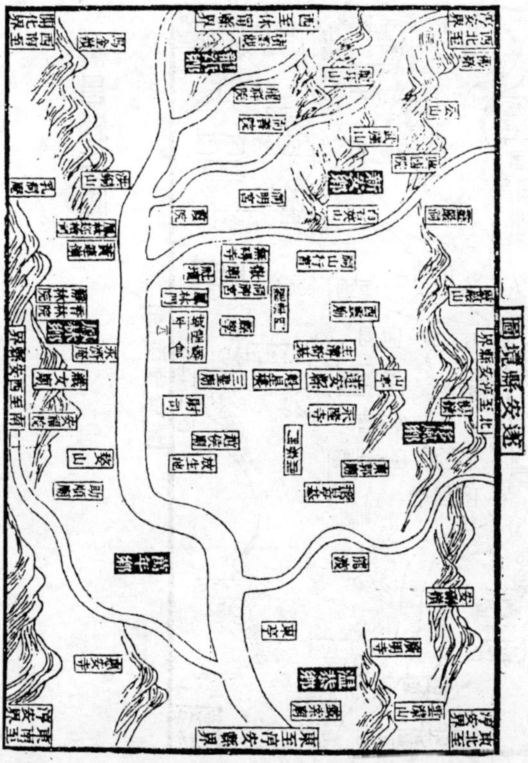

圖八：壽昌縣境圖

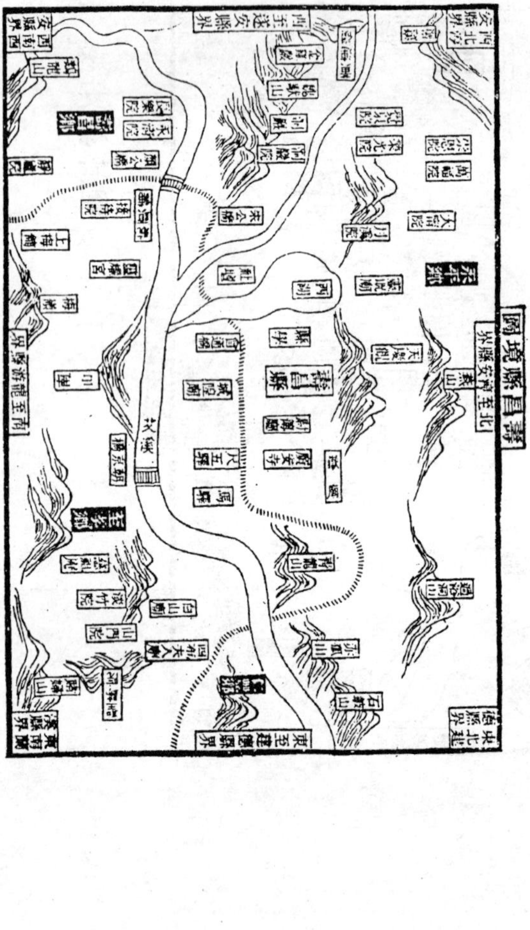

圖九：分水縣境圖（九）

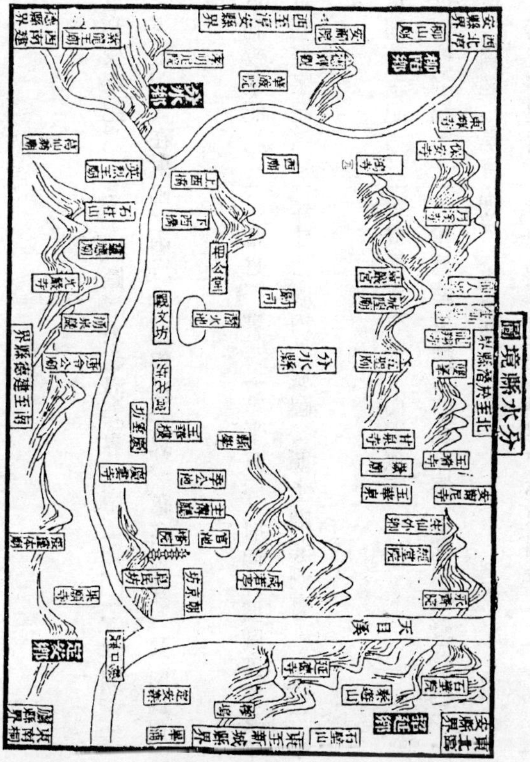

【校勘記】

〔一〕《嚴州圖經重刊校字記》：「《子城圖》東銀潢左界，南『翔□』，字闕。按《景定嚴州續志》卷一『東溪』下云：『在射圃之南。亭曰銀潢左界，舊名飛練，又南爲翔蛟。』可知所闕字爲『蛟』字。」

〔二〕《嚴州圖經重刊校字記》：「『常倉』疑是『常平倉』，府內外城圖即作常平。」

〔三〕《嚴州圖經重刊校字記》：「《建德府內外城圖》縣丞廳北側有一『廳』字，上不知原有字否。」

〔四〕《嚴州圖經重刊校字記》：「大成殿東有廳，而上無字。」

〔五〕《嚴州圖經重刊校字記》：「《建德縣境圖》西北徐偃王廟南『資□□』、『□勝院』，不知是原闕否。案後《圖經》是資福院、崇勝院。」

〔六〕《嚴州圖經重刊校字記》：「建德鄉東南□，無字，亦原闕否。」

〔七〕《嚴州圖經重刊校字記》：「《淳安縣境圖》『安福』《圖經》作『蒙福』，『集賢』《圖經》作『進賢』，『和義鄉』《圖經》無之，《圖經》之清溪鄉此亦無之。縣內東嶽廟右『□應廟』，不知原闕否。查《圖經》，是真應廟，補。縣東「某諸院」，《圖經》作「某褚」，未知孰是。東南「龍巖院」，疑即《圖經》龍巖尼寺。」

〔八〕《嚴州圖經重刊校字記》：「《遂安縣境圖》西城隍廟，右「平倉」，疑是常平倉。」

〔九〕《嚴州圖經重刊校字記》：「《分水縣境圖》東北「秦逝山」，謹案《一統志》作「秦遊山」，疑「遊」字是，今改。西北「□鴻寺」，原闕。」

淳熙嚴州圖經卷第一〔一〕

歷代沿革

上。嚴州。新定郡。遂安軍節度。治建德縣。《禹貢》揚州之南境。春秋時屬吳。魯哀公二十二年，勾踐滅吳，因屬越。周顯王三十六年，越無疆立，楚威王滅之，並有其地。秦破負芻，則以爲鄣、會稽兩郡之境。漢興，以隸吳郡及丹楊郡。東漢仍隸兩郡。至建安十三年，孫武遣威武中郎將賀齊擊定山越，始分丹楊郡之歙縣立始新、今淳安縣。新定、今遂安縣。犁陽、休陽吳孫休更名休陽曰海寧。宋大明八年，省犁陽，併入海寧。隋開皇十八年，改爲休寧。四縣，合黟與歙爲縣六，置新都郡，治始新。晉太康元年，平吳，改郡曰新安，而縣改新定曰遂安。宋省犁陽，止領縣五。梁武帝割吳郡之壽昌來屬，復爲縣六。自孫權始置郡，迄於東晉，皆隸揚州。宋孝建元年，分揚州之五郡爲東揚州，新安與其一。永光元年省，復併入揚州。梁以會稽爲東揚州，郡復隸焉。承聖中復舊。隋開皇九年，平陳，廢郡，爲新安縣，併入婺州，而置歙州，以黟、歙、海寧三縣隸焉。今爲徽州。仁壽三年，割杭州之桐廬並復立遂安縣，即新安故城置睦州，統縣三。新安、遂安、桐廬。大業初，改新安縣曰雉山，而改睦州爲遂安郡，以歙州爲新安郡。唐武德四年，平汪華，復爲睦州，隸歙州總管，而析桐廬爲嚴州，睦州止領縣二。雉山、遂安。七年，廢嚴州，復以桐廬來屬，名東睦州。八年，去「東」字。正本字犯仁宗嫌名。觀元年，分天下爲十道，睦州隸江南道。開元二十一年，分江南爲東西道，睦州隸東道採訪使，治於蘇州。永淳二年，復置建德縣，合爲縣四。文明元年，復改雉山縣曰新安。永昌元年，復置壽昌縣。載初元年，省壽昌。如意元年，增置武盛縣。今分水縣。神功元年，徙州治建德。神龍元年，復置壽昌，改武盛爲分水，合爲縣六。開元二十年，改新安縣爲還淳。天寶元年，改睦州爲新定郡。乾元元年，復爲睦州。寶應二年，又析分水增置昭德，合爲縣七。大曆六年，併昭德於分水。永正本字犯仁宗嫌名。元年，改還淳曰青溪。中和四年，州爲陳晟所據。光化三年，錢鏐割桐廬隸杭州。天祐元年，刺史陳詢以州附楊行密。三年，錢鏐將復取其地。更五代曁國初，皆爲錢氏所有。太平興國三年納土，始入版圖。詔復以桐廬下屬於平〔二〕，分天下爲十九路，睦州隸兩浙西路。自唐以來，爲睦州軍。國朝建隆元年，太宗以親王領防禦使。大中祥符及治平間，又嘗設團練官，而仍爲軍事州。政和八年，詔升爲建德軍節度。宣和三年，平方臘，改曰遂安軍，改州曰嚴州，而縣改青溪曰淳安。中興因之。

分野

《禹貢》「淮海惟揚州」。舜置十有二牧，此地爲揚州牧所治。《周官》：「東南曰揚州，其山鎮曰會稽。」《春秋元命包》云：「牽牛流爲揚州，分爲越國。」《漢書志》以爲斗分野。《唐志》據鄭康成說以爲星紀之分。《國史·地理志》兩浙路當天文南斗、須女之分。

風俗

《大中祥符圖經》載舊經云：山高水深，人性正本字犯仁宗嫌名。介。《通典》

云：人性輕揚，尚鬼好祀。《太平寰宇記》云：隋置睦州，取其俗阜人和、内外輯睦爲義。以今觀之，州境山谷居多，地狹且瘠，民貧而嗇，穀食不足，仰給它州，惟蠶桑是務，更烝茶割漆，以要商賈懋遷之利。大抵安於簡易之政，擾之則生事。《國史・地理志》總敘兩浙路，以爲人性敏柔而慧，尚浮屠氏之教，厚於滋味，急於進取，善於圖利。

州境道路附。

東西三百九十里。

南北三百三十里。

四至八到

東至臨安府三百一十里。

西至徽州三百七十里。

南至婺州一百五十里。
北至臨安府二百七十里。
東南到婺州一百八十里。
西南到衢州二百一十里。
東北到臨安府三百一十里。
西北到徽州三百一十里。

去兩京地里

東京二千五百三十六里。
西京三千二十九里。

陸路

東南至新屯嶺，入婺州界五十五里。

西南至鵝籠山，入衢州界一百九十里。
西至深渡津，入徽州界二百五十七里。
北至印渚溪，入臨安府界二百七十里。
東北至桐峴山，入臨安府一百五十里。

水路

東至東梓浦，入臨安府界一百三十三里。
南至三河湍，入婺州界五十里。
北至深渡津，入徽州界二百五十里。

城社

羅城。周回十二里二步。刁衎《大廳記》云：「陳晟築羅城。」按舊經周回十九里，高二十五尺，闊二丈五尺。今城宣和三年平方臘後，知州周格重築。城有八門：東曰望雲；南曰定川，曰安流；西曰安泰，曰和平；北曰嘉貺；東北曰百順〔三〕；西南曰善利。善利門，舊有複城〔四〕，出溪湖兩間〔五〕，相傳爲鳳凰觜。既重築，悉平之，塞爲城隅。紹興八年，知州董棻因父老有請，即城隅闢爲門，還榜舊名。

子城。周回三里，南即遂安軍門。東西門在授官廳之兩廂，北門在州宅西偏。

社壇。在城西北五里。舊在城西南三里。宣和三年平方臘後移置〔六〕。

戶口

自孫權分歙置郡，史書不載戶口之數。晉武帝時，戶五千五百六十。宋孝武時，戶一萬二百五十三。隋文帝時，戶七千三百四十三。唐高祖時，戶一萬二千六十四，口五萬九千六十八。明皇時，戶五萬四千九百六十一，口三十八萬二千五百一十三。穆宗時，戶五萬四千七百一十，口三十六萬三千三百八十九。

《國朝九域志》：主戶六萬六千九百一十五，客戶九千八百三十六。

《國史》：天禧中，戶四萬五千五百八。治平中，戶七萬五千四百七十三，口二十四萬一千七百七十二。紹興己未，戶七萬二千二百五十六，丁一十一萬一千三百九十四。

今戶口

戶八萬八千八百六十七。

丁一十七萬五千九百卅三。

學校

至聖文宣王廟。在城東南隅〔七〕。國朝雍熙二年，知州田錫遷於城西北隅，即廟建學，以教諸生。景祐中，知州范仲淹始建堂宇齋廡。慶曆中，知州向傒奉詔增廣。嘉祐中，知州趙抃營置田租，及以婺州歲入羨米養士。大觀中，知州李陞奉詔重新廟學。宣和中，頒降御書，殿榜曰大城。紹興七年，知州胡寅盡撤舊屋，自殿堂、廊廡、齋舍煥然一新。堂後有三公祠堂，設田公、范公及趙清獻公像。蓋士子以其名德之重及嘗有功於學校之故。紹興八年，知州董棻令隨春秋釋奠祀之。後增作五賢祠，以嚴先生爲主，復以唐宋廣平爲配。

學田。舊歲收四百斛，不足以養士。淳熙乙巳歲，知州陳公公亮以三百千添置，復撥沒官産以贍之，由是無匱乏之患。

科舉

舊制，三歲應詔解九人。後增明經額一人，爲十人。崇寧頒三舍法於學，歲貢六人，三歲並零分，通二十人。宣和復科舉，三歲解十六人。渡江後，附解流寓二名。紹興中，通爲十八名。今爲定制。

貢院。舊在兜率寺之西，屋宇甚隘，歲久滋弊。舊經亦不載。淳熙乙巳冬，知州陳公公亮乃就州學之西鼎新創建，其規撫一遵禮部貢院之制〔八〕。

廨舍

州衙。在子城内正北。舊制屋宇甚備。經方臘之亂，蕩然無遺。宣和三年，知州周格重建。

通判廨舍。在遂安軍門内街西。

路分廨舍。舊無定居，今在兜率寺東，以續置新定驛改充。

觀察支使。

節度推官。

觀察推官。

司戶參軍。

司法參軍。並在軍門内東偏。政和中，改幕職爲司六曹事，曹官爲掾。至建炎初復舊。其間有省員空廨，近歲添置通判居之。

司理院。在嚴州門内街東。司理參軍廨舍在内。

州院。在嚴州門内街西。知錄參軍廨舍在内。

州學教授廨舍。在本學外門内，今移在學之東側。

舊制有路鈐、路分，本州駐劄，及州鈐、都監、監押。近歲省併，只留路分一員，都監、監押共三員。除路分、都監廨舍外，或居寺院，或僦民居。

税務監官二員，一員廨舍在税務内，一員僦居。

館驛樓閣亭榭附〔九〕。

館〔一〇〕

公　館。在子城東東山下。屋頗宏壯。舊爲兵馬司，紹興八年知州董棻重加葺治，榜以今名，以待監司按臨及往來貴客謁寓。今添差通判居。淳熙丙午春，知州陳公公亮以新定〔一一〕。下闕。

如歸館。在子城東門内南偏。以待寓客。

定川館。在定川門外，臨歙江。以待往來艤舟者。

東　館。在東津。舊有東館樓，錢文肅公更其名曰分歙。遭方臘之亂，樓廢，後作亭，爲檢税之所。紹興八年，知州董棻命增窗戶，榜以今名，以待往來艤舟不至城下者。

西　館。在安泰門外。紹興八年，因得民居之籍於官者增葺爲之，以待屬縣官赴州稟事者謁寓焉。館後有閣，跨湖，面西山，榜曰夕暉。今廢。

驛

新定驛。舊在州南門外，今廢。近歲即兜率寺東廡建屋，謂之行衙。紹興八年，既作公館，因榜以驛名。今改路分廨舍。

樓閣亭榭附

遂安軍門樓。舊睦州門。宣和三年，因陞爲節度，知州周格建。紹興甲子歲，因水頹圮。乙丑，知州羅汝楫重建。

鼓角樓。宣和三年重建，榜曰嚴州。

千峰榭。州宅北偏東，跨子城上。自唐有之。見方干詩。久廢。景祐中，范文正公即舊基重建。經方臘之亂，不存。後人重建，易名曰泠風臺。紹興二年，知州潘良貴復舊名。紹興八年，知州董棻即千峰榭之南建高風堂。

瀟灑樓。在州宅正寢之北。宣和三年，知州周格建。

紫翠樓。在州宅北子城下。今廢，遺基尚存。知州呂希純嘗有詩，具《嚴州集》。

甘棠樓。舊在善利門北城角，俯臨西湖。因方臘之亂，不存。紹興八年，知州董棻既闢善利門，即門上跨城隅建樓，榜以舊名。按錢文肅公皇祐中作詩，已云杜牧之睦州詩多，獨無此樓詩，則甘棠之名自唐有之。而郡人相傳，乃謂懷范文正公，豈非范公之遺愛民到於今不能忘乎！

竹　閣〔一二〕。在能仁寺南偏。范文正公守郡日喜登，嘗賦詩，後人更名思范。紹興九年重葺，復舊名。今廢。

宣詔亭。在嚴州門前街東。

班春亭。在嚴州門前街西。

秀　亭。在子城東東山上。前臨闤闠，一覽盡得溪山之勝，前賢賦詠多矣。亭廢，後人作小屋其上，名曰高勝。紹興八年，知州董棻命撤去，即故基建亭，榜以舊名。今廢。

湖光亭。在和平門外，南跨西湖。紹興七年，知州胡寅建。

賞春亭。在州衙後圃。趙清獻公所建。今廢。

四照亭。在善利門外。今廢。

分歙亭。在定川館傍。舊爲商税務。紹興八年，知州董棻移務於城中，葺爲亭，以待往來艤舟者。以其下臨歙江，取孫權分歙之義爲之名。今廢。

倉場庫務 鑄錢監附。

都　倉。在子城東門内街北。

軍資庫。在儀門外街東。

甲仗庫。在州衙大廳西廡樓屋上。

回易庫。在儀門外街西。

公使庫。在州衙大廳東廡内。

架閣庫。在州衙大廳東廡樓屋上。

抵當庫。在州東。口比較務〔一三〕。

醋　庫。在軍門内街東。

合同場。在州西善利門内。

都酒務。在嚴州門外街西。

比較務。在州東下市。今省併。

贍軍務。在和平門外西陪郭塢口。紹興六年置，今省併。

都商税務。在比較務東。舊在城南市内。經方臘之亂，廢，後以定川門外一亭爲之。紹興八年，即城市復建。

東津税務。在東津。舊以東館亭爲之。紹興八年，即東館之西分監税官廨舍建爲務。

神泉監。在望雲門外。熙寧七年置。舊取婺州永康縣銅山場銅以鑄錢，今取信州鉛山縣銅錫爲之。

監官廨舍在監東。

軍營兵籍附。

禁軍

威果營。在望雲門南街内〔一四〕。元額五百人，紹興己未中二百三十九人，今見管四百七十七人。

雄節營。在望雲門内街北。元額五百人，紹興己未中三百八十八人，今見管四百九十一人。

廂軍

崇節營。在軍門內街東。元額四百人，紹興己未中三百三十人，今見管三百一十一人。

壯城營。在安流門內。元額二百人，今一百八人〔一五〕。

牢城營。在州南。元額二百人，今見管四十九人。

寧節營。附在牢城營。乾道九年，朝廷優恤揀汰人創置，無定額。今見管三十三人。

屯駐兩指揮。並寓廂軍營。

壽春府。元管六十四人，紹興己未中七人。今廢。

鎮江府。元管一百二十人，紹興己未中八人。今廢。

坊市

惠政坊。舊名崇仁，在左領軍門前東街。今改。

善教坊。舊名崇化，在右領軍門前西街。今改。

親仁坊。在左廂東巷。
安泰坊。舊名郊河，在右廂，直安泰門。今改。
阜俗坊。舊名易俗，在左廂下市。今改。
輯睦坊。舊名黄浦，在右廂市。今改。
遺愛坊。舊名棠蔭，在左廂定川、安流門兩間。今改。
甘棠坊。在右廂，直甘棠樓。
望雲坊。舊名景雲，在左廂，直望雲門。今改。
建安坊。在左廂建安山下。
字民坊。舊名申政，在左廂建德縣前。今移。
雙桂坊。舊名任義，在左廂建德縣西。元豐八年，州人倪直侯、直孺兄弟同榜登科，里人爲名之。
福善坊。在左廂子城東，直嘉貺門。今創名。
陵仙坊。在右廂子城北。相傳爲康希仙飛昇處。今創名。
仁里坊。在右廂後，歷故諫議大夫江公望所居，江自立名。
和平坊。在右廂和平門內。

誠孝坊。舊名集賢，在右廂子城西。紹興九年，民徐明封脅取肝療其母，病愈，改今名。

育英坊。舊名秀士，在右廂州學前。今改。

興賢坊。在新貢院之街南，淳熙丙午歲創建。

橋梁

永通橋。在定川門外，浮歙江上。舊曰政平，故諫議大夫江公望名之。紹興七年，知州胡寅重新，易以今名。又於江心當橋上作小亭，名曰臥虹。後因水泛溢，湮沒。

伏龍橋。在州南市中。

石橋四。一在軍門前，一在子城東門外，一在建德縣南，一在和平門外。

章家橋。在建德縣東。

上路橋。在建德縣東。

佘浦橋。在望雲門外。

風硎橋。在建德縣北。

師子橋。在西溪。

溝渠

一在州東。自百順門外池流入南溝，又東南入佘浦口，達於歙江。

一在州東。自嘉貺門外烏龍山東西源流入南溝，又東南入佘浦口，達於歙江。

一在州西北。自嘉貺門外張考嶋流轉州北，入西南溝，又東南入佘浦口，達於歙江。

一在州西南。自北郭流入安泰斗門溝，又東南入佘浦口，達於歙江。

物産

《禹貢》：揚州篠簜既敷，《孔安國傳》云：「篠竹箭簜，大竹。」《通典》云：「敷，謂布地而生。」厥草惟夭，《通典》云：「夭，盛也。」厥木惟喬，《孔安國傳》云：「喬，高也。」島夷卉服，《通典》云：「卉服，絺葛之屬。」厥篚織貝。《孔安國傳》云：「織，細紵。貝，水物。」《周官·職方氏》：揚州其利金錫、竹箭，其民二男五女，其畜宜鳥獸，其穀宜稻。鄭康成注云：「錫，鑞也。箭，篠也。鳥獸，孔雀、鸞、鵁鶄之屬〔一六〕。」

今産

穀

秔　稉　粟　麥　稌　麻　豆

衣

絹　紬　綿　紗　布　苧

貨《唐志》建德、遂安縣皆有銅。今無。

絲　漆　茶　蜜　蠟　紙

藥

《唐志》遂安縣石英山有白石英。

款冬　半夏　菊花　地榆　白朮　菖蒲　麥門冬　萆薢　芍藥　瓜蔞　天門冬

枸杞　何首烏　苦參　地黃

果

梅　李　桃　栗　椑　柿　梨　杏　棗　橘　柚　榧　楊梅　枇杷　石榴

木

櫧　楓　橺　櫟　楧　桑　楊　柳　松　檀　柏　槻　梓　桐　櫸

竹

苦 淡 筋 筀

畜

牛 馬 羊 豬 犬 雞 鵝 鴨

禽

鸕鷀 雉 杜鵑 百舌 鳩 鵰 烏 鵲 鵓鴿 鷁 谿鶒 鷳 鸛 百勞

鶯 鷗

獸

熊　猴　麂　貍　虎　豹　豺　狼　兔　鹿　鼯　猨　狁　獺　豪豬　野豬　白面貍

魚

鯽　魴　鯿　鯉　鱸　鮎　鱖　鰣　鰬　鮊　鱔　黿　鼈

土貢

唐《正本字犯仁宗嫌名元十道錄》云：「貢交梭。」

《元和國計圖》云：貢白石英、交梭、竹簟。

《唐志》載貢文綾簟、白石英、銀花細茶。舊經載貢交梭、絹、白苧布、紅花、竹簟、鳩阬茶、麥門、冬煎、白蜜。

《九域志》載貢白苧十匹，簟十領。

《國史志》載：貢母麞皮、交梭、絹、白苧布、白蜜、紅花、竹簟、麥門、冬煎。

今貢

白苧布十匹。

絹二十匹。折簟。

稅賦茶租免役和預買附。

夏稅

絹。舊額五萬七千九百一十七匹三丈六尺七寸。

今收四萬五千七百五十三匹。係除折帛外，計上件。後並同。

紬。舊額一萬三千五百八十四匹二丈七尺八寸。

今收一萬四千二百九十三匹。

綿。舊額四千九百八十六屯三兩三錢三字。

今收二萬六千一百七十六兩。

秋稅

苗　米。舊額二萬一千四百六十七石三斗一升三合五勺。

今收二萬二千八百五十八石一斗五合。

茶租錢。舊額一萬二千三百八十貫文。

今收三萬一千三百八十貫文。
免役錢。舊額三萬六千五百四十七貫四百九十九文。
今收五萬七千六百六十九貫三百八文。

和預買

絹。舊額六萬二百八十四匹二丈。
今收五萬七千六百七十二匹。
紬。舊額二萬二千七百六十二匹〔一七〕。
今收二萬二千五百匹。
絲。舊額二萬三千五百兩。
今收二萬五千兩。
生紬線。舊額五千兩，無增減。

課利

酒

都　務。租額三萬一千七百三貫文，紹興己未額三萬二千五百一貫文。

今收三萬一千七百三貫六百六十文。

比較務。租額三萬六百六十三貫文，紹興己未額三萬一千三百六十七貫文。

今收三萬六百六十三貫七百五文。

贍軍務。紹興七年置。元降指揮以課利三分充本州用，七分上供，每年趁淨利錢二萬貫文。紹興己未額二萬八十貫一百一十文。

今收一萬六千五百八十八貫八百文。

稅

商稅務。租額三萬四千六十六貫文，紹興已未額三萬五千三百一十六貫文。

今收三萬八千二百七十五貫四百三十四文。

茶

遞年批發二百三十五萬五千九百二十斤，計引錢三十九萬八千三百七十貫文。

紹興已未額二百五十一萬八千四百四十斤，計引錢四十二萬六千九百五貫文。

今批發二百五十八萬三百八十斤，計引錢五十六萬七千一百二十六貫文。

遞年住賣五千八百四十斤，計引錢一千三貫文。

紹興已未額六千一百斤，計引錢一千三十七貫文。

今住賣五千八百斤，計引錢一千二百七十六貫文。

鹽

遞年四百八十八萬九千七百斤，計引錢二十二萬一千二百二十三貫文。

紹興己未額五百五萬一千七百斤，計引錢二十四萬二千一百七十五貫文。

今賣五百八十五萬六百斤，計引錢四十萬九千五百四十二貫文。

香

遞年一百一十一兩，計引錢三百一貫五百文。

紹興己未額一百一十兩四錢，計引錢四百〔一八〕。

今賣二百二十七兩三錢，計引錢二百四十六貫六十八文。

礬

遞年一千九百斤，計引錢二百六十七貫文。

紹興己未額二千一百四十斤，計引錢二百八十八貫文。

今賣二千七百一十五斤，計引錢二百七十一貫五百文。

寺觀

天慶觀。在子城西。唐景龍中建，名龍興。國朝大中祥符元年，因天書降，詔天下建天慶觀，改今名。四年，聖祖降，又詔即天慶觀建殿，以奉聖祖，歲時長吏率官屬朝謁，著於令，迄今行之。

兜率寺。在天慶觀西。唐神龍元年建，名中興。景龍元年，改龍興。開元中，又改開元。國朝大中祥符元年，改今名。唐末，有僧道明居此寺，因號陳尊宿道場。寺有靈香閣，元祐宰相蘇公頌爲之記。又有陳尊宿庵，紹興五年寺爲火爇，蕩然無遺。八年，稍即舊基建屋。有僧守越築室山上，復名尊宿庵。

資福院。在子城西北山下。國朝慶曆中建，治平二年賜額，藏太宗御書。

廣智寺。在州東。忠懿王錢俶建，名報恩寺。國朝太平興國三年，避太宗潛邸名，改賜今名。

能仁院。在資福院北。國朝寶元中建，名承天寺。政和六年，因上地祇徽號，有「承天」字，改賜今名，藏太宗御書。

保豐院。在親仁坊。紹興元年，僧居敏請分水縣廢寺額建。舊亦謂之接待院。

法善寺。在州東。相傳云是清涼大法眼禪師道場，其宗派流入高麗最盛。

報恩院。在州東。國朝慶曆中建。

十王院。在子城西。國朝皇祐中建〔一九〕。

祥符尼寺。在州北建安山下。自建德縣龍山鄉移，初名建安寺，國朝大中祥符年賜今名。

志真尼寺。在州西。國朝大中祥符中建，今廢。

祠廟壇壝附。

城隍廟。在子城西北。

五通廟。在子城西。

五靈廟。在望雲門内。國朝皇祐中，知州口因神見夢，祈禱有應，請於朝，封五靈王。

山神壇。在仁安山之陽。乾道六年，知州張栻築，爲水旱祈禱之所。

兩港龍王祠。在望雲門外東山上。舊祠在溪陰，地勢卑隘。或溪水泛溢，有所禱祈，不可渡，則望拜而已。淳熙甲辰春，權州事通判劉泌遷於今所〔二〇〕。

古蹟

陵仙角〔二一〕。在子城西。耆舊傳云，唐永徽三年，睦州刺史康希仙登昇之處，因以名其地。角宜作閣。事既不經，又無所考據，姑存之。

賢牧 題名附。

江秉之。字元叔，濟陽考城人。爲山陰令，人戶三萬，政事繁擾，階庭常數百人。秉之御繁以簡，常得無事。以在縣有能，出補新安太守，以簡約見稱。所得秩祿悉散之親故〔二二〕。妻子常飢寒。人有勸其營田，秉之正色答曰：「食祿之家，豈可與農人競利？」在郡作書架一枚，去官，留以付庫。

羊欣。字敬元，泰山南城人。爲新安太守，在郡四年，簡惠著稱。除臨川王義慶輔國長史，不就，文帝重以爲新安太守。在郡十三年，樂其山水，嘗謂子弟曰：「人生仕宦至二千石斯可矣〔二三〕。」及是便懷止足。

蕭幾。字德元〔二四〕。本字犯聖祖名。齊宗室。蚤孤，有弟九人，並幼，幾恩愛篤睦，聞於朝廷，清貧自立。位中書侍郎、尚書左丞，爲新安太守。郡多山水，特其所好，適性遊履，遂爲之記，卒於官。

蕭穎胄。字雲長，齊宗室。自中書郎除左軍將軍、知殿內文武事，得入便殿。

出爲新安太守，吏人懷之。

伏　暅。字元曜，平昌安丘人。爲永陽内史，在郡清潔，政務安靜，郡人何正秀等一百五十四人詣州言狀，湘州刺史以聞。詔勘有十五事爲吏人所懷。梁武帝善之，徙新安太守。在郡清恪如永陽時，人賦税不登者，輒以太守田米助之。郡多麻苧，家人乃至無以爲繩。其厲志如此。屬縣始新、遂安、海寧並同時生爲立祠。

王　實。琅邪人。尚梁武帝女安吉公主，襲爵建城縣公。爲新安太守，實從兄來郡就求告，實與銅錢五十萬，不聽於郡及道散用，從兄密於郡市貨還都求利。及去郡數十里，實乃知，命追之，呼從兄上岸，盤頭令卒與杖搏頰，乞原劣得免。

任　昉。字彦升。樂安博昌人。梁天監中，自祕書監出爲新安太守。在郡，不事邊幅，率然曳杖徒行。邑郭人通辭訟者就路決焉，爲政清省，吏人便之。

劉幽求。冀州武彊人。開元二年，自尚書左丞相罷，貶睦州刺史。

宋　璟。邢州南和人。開元三年三月十一日，自御史大夫坐小累爲睦州刺史。

李　揆。字端卿。系出隴西。自宰相罷爲祕書監，流落十六年，始拜睦州刺史。

杜　牧。字牧之。京兆萬年人。會昌中，自池州刺史改睦州刺史。

田錫。字表聖。嘉州人。太平興國八年，以右補闕知睦州，即宣聖祠建學，表請入紙國子學印經籍，給諸生講授。詔特賜之，還其紙。

范仲淹。字希文。蘇州人。景祐中，以右司諫、祕閣校理知睦州，大興學校，建嚴子陵祠於釣臺，復其爲後者四家。

趙抃。字閲道。衢州人。嘉祐中，爲殿中侍御史，求郡得睦。睦歲爲杭市羊，爲移文卻之；民籍有茶税，而無茶地，奏蠲之，民至今稱焉。

題名

唐刺史李道古撰大廳記，具錄唐代刺史名銜、除授年月，始自永徽，迄元和七年，凡一百六十三年，自張後嗣本字犯太祖廟諱。而下至道古五十一人。國朝雍熙二年，知桐廬縣事刁衎撰大廳記，以道古所撰綿歷既久，殘缺爲多，復自唐顯慶二年至太平興國三年，蓋元和八年之後又一百六十三年，而自道古已下至韋諸、陳晟纔三十一人。《唐史》載中和三年董昌據杭州，柳超自常熟入睦州，刺史韋諸殺之。四年，餘杭鎮使陳晟攻諸，諸以州授晟，據睦州十八年。死，弟詢代立，自稱刺史。天祐元年，叛附於楊行密。其間七十二年，蓋衎記所謂「錢氏割據，非王命，略而不書」者。而李繼敏則錢氏納土後國朝首命知州也。其後蕭璀繼之，璀之後田錫繼之，衎記所謂田公是已。今據衎記，列其姓氏於左方。

張後嗣。顯慶二年正月闕日〔二五〕，自府司馬加國子祭酒拜。

高擇言。乾封元年七月二十九日，自台州刺史拜。

尤知欽。闕年二月十九日，自隨州刺史拜。

高真行。永隆元年九月十四日，自右衛將軍拜。

張大安。永淳二年五月十九日，自普州刺史拜。

長孫誼。闕年闕月闕日，自江州。

李上善。天授元年九月九日，自唐州刺史拜。

婁　藴。天授二年八月十日〔二六〕，自澧州刺史拜。

謝　禧。如意元年〔二七〕，自吉州。

元延壽。通天二年正月十五日，自徐州刺史拜。

楊元享。久視元年八月十一日，自太府少卿拜。
孫詮。神龍二年闕月闕日，自右騎。
馮昭泰。景龍元年十月十九日，自邢州刺史拜。
張昭命。景龍二年十月十三日，自揚州司馬拜。
魏　駒。
劉幽求。開元二年三月二日，自太子少保拜。
宋　璟。開元三年五月十一日，自御史大夫拜。
薛　瑩。開元七年四月十六日，自邢州刺史拜。
韋利器。開元八年六月日，自博州別駕拜。
李仲宣。開元十三年九月十三日，自德州刺史拜。
楊承令。開元十五年五月日，自睦州別駕拜。
柳　齊。開元十闕年闕日，自萊州。
崔　景。開元十九年三月十日，自眉州刺史拜。
李　諒。開元二十二年十月九日，自領軍衛將軍拜。

王審禮。開元二十六年八月闕日，自淄州刺史拜。
盧同宰。天寶元年六月二十八日，自易州刺史拜。
張愿。天寶三載九月十八日，自台州刺史拜。
韋南金。天寶五載九月日，自台州刺史拜。
李寀。天寶九載九月二十六日，自江州刺史拜。
張漸。天寶九載十月日，自饒州刺史拜。
張朏。天寶十載三月十日，自撫州刺史拜。
鄭濟。天寶十一載七月十一日，自徐州刺史拜。
馮臨。天寶十二載十月十七日，自上司禦副率拜。
盧渙。天寶十闕載闕月日，自歙州刺史拜。
李伯成。天寶十五載正月十八日，自吉州刺史拜。
閻欽愛。至德二載十一月十日，自蘇州別駕拜。
張崇暉。上元元年闕月闕日，自泗州刺史拜。
賀若滔。永泰元年八月十四日，自義王傅拜。

賈琛。大曆三年十月二十五日，自廬州刺史拜。
陶銑。大曆四年闕月闕日，自江州刺史拜。
李揆。大曆十三年四月十三日，自祕書監拜。
王縝。建中元年三月二十四日，自吉州刺史拜。
杜亞。建中元年八月中，尹晉絳州。
韋贊。正元四年正月十六日，自駕部郎中拜。
張彙征。正元七年二月十一日，自刑部郎中拜。
李正臣。正元七年闕月闕日，自虔州刺史拜。
李敷。正元十年十月二十七日，自濠州刺史拜。
韋士勛。正元二十一年四月二十二日〔二八〕，自金州刺史拜。
李幼清。元和。
鄭膺甫。元和四年三月二十五日，自度支郎中拜。
李道古。元和六年六月三日，自唐州刺史拜。
崔元芳。

羊士諤。元和十二年三月五日，自祥州刺史拜。
獨孤邁。元和十四年五月九日，自戶部員外郎拜。
孟簡。元和十闕年闕月日，自吉州刺史拜。
韋文恪。長慶三年二月七日，自司門郎中拜。
韓泰。長慶四年六月二十五日，自郴州刺史拜。
張聿。寶曆闕年闕月闕日，自屯田郎中拜。
張公儒。太和六年十月五日，自職方郎中拜。
王琮。太和九年四月七日，自洛陽縣令拜。
李善白。太和九年十月日，自闕。
鄭仁弼。開成二年八月七日，自衛尉少卿拜〔二九〕。
呂述。開成二年七月二十三日，自鹽鐵推官、祠部郎中拜〔三〇〕。
薛蘊。闕年闕月日，自明州刺史拜。
蘇滌。會昌三年九月十四日，自給事中拜。
韋有翼。會昌五年三月二十四日，自安州刺史拜。

杜牧。會昌六年十月日，自池州刺史拜。
鄭承休。大中三年十月七日，自果州刺史拜。
李文舉。大中六年四月十三日，自宗正卿拜。
厲元。大中六年九月十闕日，自闕使大理拜。
崔家。大中六年十一月十一日，自戶部郎中拜。
韓瞻。大中十二年四月七日，自鳳州刺史兼本州鎮遏使拜。
牛叢。大中十二年十一月日，自司勳員外郎拜。
金仁規。咸通三年十一月二日，自太府少卿拜。
陸墉。咸通五年十二月五日，自鹽鐵江淮知，後金部郎中拜。
侯溫。咸通闕年闕月闕日，自闕郎中拜。
馮巖。咸通十二年十二月十三日，自太府少卿拜。
張極。咸通十四年十二月五日，自長安縣令拜。
許珂。乾符三年闕，自陳州刺史拜。
柳超。乾符五年十月十四日，自鹽鐵浙東院、膳部郎中拜。

韋　諸。廣明元年八月二十二日，自衡州刺史拜。

陳　晟。中和元年二月二十日，清平鎮拜〔三一〕。築羅城。

李繼敏。太平興國二年六月十九日，殿中丞權知。

蕭　璀。太平興國四年闕月日，自闕。

自太平興國八年田錫以右補闕知州，於雍熙二年去郡。後四十九年，當景祐元年，范仲淹以右司諫、禮閣校理知州。皇祐元年，陸軫以吏部郎中、直昭文館知州，未幾請老，以分司西京歸。嘉祐三年，趙抃以殿中侍御史知州。紹聖元年，呂希純自中書舍人知州。大觀三年，蔡肇自吏部員外郎知州。由雍熙而至宣和，總百三十有五年間，知州亡慮數十人，獨此六公名德巋然，其他或姓名可見，又歲月不可攷，今不復紀。

宣和三年，平方臘後，知州名氏有瀔山朱翌所作題名記，列之左方。

李　邈。宣和三年四月五日，以武功大夫、榮州防禦使知，四年四月十七日罷。

周　格。宣和四年四月十八日，以奉直大夫、直龍圖閣知，七年正月十四日罷。

凌唐佐。宣和七年三月三日，以朝請大夫權知，靖康元年九月二十六日罷。

李　裁。靖康元年十一月二十九日，以朝請大夫權知，建炎二年十二月十八日秩滿。
王永年。建炎二年十二月十八日，以中奉大夫知，建炎三年七月十一日罷。
趙子砥。建炎三年七月二十日，以朝散郎權知，十二月四日罷。
柳　約。建炎三年十二月四日，以朝奉大夫、充集英殿修撰知，紹興元年八月十七日召。
范世延。紹興元年九月三日，以朝請大夫權知，當月二十一日罷。
李　擢。紹興元年九月二十一日，以左朝散郎、充顯謨閣待制知，二年三月十日罷。
潘良貴。紹興二年三月二十四日，以左朝散郎、直龍圖閣權發遣，六月十五日罷。
顔　爲。紹興二年七月三日，以左奉議郎權發遣，三年六月三日罷。
朱　綷。紹興三年六月四日，以左朝奉大夫權知，是月十一日罷。
顔　爲。紹興三年六月十一日再任，四年七月二十日秩滿。
石端中。紹興四年七月二十日，以左朝請大夫權知，六年八月二十七日秩滿。
胡　寅。紹興六年八月二十七日，以左奉議郎、充徽猷閣待制知，七年閏十月十九日移永州。
董　棻。紹興七年十一月初三日，以左朝奉大夫、充徽猷閣待制知，紹興九年八月初五日罷任。
馮　軫。紹興九年八月二十八日，以左朝請大夫知，紹興十年六月十二日罷任。

鄭滋。紹興十年六月十五日，以顯謨閣直學士、左大中大夫知，紹興十二年三月二十一日除宫觀。
蘇簡。紹興十二年三月二十四日，以右朝散大夫權發遣，紹興十四年三月二十六日滿。
孫蓋。紹興十四年四月二十六日，以左朝奉大夫權知，當年九月二十七日得替。
羅汝楫。紹興十四年九月二十七日，以龍圖閣學士、左朝請郎知，紹興十七年八月二十一日除宫觀。
蘇簡。紹興十七年九月一日，以右朝請大夫權知，紹興十九年十月二十九日滿。
周林。紹興十九年十月二十九日，以左朝請郎知，紹興二十一年十二月十八日滿。
曹璉。紹興二十二年正月二十六日，以朝議大夫知，紹興二十三年七月二十九日改替〔三二〕。
宋曖。紹興二十三年十月初二日，以右朝散大夫權知，紹興二十六年三月十二日罷。
金安節。紹興二十六年三月十二日，以左朝散郎權發遣，紹興二十七年二月十六日除浙西提刑。
朱翌。紹興二十七年七月十一日，以左朝散郎、祕閣修撰知，紹興二十八年十一月初十日改知宣州。
鄭資之。紹興二十九年二月初六日，以右朝請大夫知。
樊光遠。紹興三十年四月二十三日〔三三〕，以左朝奉郎權發遣，明年三月十一日除浙東提刑。
鄭知剛。紹興三十一年四月初二日，以右朝奉大夫權知，紹興三十二年三月十九日除宫觀。
吳槩。紹興三十二年四月初四日，以左中奉大夫知，紹興三十四年四月十七日任滿。

朱正純。隆興二年四月十七日，以右奉直大夫知，乾道二年正月十三日罷任。
柳大節。乾道二年三月十三日，以右朝奉大夫知，乾道三年五月十五日除浙東提刑。
柳楹。乾道三年閏七月十五日，以右朝奉郎權知，乾道五年十二月二十八日滿。
張栻。乾道五年十二月二十九日，以右承務郎、直祕閣權發遣，乾道六年閏五月十七日赴召。
王師愈。乾道六年六月十八日，以左奉議郎權發遣，乾道七年五月二十八日改信州。
林機。自信州移知。乾道七年七月三日，以左朝請郎知，當月二十九日赴召。
詹元宗。乾道七年八月二十三日，以左朝奉郎權發遣，乾道九年七月二十五日赴召。
曹耜。乾道九年八月十五日，以朝散郎權發遣，淳熙元年九月二十七日丁父憂。
魏楫。淳熙元年十月二十八日，以奉議郎權發遣。淳熙三年八月十八日，除都大提點坑冶。
潘景珪。淳熙三年八月二十日，以朝請郎權知，淳熙四年八月二十八日宫祠。
趙師垂。淳熙五年二月二十九日，以宣義郎、直敷文閣權發遣，當年八月二十日丁母憂。
蕭燧。淳熙五年十月二十三日，以朝散大夫知。七年十月十二日，除敷文閣待制，差知婺州。
韋璞。淳熙七年十一月十七日，以朝請郎、直顯謨閣權知，八年九月初二日宫觀。
楊布。淳熙八年十二月二十九日，以朝請郎權知，淳熙九年八月二十四日宫觀。

樓　錫。淳熙九年九月二十三日，以承議郎權發遣，當年十二月十七日丁父憂。
李　棫。淳熙十年正月二十六日，以朝請郎權知，當年七月初二日改知溫州。
汪義端。淳熙十年八月十六日，以宣教郎權發遣，十一年三月初二日宮祠。
陳公亮。淳熙十一年六月初三日，以朝請郎權知，十三年七月初三日滿，除倉部郎官。
陸　游。淳熙十三年七月初三日，以朝請大夫權知，淳熙十五年七月初六日滿。
錢聞詩。淳熙十五年七月初六日，以朝奉大夫權發遣，淳熙十六年七月初一日罷任。
張　埏。淳熙十六年十月初九日，以朝散大夫權發遣，紹熙元年九月初九日罷任。
葉　籌。紹熙元年十月初十日，以奉直大夫知，二年九月二十九日罷任。
冷世光。紹熙二年十二月初四日，以朝請郎權發遣，三年十二月初三日宮觀。
趙不逷。紹熙四年二月初五日，以朝奉大夫闕。五年六月初七日，除江西提刑。
秦　焴。紹熙五年八月二十八日，以朝議大夫知，慶元二年五月初九日宮觀。
曾　集。慶元二年七月初一日，以朝奉大夫權知，慶元三年六月十九日罷任。
李直柔。慶元三年閏六月十二日，以朝請郎權知，當年九月十五日丁母憂。
黃　衡。慶元三年十月二十六日，以朝奉大夫權知。慶元闕年七月闕日，改除福建提舉。

毛　密。慶元五年九月二十八日，以朝請郎權發遣，嘉泰元年正月十六日宫觀。

潘　燾。嘉泰元年二月四日，以朝議大夫知。

莫若晦。嘉泰元年十二月十一日，以朝議大夫知。嘉泰三年七月二十二日，除湖南提舉。

陳　棅。嘉泰三年十月十一日，以朝請大夫權發遣，嘉泰四年八月初一日罷任。

孫叔豹。嘉泰四年十二月十五日，以朝散郎、直祕閣權知，開禧二年二月二十五日罷任。

鞏　嶸。開禧二年四月二十日，以朝請郎權發遣，續兩易，權知邵州，至五月二十八日得替。

趙師石。開禧二年五月二十八日，以朝奉大夫權知。三年四月，轉朝散大夫。嘉定元年二月，改知婺州。

胡　棨。嘉定元年三月二十一日，以宣教郎權發遣。二年三月，轉奉議郎。嘉定三年二月四日，除福建提舉。

孟　導。嘉定三年三月九日，以朝奉大夫權知，當年十二月二十闕日宫觀。

謝德輿。嘉定四年閏二月二十六日，以宣教郎、軍器監簿權發遣，轉奉議郎。六年二月二十七日，除司農寺丞。

宋　鈞。嘉定六年四月十五日，以朝奉郎、太府寺簿權發遣。十月，轉朝散郎。嘉定八年三月四日，除太府寺丞。

魏大中。嘉定八年四月十二日〔三四〕，以朝請大夫知。嘉定九年十二月三日，除福建運判。

鄭之悌。嘉定十年二月七日，以承議郎、太府寺丞權知，轉朝奉郎。十二年二月，除湖北提舉。

薛叔灌。嘉定十二年四月十五日，以承議郎、監登聞鼓院權發遣，轉朝奉郎。當年七月致仕，疾卒。

許興裔。嘉定十二年十月二十日，以承議郎、諸軍審計司權發遣，轉朝奉郎，十四年十月三日致仕。

王棠。嘉定十四年八月一日，以承議郎、幹辦諸司審計糧料院權發遣，當年九月一日致仕。

盧憲。嘉定十四年十月二十一日，以承議郎權發遣。次年，轉朝散郎。十六年九月，除大理寺丞。

趙立夫。嘉定十六年十月二十五日，以朝散郎知。大宗正丞、兼刑部郎官，覃恩轉朝奉大夫，寶慶元年九月二日赴召。

謝采伯。寶慶元年十月八日，以朝議大夫知，寶慶二年三月六日罷任。

陸子適。寶慶二年十一月十五日，以奉議郎、太府寺簿權發遣，紹定二年三月二十二日赴召。

陳畏。紹定二年三月二十二日，以朝奉大夫、新知漳州改知，紹定三年六月二十五日罷任。

衛樸。紹定三年八月十六日，以朝奉郎、新知撫州改權知。慶壽，轉朝散郎。四年九月十三日，除太府寺丞。

李彌高。紹定五年六月十七日，以朝奉大夫、太府寺丞權知。紹定六年三月十七日，轉朝散大夫，四月十七日罷。

趙汝梣。紹定六年四月十七日，以朝散郎、大理寺丞權知。當年七月十九日，除直寶章閣、兩浙轉運判官。

顔頤仲。紹定六年八月二十四日，以朝奉郎、將作監簿權知，轉朝散郎。端平元年九月十三日，除司農寺丞。

葛　逢。端平元年十一月十三日，以朝散大夫、祕書省著作郎、兼度支郎官知。端平二年四月十五日，除祕書省著作郎。

王會龍。端平二年七月五日，以承議郎、祕書省著作郎、兼尚左郎官權知。三年四月二十七日，除祕書省著作郎。

趙汝柄。端平三年五月二十六日，以奉議郎、添差通判權知，提舉神泉監，嘉熙元年六月初一日罷任。弟汝梣。

萬一薦。嘉熙元年十二月十三日，以朝散大夫、軍器監丞權知。三年二月二十六日，以會子罷任。

衛　湜。嘉熙三年七月初六日，以朝奉郎、主管官告院權知。四年九月，轉朝奉大夫，十二月二十六日赴召。

趙與汶。嘉熙四年十二月二十六日，以朝散郎、祕書省著作佐郎、兼權倉部郎官，除直祕閣權知。淳祐元年二月二十一日，別與州郡。

王佖。淳祐元年三月十四日，以朝奉郎、將作監丞知，二年九月二十六日罷任。

何處信。淳祐二年十二月初六日，以朝議大夫知，三年六月二十六日罷。

趙希樸。淳祐三年八月初三日，以朝議大夫、大理寺丞知。四年八月初一日，除軍器少監。

章大醇。淳祐五年二月初九日〔三五〕，以朝奉郎到任。六年八月初六日，轉朝散郎。十月初四日，除侍左郎官，申審得旨。

高斯得。淳祐七年三月初四日，以朝奉郎、著佐兼權禮郎、兼國史編修實錄檢討官到任，續轉朝散郎。八年六月，除浙東提刑。

趙孟傳。淳祐八年七月二十九日，以宣教郎、太府丞、直寶章差知。闕到，正祠便養，陞寶謨到任。九年四月，轉通直郎。十二月，轉承議郎。十年二月，除刑部郎官。

趙汝歷。淳祐十年六月初三日，以奉議郎到任。十二年三月，轉承議郎。十二年四月，除司農寺丞。

季鏞。淳祐十二年八月初一日，以承議郎、監都進奏院到任，寶祐二年八月十三日替。

吳　槩。寶祐二年八月十三日，以朝奉郎到任。三年三月，兼節制軍馬。四年正月二十七日罷任。

正倅題名

題名往年廢於煨燼。紹興十年，齊志行始爲之記，起宣和三年，迄嘉定三年，凡四十八人。刊石既滿，其後遂不復錄。臨江章璞涖事之明年，序次嘉定五年以後未書者九人，刻石以續前作，知州陳畏爲之記。

陳次中。宣和三年四月一日，以朝請郎到，六年七月二十九日替。

吳　輝。宣和六年八月一日，以朝議大夫到，建炎元年七月初三日替。

劉　拱。建炎元年七月初三日，以承議郎到，三年七月二十四日替。

趙　霈。建炎三年七月二十五日，以左朝散郎到，紹興元年八月十四日替。

黃　策。紹興元年八月十五日，以左宣教郎到，二年四月初二日替。

朱　發。紹興二年五月初七日，以左朝議大夫到，四年九月初十日替。

曾　綽。紹興四年九月十一日，以右承議郎到，六年十二月二十日替。

吴任鈞。紹興六年十二月二十一日，以左宣教郎到，八年六月十日替。
孫　傅。紹興八年六月二十七日，以左宣教郎到，十年七月十四日替。
齊志行。紹興十年七月十五日，以左朝散郎到，十二年二月十六日替。
沈　造。紹興十二年四月四日，以左朝散郎到，十二年五月十四日改差。
洪光祖。紹興十二年七月十六日，以右奉議郎到，十四年十月二十八日替。
鄭　震。紹興十四年十月二十九日，以右朝奉大夫、直祕閣到，十六年十一月二十七日替。
沈大椿。紹興十六年十一月二十八日，以左宣教郎到，十八年十二月初六日替。
游其藩。紹興十八年十一月初六日，以左朝請郎到，二十一年三月十九日替。
楊　雲。紹興二十一年三月十九日，以右朝奉郎到，二十三年四月二十三日替。
汪彭年。紹興二十三年四月二十三日，以右朝請郎到，二十四年九月十七日替。
李　洪。紹興二十四年十一月初二日，以右朝散郎到，二十六年十月二日除大理寺。
宋惠疇。紹興二十六年十一月初十日，以右朝請郎到，二十八年四月二十五日替。
薛　冀。紹興二十八年七月初三日，以右朝散郎到，三十年正月二十日替。
魏彦機。紹興三十年二月二十四日，以右朝散郎到，三十二年三月十三日替。

司馬伋。紹興三十二年三月十三日，以右朝奉郎到，隆興二年三月二十四日替。
孫次仲。隆興二年三月二十四日，以右承議郎到，乾道二年三月二十四日替。
潘文孝。乾道二年三月二十四日，以左朝奉大夫到，四年四月十二日替。
翟紘。乾道四年四月二十二日，以右朝奉大夫到，六年五月二十九日替。
豐誼。乾道六年五月二十九日，以左朝請郎到，當年六月初二日丁母憂。
韓壘。乾道六年八月十二日，以右朝散郎到，八年三月初七日丁母憂。
薛俟中。乾道八年四月二十八日，以右奉議郎到，九年七月二十九日替。
張杓。乾道九年十二月二十二日，以宣教郎到，淳熙三年正月十九日替。
溫鏜。淳熙三年正月十九日，以朝奉大夫到，五年三月初五日替。
朱孝文。淳熙五年三月初五日，以承議郎到，六年十二月十二日事故。
樓城。淳熙七年二月十三日，以朝散郎到，九年四月十六日替。
劉佖。淳熙九年四月十六日，以承議郎到，十年四月十七日滿替。
韓元象。淳熙十一年四月十七日，以奉議郎到，十二年十二月十九日致仕。
朱鞏。淳熙十三年二月十八日，以朝奉郎到，十五年三月三日替。

趙師廙。淳熙十五年四月，以承議郎、太常寺丞到。該慶壽恩，轉朝請郎。十六年四月滿。

趙師復。淳熙十六年五月，以朝散郎到。紹熙元年十一月，該覃恩，轉朝奉大夫。二年三月，除權發遣知全州。

潘昌老。紹熙二年十月，以通直郎、主管官告院到，四年三月滿。

任清叟。紹熙四年三月，以朝奉郎、太府寺丞到。五年二月，轉朝散郎。慶元二年正月，除尚書都官員外郎。

何　潤。慶元二年，以朝請大夫、諸軍審計司到，四年二月滿。

趙子懷。慶元四年二月，以奉議郎到，六年正月滿。

張宗愈。慶元六年二月，以朝奉郎、提轄左藏庫到〔三六〕，嘉泰二年二月滿。

趙不摭。嘉泰二年二月，以朝請大夫、太府寺丞到，四年三月滿。

徐　材。嘉泰四年，以宣教郎、大理司直到。開禧二年三月滿，六月省免次任〔三七〕。

衛　溉。寶慶元年十月，以朝散郎到，三年十二月滿。

楊　轟。紹定二年八月，以朝奉郎、大理評事到，四年七月宫觀。

斯　澤。紹定四年八月，以朝散郎、國子監丞到。當年九月，除知南康軍。

項容孫。紹定四年十月，以承議郎、添差通判平江府，改任，兼權州事。五年六月，改知德安府。

趙汝柄。端平元年六月，以奉議郎到，專一措置修復神泉監議錢職事。三年六月，就除知州事，提舉神泉改罷〔三八〕。

郭磊卿。端平三年十月，以奉議郎、太社令於當年十月到。三年十二月二十三日，該恩，轉承議郎。嘉熙元年四月十三日，以磨勘轉朝奉郎。二年九月初十，改太學博士。

陳叔遠。嘉熙二年十二月十九日，以宣義郎、太社令到。三年十一月，以磨勘轉宣教郎。四年六月闕日丁母憂。

章鑑。嘉熙四年八月二十日，以承議郎、提轄左藏庫到，淳祐元年正月十九日丁母憂。

孫夢觀。淳祐元年十二月十三日，以奉議郎、行武學諭。二年四月十九日，以疾丐祠，主管台州崇道觀〔三九〕。

趙與滸。淳祐二年六月三日，以宣教郎、行太社令到。當年月内磨勘，轉奉議郎。三年六月二十六日，臣寮論，與祠，七月初四日離任。

趙時臺。淳祐三年九月十九日，以朝請郎、幹辦諸司糧料院到。

曾㮚〔四〇〕。淳熙十五年三月初三日，以宣教郎到〔四一〕，十五年十一月十七日丁憂。

沈　檝。淳熙十六年正月初九日，以朝請郎到，紹熙元年二月初二日罷。

鄭　益。紹熙元年四月十七日，以朝奉大夫到，三年五月二十一日替。

陳　序。紹熙三年五月二十二日，以朝請郎到，五年六月十八日替。

俞　洞。紹熙五年六月十九日，以朝請郎到，慶元二年八月二十一日替。

王　棐。慶元二年八月二十二日，以朝請大夫到，四年十一月二十日替。

朱　輔。慶元四年十一月二十一日，以朝奉郎到，六年十二月初八日替。

趙善紀。慶元六年十二月初九日，以朝散郎到，嘉泰三年二月二十六日替。

林　谷。嘉泰三年二月二十七日，以朝散郎到，開禧元年四月二十九日滿。

柴　幾。開禧元年四月二十九日，以承議郎到，二年九月二十三日避嫌宫觀。

張　攀。開禧三年二月初八日，以承議郎到，嘉定元年十二月初九日滿。

胡　埴。嘉定元年十二月初十日，以奉議郎到，二年十二月二十一日滿。

曾　党。嘉定二年十二月二十二日〔四二〕，以朝奉郎到，嘉定闕年闕月闕日滿。

謝采伯。嘉定五年十二月二十二日，以朝請郎到，八年正月十六日替。

李伯堅。嘉定八年正月十七日，以承議郎到，當年五月十三日丁母憂。

俞　遠。嘉定八年八月十六日，以朝奉郎到，十年七月二十三日替。
高之問。嘉定十年七月二十四日，以朝奉郎到，十二年八月二十七日替。
黄　簡。嘉定十二年八月二十八日，以承議郎到，十四年六月初二日罷。
朱　增。嘉定十四年八月十七日，以朝奉郎到。十六年八月二十四日，改通判鄂州。
衛　樸。嘉定十六年十一月二十八日，以承議郎到。寶慶元年十一月十九日滿〔四三〕，差知江陰軍。
趙崇忩。寶慶元年十一月二十一日，以承議郎到，三年六月二十六日致仕。
莫　渙。寶慶三年八月二十七日〔四四〕，以朝請郎到，紹定元年四月二十一日罷。
章　璞。紹定元年九月二十一日，以朝奉郎到，三年七月三十日罷。
李知先。紹定三年十一月初三日，以朝奉郎到，五年二月十三日替。
曾　黯。紹定五年十一月二十三日，以朝奉大夫到。端平元年七月二十六日，赴都堂審察。
武　迪。端平元年十月十七日，以中奉大夫到，三年十二月初八日替。
姜彌明。端平三年十二月八日，以奉議郎到。嘉熙二年正月二十六日，改添差通判臨安府。
魯之損。嘉熙二年十月闕日，以朝請大夫到，嘉熙四年十二月初七日替。
武　迪。嘉熙四年十二月初七日，以中奉大夫到，淳祐三年二月二十八日替。

徐士特。淳祐三年十二月二十八日，以朝奉郎到。

張瑨〔四五〕。淳祐五年三月初八日，以朝奉郎到任，七年六月初三日替。

史望之。淳祐七年六月初三日，以朝散郎到任。八年十一月闕日，除宗正寺簿。

謝焱。淳祐八年十二月二十七日，以朝散郎到任。十一年正月初三日，新知岳州，當日交割離任。

吳溥。淳祐十二年正月初三日，以奉議郎到任。

孫一飛。淳祐十二年七月二十五日，以朝散郎到任。

宣穀。寶祐元年六月十三日以，朝奉郎到任。

陳棠。寶祐二年三月初九日以，朝請郎到任，四年三月二十三日替。

朱逢。寶祐四年三月二十三日以，朝奉郎到任。

添倅題名

桐廬郡丞員外置，置罷不常，其或一二十年不置，近又不候代輒遷，以是壁記不立。嘉熙年間，陳叔遠到官未滿歲，則搜遺牒，訂他刻，詢故老，斷自劉公義而

下，以迄於今，百年間可攷者二十有四人。自中興以來，添差之員浸廣，率多取諸

班著，視正員之選，愈重。有郭磊卿爲之記。

朱去非。建炎三年三月，以宣義郎、直祕閣到。紹興二年十二月，除太常寺簿。

韓　瀹。紹興二年十二月，以右通直郎、行司農寺簿到。三年十月，除知筠州。

虞大有。紹興三年十月，以左承議郎、權尚書金部員外郎到。四年八月，除尚書禮部郎官。

黎　明。紹興四年八月，以左宣教郎、行大理司直到，六年八月赴召。

李子浩。紹興六年九月，以左朝奉郎到。九年正月，除知海州。

劉公義。紹興九年四月，以右朝散郎到。九月，轉右朝請大夫，十一年八月滿。

鮮于价。紹興十一年八月，以右朝奉郎到。十三年六月，除□監登聞檢院〔四六〕。

魏　俟。紹興十三年七月，以左承務郎、行國子博士到，當年十二月罷。

楊　持。紹興十三年十二月，以左朝請大夫到，十五年四月内丁母憂。

趙宗還。紹興十五年五月，以右通直郎到。十六年二月，特除隨州觀察使。

王周卿。紹興十六年三月，以左宣教郎、太常寺簿到，十八年三月秩滿。

沈長卿。紹興十八年三月，以左通直郎、將作監丞到，十九年十月罷。

章衡。紹興二十年三月，以左朝請大夫到，二十二年六月秩滿。

鄭康。紹興二十二年六月，以左宣教郎、浙西提點刑獄司幹辦公事改任。二十四年五月，除太府寺簿。

范端臣。紹興二十四年六月，以左奉議郎到。

韓義古。紹興二十六年十月，以右通直郎、太社令到。二十七年九月，除諸司審計司。

竇處容。紹興二十七年九月，以右朝奉郎、通判秀州兩易到。二十九年八月，除發遣臨江軍。

戴舒。紹興二十九年九月，以左奉直大夫到。當年十二月，除左中奉大夫。三十一年九月滿。

歐陽師古。紹興三十一年九月，以右宣教郎、直祕閣到。隆興元年八月，除廣西經略司參議官。

危忠邁。隆興元年八月，以左承事郎、通判婺州改任，乾道元年四月通理滿。

趙己傅。乾道元年四月，以左承議郎、大理評事到。二年八月，除太常博士。

張次謙。乾道二年八月，以左朝散郎到，九月罷。

万俟若川。乾道三年九月，以右承事郎、直祕閣到，五年十月赴召。

俞琬。乾道五年十一月，以左朝奉郎到，七年十一月滿。

吳逵。乾道七年十一月，以承議郎到。九年十一月，除權知泰州。

諸葛莘。淳熙元年二月，以宣教郎、太學正到。三年五月，除太學博士。
陳嘉洪。淳熙三年五月，以宣教郎到。四年八月，兩易通判泉州。
顔　發。淳熙四年十月，以奉議郎、太府寺簿到。六年，除司農寺丞。
邵嗣復。淳熙六年十月，以宣教郎、祕書省著作佐郎到。七年十一月，除祕書省著作佐郎。
張　俊。淳熙七年，以宣教郎到，九年十一月滿。
柴國器。淳熙九年十二月，以承議郎到。十年四月，轉朝散郎，襲封崇義公。十一年十二月滿。
韓　修。淳熙十一年十二月，以朝請郎、玉牒所編修官到。十三年十月，除實錄院檢討官。
趙子覺。淳熙十三年十一月，以奉議郎到。十五年二月，改分差廣州榷貨務。
留張遇。以奉議郎闕四月十二日闕六月十一日滿任。
吳　湜。闕到任。當年九月初十日，因該磨勘，准告轉朝奉郎〔四七〕。淳祐八年四月十七日，准告特授直祕閣〔四八〕，淳祐九年六月十七日滿〔四九〕。
謝　奕。闕淳祐九年六月十七日到任，淳祐十年十日奉議郎〔五〇〕，至淳祐十一年七月二十二日滿任。
潘　墀。闕淳祐十一年七月二十二日到任，當年閏十月十四日闕奉議郎〔五一〕，至寶祐元年七月二十二日滿。

楊敬之。以通直郎、主管三省樞密院架閣文字，於寶祐元年七月二十四日到任。

吳　堅。宣教郎、行武學博士，寶祐三年四月十一日到任。四年四月十四日，磨勘轉奉議郎〔五二〕。

學校

至聖文宣王廟。舊在城東南隅。國朝雍熙二年，知州田錫遷於城西北隅，即廟建學。表請入紙國子學，印經籍給諸生。詔賜之，還其紙。景祐中，知州范仲淹始建堂宇齋廡。慶曆中，知州向侯奉詔增廣。嘉祐中，知州趙抃營置田租養士，作詩以勉諸生，且有「莫將榮悴汨於中」之句。石刻見存。大觀中，知州李陞奉詔，重新廟學。宣和中，頒降御書，殿榜曰大成。紹興七年，知州胡寅盡徹舊屋，自殿堂、廊廡、齋舍煥然一新，但門徑屈折而東出。乾道五年，知州張栻悒然不滿，屬學之南有志真廢尼寺故址，悉舉以廣學宫，於是學門南開。門内有屋二十餘間，僦與民居，日收賃錢，添助養士。續因寓公欲廣其居，強將他處賃屋換易，本學告於州。紹定元年，知州陸子遹於是撤去賃屋，起造二亭，東曰采芹，西曰擢桂，杏壇在焉。

先是，從祀列繪殿上壁間，淳祐改元，知州王佖謂無等差，廼命工繪從祀於兩廡，且前設枑檻，以肅廟貌，增創東西夾廊，共二十四間，俾歸齋升堂者毋褻殿廡。而出入是三年，知州何處信以殿廡繪像距庭砌猶覺逼隘，又展拓近裏，由是嚴之學宮改觀矣。有郡博士桂錫孫爲之記。

州學養士自舊以七十人爲額。學田以畝步計，所收租米四百三十五石三斗五升九合。建德縣一百八十九石八斗二升一合，遂安縣二百六石一斗二升，桐廬縣一十五石八斗一升八合，壽昌縣二十三石六斗。又六月內，州倉支接濟米二十石，穀一萬六千五百四十七斤三十八石六斗四升。並建德縣。又四石。蘭溪縣。錢歲收二百五十貫零三十文。租絲錢二十一貫八百文，建德縣一百九貫七百八十文，遂安縣八貫二百五十文，桐廬縣三十三貫二百文，壽昌縣七十七貫文。又月收一千八十五貫三百一十文。賃地錢一十三貫二百九文，樓店務石砂地錢七貫七百五十三文，桐廬縣河渡三十三貫六百九十一文，淳安縣河渡二十七貫二百九十六文，分水縣河渡一貫四百文，壽昌縣河渡二貫九百六十一文，本州養士錢一千貫文。又日收五百文會九百四十四文足。都税務納福昌店賃屋錢三十五文足五百文，會賃屋錢九百九文六分足。租絹一十二匹，租絲八十六兩半。淳祐二年七月，王監丞任內教授桂錫孫申，照對本學養士錢從來係使府給下二百貫文會，補還魚池花利。

緣自十七界會准朝省指揮作一百五十四文行用，於是舊會一貫比折新會二百，兼之物價頓增，如雞豚、菜茹、樵薪之鬻五倍於舊，所謂一貫舊會雖有二百新會之名，元無二百新會之實。由此養士之費太窘支吾，公廚蕭然，每食不飽。伏自鎮臨以來，惠顧士類，每月共增作三百六十貫，舊會外又於使帑特送四十貫舊會，以助不足。諸生拜賜，可謂厚矣。但本學公廚破食，日以七十人爲額。使府月得四百千，每日計支十四貫會，除前廊五人准太學例人給四百會食錢外，止有十二貫會充七十人一日之用，每人不及二百文會，雖官價有三十餘錙，而物價無一筋菜羹，雖視昔甚爲有餘，而視今則依前不足。雖食無求飽，固學者所甘心，而飲食以將厚意，乃監丞之夙心，敢爲諸生有請。欲乞臺判自七月分爲始，逕支新會二百貫，庶養之者既至，則教之者可行。續奉王監丞面諭，今且以新舊各半支行，餘留爲後來太守嘉惠之地，自此月支六百貫。三年，知州趙寺正以封殖先正大卿棠陰，每事從厚於學校，尤加厚焉，教授桂錫孫遂獲由前日二百貫新會之請，自四年五月幫行，於是士無權輿之歎〔五三〕。前廊日人七百，諸生日人五百。

登科記宗姓及童子、武舉附。

國家設科賜第，新定自錢氏納土後，太平興國三年，貢士之數蓋少。五年，賜蘇易簡已下及第二十三名，已前並授通判，賜宴迎春苑。《會要》：太平興國二年，賜呂蒙正已下及第〔五四〕，並賜袍笏，又賜宴，又賜御詩〔五五〕。此其始也。五年，賜蘇易簡已下及第。七年，賜王世則已下及第，始分甲乙之科，各賜出身。雍熙二年，賜梁灝已下及第。端拱元年，賜蔡齊已下及第。二年，賜陳堯叟已下及第。淳化三年，賜孫何已下及第，即賜《儒行篇》。咸平二年，賜孫暨已下及第，州率未有預貢薦者。三年，賜陳堯咨已下及第。州始薦建德鄉王冕應貢，破白鄉舉，首登科。嘉祐袷饗，詔四歲一舉，或間歲一舉。治平四年定制，應貢者三歲解九人，增明經一人，共爲十人。崇寧行三舍法，貢六人，三歲並零分，通二十人。宣和五年，復進士科，三歲解十六人。靖康渡江，附流寓者解二人。紹興二十六年，詔罷西北流寓試，併入土著，視解額最少處，參以前定終場人數率百人解一人，而郡終場者千七百六十有一人，於是通額十八人，以爲定制。而近歲士毋慮數倍，輒因碑所載，訂於志。

咸平三年陳堯咨牓

王冕。

邵煥。童子科。

景德二年李迪牓

葛昂。

徐舜俞。

孫敏。

大中祥符五年徐奭牓

許墀。

天禧三年王整牓

王言。

許湜。

天聖二年宋郊牓

王稷。
天聖五年王堯臣牓
葛閎。
邵炳。
慶曆二年楊寘牓
吳仲舉。
倪天秩。
慶曆六年賈黯牓
胡楚材。
倪天鎮。
王庭堅。
皇祐元年馮京牓
王庭筠。
項隨。

胡英材。

皇甫朝光。湖學。

胡之彦。

皇祐五年鄭獬牓

邵景初。

王中敏。

盛僑。

許升卿。

包舜賓。

嘉祐二年章衡牓

方仲謀。

徐任。

包廓。

嘉祐四年劉煇牓

陳　向。
嘉祐六年王俊民牓
顧　中。
喻　房。
嘉祐八年許將牓
項　陟。
葉　浚。
治平二年彭汝礪牓
皇甫師中。
治平四年許安世牓
江公著。
方　蒙。
熙寧六年余中牓
舒　煥。

鄭　弁。

許大希。

王知元。

江公望。

熙寧九年徐鐸牓

吳　儔。續中賢良。

元豐二年時彥牓

胡　希。

王　澤。

江公佐。

吳　純。

元豐五年黃裳牓

吳　陶。

王　沃。

元豐八年焦蹈牓

倪直侯。

余　寬。

倪直孺。

范　寔。

姜周臣。

徐　傃。

元祐三年李常寧牓

方行可。

元祐六年馬涓牓

方　鼎。

江公明。

方　參。

徐舜元。

元祐九年畢漸牓

包　雄。

王禹得。

朱　巘。

舒彦舉。

紹聖四年何昌言牓

胡之輔。

邵嘉言。

元符二年

朱　戡。銓試優等，賜進士出身。

元符三年李釜牓

方　逸。

李　淳。

詹　林。

江公亮。

崇寧元年

王　昇。左丞陸佃以學行薦，賜諸州教授，先授湖州，次擢壽州教授。

崇寧二年霍端友牓

王大年。

詹　至。

胡獻可。

胡國瑞。

盛良貴。

方　闓。

徐敏中。

詹大聲。

崇寧三年幸太學，賜上舍生鄭南以下釋褐

方　聞。釋褐。

崇寧五年蔡薿牓

王　縉。分水司諫。

邵　愈。

朱　彪。察院。

郎申之。

大觀二年幸太學，賜貢士王俁十四人釋褐

葉天倪。

大觀三年賈安宅牓

葉天將。

方　閎。

王　朴。

王彥中。

詹公著。

胡端平。

詹之綱。
姜師仲。
皇甫存。授以孝悌二行舉〔五六〕。政和五年狀元何㮚牓賜進士出身。
政和二年莫儔牓
葉義雄。
江　邈。
翁　範。
朱　異。吏部郎中。
王禹同。
政和三年幸太學，賜貢士陳公輔十九人釋褐
葉三省。
政和五年何㮚牓
方元若。
邵嘉瑞。

唐　濟。

喻彦先。

范大亨。

翁　開。

傅巖叟。

詹大方。

徐時中。

政和八年嘉王牓

黄大知〔五七〕。

王大卞。

邵大受。

翁　由。

詹干之。

唐處仁。

詹大和。
鄭滋。
詹天秩。
方愨。
宣和三年何渙牓
陸時雍。
江舜俞。
宣和六年沈晦牓賜御製詩。
詹棫。
吳并。
葉義應。
唐友仁〔五八〕。
詹樫。
郎希周。

錢公舉。
胡國佐。
建炎二年李易牓
盛光祖。
吳　震。
倪成修。
方元昭。
喻　樗。
葉義問。樞密。
紹興二年張九成牓
王　郊。
范　壎。
邵　拱。
洪　基。

鄧仲之。
張綱。
魏公啓。
王允明。
紹興五年汪應辰牓
王日勤。
王日休。
方邁。
余執度。
江修。
紹興八年黃公度牓
葉義權。
喻仲遠。
紹興十二年陳誠之牓

葉真卿。
邵延孫。
項　忱。
方　序。
詹百之。
王若訥。
紹興十五年劉章牓
洪嘉瑞。
黄安仁。
紹興二十一年趙逵牓
唐友聞。
詹儀之。
汪虛中。
紹興二十四年張孝祥牓

范端臣。上舍。
胡當可。
馬大同。
陳太鼎。
紹興二十七年王十朋牓
方聞一。
唐庭堅。
胡一之。
鄧朴。上舍。
胡南逢。
王覺民。
紹興三十年庚辰梁克家牓
趙彦逾。觀文。
葉允升。

朱大和。

隆興元年癸未木待問牓〔五九〕

王椿。上舍。

徐衡。上舍。

方玠。

方有開。

王恬。國學。

徐孝恭。

何煒。

姚舜陟。

乾道二年蕭國梁牓

趙彦肅。復齋先生。

余宰。

方懋恭。

鄧光。上舍。
翁孟麟。
方應之。
余仁時。
乾道五年鄭僑牓
姜大中。上舍。
方括〔六〇〕。
詹淵。
方懋烈。
童諤。
乾道八年黃定牓
胡朝穎。
淳熙二年詹騤牓
詹俲之。

王　㝢。
方壯猷。
邵夢得。
淳熙五年姚穎牓
方　岳。
趙璡夫。
顔　紱。
邵　朴。
淳熙八年黄由牓
鄭紹伊。
趙伯友。
朱承孫。
姜　石。
方奇之。

淳熙十一年衛涇牓
洪彥華。
王中純。
淳熙十三年高宗慶恩出官
王中實。上舍釋褐。
淳熙十四年王容牓
鄭熚。
盧南一。
王中虛。
周炳然。
余光大。
紹熙元年余復牓
邵纘。上舍。
方伷。

洪　琰。國學。

洪　璞。國學。

吳　初。國學。

翁　寧。

趙彥迥。

趙不婇。

葉　謙〔六一〕。

紹熙四年陳亮牓

王允升。國學。

唐　炎。

任　體。

項　肆。國學。

張　松。

黄　茂。國學。

慶元二年鄒應龍牓

王　臨。國學。

朱仲河。上舍。

邵伯麟。

方　強。國學。

慶元五年曾從龍牓

周師成。

鄭　誨。

童興宗。上舍。

邵一飛。

嘉泰二年傅行簡牓

滕承孫。

許大聲。國學。

盧端誼。國學。

葉子儀。
方賜復。
開禧元年毛自知牓
洪夢良。
方　柲。
邵　源。
趙師緎。
趙汝端。
趙彦𢕟。
趙億夫。取應魁。
嘉定元年鄭自誠牓
胡誠一。
馬　高。
王三錫。

方　俌。

嘉定四年趙建大牓

柴　銳。國學。

方萬里。國學。

趙琖夫。

嘉定七年袁甫牓

吳應酉。

詹仁澤。内舍。

林　炎。

趙桀夫〔六二〕。

方　淳〔六三〕。

葉夢符。

王立中。上舍。

王　直。國學。

嘉定十年吳潛牓
鄭希呂。
余大淵。
趙希逻。
鄭　穎。國學。
嘉定十三年劉渭牓
金友龍。
嘉定十六年蔣重珍牓
鄭　聞。國學。
周　高。國學。
俞誠一。國學。今名公明。
趙師繂。
寶慶二年王會龍牓
洪夢炎。

余　肆。
葉　微。
馬登龍。
葉端平。
趙孟修。
趙師緝。
趙爔夫。
趙汝綰。
趙汝溭。
趙彦岳。
紹定二年黄朴牓
方應旗。
汪自強。
洪　牧。

胡伯驥。
紹定五年徐元傑榜
江時舉。
洪揚祖。上舍。
姚夢角。
李濬。
端平二年吳叔告榜〔六四〕
江應發。
趙由迪。
嘉熙二年周坦榜
邵應豹。
林旂。上舍。
方若。
吳季子〔六五〕。

王鉱。

何應旂。

方洪。

趙綵夫。

淳祐元年徐儼夫牓

邵甲。

翁應弼。

黄宗仁。

洪松龍。

淳祐四年留夢炎牓

余夢洪。

胡夢魁。

舒文龍。國學。

人物

江公望。字民表。郡人。崇寧初，任左司諫，抗疏極論時政及宮禁事，皆人所難言者，坐廢終身。全名偉節，終始不渝，天下高之。紹興元年，詔贈右諫議大夫，官其後二人。

詹良臣。字唐公。郡人。敦厚有節操。年七十二，以特奏名爲處州縉雲尉。方臘起歙嶺，且犯處，君以數十百人獨守。或謂盍去諸，君曰：「食焉不避其難，吾官以逐盜爲名，必死之。」力不敵，被執。賊脅降，君怒罵賊。賊忿恚，割君肉使自啖。君且吐且罵，垂死罵不止。賊平，追錄死事，贈通直郎，官其子孫三人。時長子大方已仕矣，後終於簽書樞密院事。

王昇。字君儀。郡人。博洽多識〔六六〕，尤邃《禮》、《易》，家居不仕。以尚書左丞山陰陸公薦，特起於家，遂歷禮官，晚以徽猷閣待制還鄉里〔六七〕，知數，預語人以將死。紹興二年，無疾而卒，年七十九。

王縉。字子雲。郡人。天資忠厚，事親從兄誠意篤密，訓敕子孫有法。與諫議江公皆以風節論議顯於世，爲鄉里所重。其權侍御史，遷右司諫，知無不言。每謂人才實難，多事之際，尤宜爲朝廷愛惜。以故不專彈擊，而惟論安危大計，與所以啓悟君心者〔六八〕。光堯太上皇帝嘗以「中正不阿，得諫臣體」稱之。退歸幾二十載，恬然自樂。年八十七，一日語其家人曰：「心中無一事，時至可矣。」夜分而逝。

碑碣

《大廳記》三：

一、唐刺史李道古撰。石廢，記傳。

一、國朝知州田錫撰。今不存。

一、將作監丞、知桐廬縣刁布撰。石廢，記傳。

《文宣王廟碑》。雍熙三年知州田錫文。石廢，記傳。

《城隍廟碑》。唐刺史呂述文，開成五年立。在本廟。

《龍興寺碑》二：

一、唐開元三年台州刺史康希銑文。石經火不存。

一、唐大中十四年潤州刺史蕭定文。今不存。

《唐烏龍山許尊師孝感瑞芝記》。上元二年，鄉貢進士何源述。舊經止云《龍興觀碑》。今石在天慶觀，文詞字畫皆可喜。

《唐烏龍山有道先生許公碑》。正本字犯仁宗嫌名。元十一年，江夏李師尚文。舊經亦云《龍興觀碑》。今石在天慶觀。其稱許公者，道士也，其徒私以「有道」之號謚之。

《嚴先生祠堂記》。景祐元年，高平范仲淹述，邵竦篆。經方臘之亂，不存。宣和七年，知州凌唐佐重刻於石。紹興八年，知州董棻又得吳興張有篆刻於邵篆之陰，在高風堂。

《州學進士登科記》。嘉祐三年，殿中侍御史、知州趙抃撰。在州學。

《靈香閣記》。熙寧五年，集賢院學士、知杭州蘇頌撰。在建德縣衙。

《新作浮橋記》。治平三年，會稽錢勰撰。石廢，記傳。

《知州題名記》。紹興四年，灊山朱翌撰。在大廳。

《放生池記》。紹興十四年，左朝奉大夫、主管洪州玉隆觀姜師中撰。在湖心法言寺。
《均減丁税記》。乾道九年，知州詹亢宗撰。在大廳東。
《瑞粟圖記》。淳熙十二年，知州陳公亮撰。
《新建貢院記》。淳熙十三年，知州陳公亮撰。在貢院〔六九〕。

【校勘記】

〔一〕《嚴州圖經重刊校字記》：「《圖經》卷第一第一葉原作『卅九，自此下至卷一止九十九號四十葉，後有又四十一葉。』」

〔二〕平：原本無，據影宋鈔本補。

〔三〕《嚴州圖經重刊校字記》：「第五葉原四十三陽五行『北曰百順』。案前《建德府内外城圖》、《府境總圖》作『柏順』，不知誰是。」

〔四〕《嚴州圖經重刊校字記》：「注『善利門舊有復城，出溪湖兩間』。『復城』當作『複城』，今改。」

〔五〕《嚴州圖經重刊校字記》：「『兩間』二字疑。」

〔六〕三年：原作「二年」，據影宋鈔本及雍正《浙江通志》卷二四、卷二六三改。

〔七〕「在」字上影宋鈔本有「舊」字。

〔八〕撫：原作「橅」，據影宋鈔本改。

〔九〕附：原本無，據影宋鈔本補。

〔一〇〕按原本無標題，今據內容徑補。下同。
〔一一〕《嚴州圖經重刊校字記》：「第八葉原四十五陰四行『知州陳公公亮以新定』，下缺一行。」
〔一二〕閣：原作「閻」，據影宋鈔本改。
〔一三〕《嚴州圖經重刊校字記》：「案『比較務』上闕一字。」
〔一四〕南街內：商務印書館本作「內南街」，影宋鈔本作「內街南」。
〔一五〕今一百八人：原作「一百八人今」，據商務印書館本及下文例乙。影宋鈔本此句作「紹興己未中一百八人，今見管二十三人」。《嚴州圖經重刊校字記》：「第十二葉原四十九陽六行『壯城營』注闕十餘字。」
〔一六〕鶬：原作「鸖」，據影宋鈔本及《周禮注疏》卷三三改。
〔一七〕七：原本空闕，據影宋鈔本補。《嚴州圖經重刊校字記》：「第十八葉原五十五陰五行，『紬舊額二萬二千口百六十二匹』，案『千』字下空一格，原闕。」
〔一八〕按此句下有闕文。《嚴州圖經重刊校字記》：「第二十葉原五十八陰七行原闕。」
〔一九〕《嚴州圖經重刊校字記》：「第二十二葉陰七行『國朝皇祐中建』，至二十三葉陰六行『古跡』止，原作六十一號。」

〔二〇〕劉泌：原作「劉似」，據影宋鈔本改。按雍正《浙江通志》卷二二四「順濟廟」條下云「淳熙甲辰春，權州事通判劉泌」，可證。

〔二一〕《嚴州圖經重刊校字記》：「第二十三葉『陵仙角』起，至『蕭幾卒於官』，原作六十號，今改正。」

〔二二〕《嚴州圖經重刊校字記》：「第二十四葉原六十一『江秉之』下『所得秩悉散之親故』，此據《南史》、《宋史》，『秩』下有『祿』字。」

〔二三〕《嚴州圖經重刊校字記》：「羊欣下『人生仕官至二千石』，案《南史》、《宋史》均作『人生仕宦』，今改。」

〔二四〕按原本「元」字闕筆，據《梁書》卷四一《蕭幾傳》改。下同。

〔二五〕按原稿空闕處皆注「闕」字。下同。

〔二六〕十：影宋鈔本無。

〔二七〕「年」字下影宋鈔本有「月日」二字。

〔二八〕二十二：影宋鈔本作「二十一」。

〔二九〕《嚴州圖經重刊校字記》：「第三十葉原六十七陽十行，『鄭仁弼自尉衛少卿拜』，案《唐書》祇有衛尉少卿，今改正。」

〔三〇〕《嚴州圖經重刊校字記》：「陰一行『呂述』注：『自鹽欽推官、祠部郎中拜。』『欽』字當是『鐵』字，今改。《唐書》無『鹽欽推官』。」

〔三一〕按「拜」字前後原本皆闕數字，無從補足。

〔三二〕二十三：影宋鈔本作「二十二」。

〔三三〕二十三：影宋鈔本作「二十二」。

〔三四〕十二：影宋鈔本作「十一」。

〔三五〕九日：影宋鈔本作「五日」。

〔三六〕《嚴州圖經重刊校字記》：「第四十一葉原七十七陽九行張宗愈『以朝奉郎、提轉主藏庫到』，『轉主』疑是『轄左』，今改。」

〔三七〕《嚴州圖經重刊校字記》：「陰一行徐材『開禧二年三月滿』，次行衛溉『寶慶元年到』。中闕開禧、嘉定二十年題名。查次葉陰第七行『柴幾是開禧元年到』，由柴幾以下至衛樸共十一人到滿，年月正在開禧、嘉定二十年中，是柴幾應接徐材之後，衛溉應接衛樸之後。柴幾以開禧元年四月二十九日到，徐材以開禧二年三月滿，『元年』、『二年』必有一誤。又寫書人貢一疑云：查正、倅《題名》，職官朱翬以下多第七十七葉職官二十名，且年月不符合七十八葉曾㮚到官年月，適與朱翬交替月日合。十三年，『三』字疑係『五』字。此七十七葉之趙師㥁以下二十名當在添倅職官趙子覺以後，則年月相符。且添倅職官皆有年月無日，趙師㥁以下亦是有年月無日，似應移趙師㥁二十人於添倅之內。今仍其舊，附著其説於此。唯郭磊卿以下六人仍有日，似其説亦未安耳。」

〔三八〕改罷：影宋鈔本作「監」。

〔三九〕道：原作「通」，據影宋鈔本改。

〔四〇〕《嚴州圖經重刊校字記》：「第四十二葉原七十八葉陽八行曾㮚至陰六行皆係淳熙十五年三月初三日至開禧元年四月二十九日職官，與前葉趙師㥁以下九人年月相複，陰六行林谷滿日卻與柴幾到任月日同。」

〔四一〕十五：影宋鈔本作「十三」。

〔四二〕二年：影宋鈔本作「三年」。

〔四三〕十一：影宋鈔本作「十二」。

〔四四〕二十七：影宋鈔本作「二十九」。

〔四五〕張澄：影宋鈔本作「張澄」。

〔四六〕《嚴州圖經重刊校字記》：「第四十五葉原八十葉陰四行鮮于价注：『除□監登門檢院』，『監』字上脱一字，『登聞』改正。」

〔四七〕「奉郎」下至「淳祐」二字，原本闕，據影宋鈔本補。

〔四八〕准告：原本闕，據影宋鈔本補。

〔四九〕六月：影宋鈔本作「八月」。

〔五〇〕「日奉」二字原本闕，據影宋鈔本補。

〔五一〕奉：原本作「參」，據影宋鈔本補。

〔五二〕按此句下原本有闕頁。《嚴州圖經重刊校字記》：「第四十七葉原八十二葉陽二行至六行原有闕文。」

〔五三〕《嚴州圖經重刊校字記》：「第五十葉原八十五葉陰三行，『於是士無權與之歎，前廓日人七百』，當是『士無權輿之歎，前廊日人七百』，今改。」

〔五四〕《嚴州圖經重刊校字記》：「第五十一葉原八十六葉陽四行注：『賜呂蒙正以下及並賜袍笏』，『及』字下脱『第』字，今補。」

〔五五〕賜：原本空闕，據下文例補。《嚴州圖經重刊校字記》：「陽五行注『又　御詩』，『御』字上空一格。」

〔五六〕授：影宋鈔本作「後」。

〔五七〕黃大知：影宋鈔本作「黃大和」。按《淳熙三山志》卷二七、雍正《浙江通志》卷一二四皆作「黃大知」，當是。

〔五八〕唐友仁：原本闕，據影宋鈔本補。

〔五九〕《嚴州圖經重刊校字記》：「第五十七葉原九十二葉陰三行『本待問牓』，查《萬姓統譜》『屋』韻：『木待問，隆興初進士第一。』是『木』，誤『本』，今改。」

〔六〇〕方括：原作「万括」，據影宋鈔本及雍正《浙江通志》卷一二五改。

〔六一〕葉諫：影宋鈔本作「葉諫」。

〔六二〕趙粲夫：原作「趙築夫」，據影宋鈔本及《景定嚴州續志》卷五、雍正《浙江通志》卷一二七改。《嚴州圖經重刊校字記》：「第五十九葉原九十五葉陰十行『趙築夫』疑是《宋季三朝政要》之『趙筱夫』。」

〔六三〕淳：原闕筆作「湻」，據影宋鈔本及雍正《浙江通志》卷一二七改。下同。

〔六四〕吴叔告：原作「具叔告」，據商務印書館本、影宋鈔本及《宋史》卷四二《理宗本紀》、《宋季三朝政要》卷一、《景定嚴州續志》卷三改。

〔六五〕吴季子：原作「具季子」，據商務印書館本、影宋鈔本及《景定嚴州續志》卷三改。

〔六六〕洽：原作「治」，據影宋鈔本改。

〔六七〕《嚴州圖經重刊校字記》：「第六十二葉原九十七葉陰六行『遂歷禮宫，晚以徽猷閣待制還鄉里』。案當是『遂歷禮官，以徽猷閣待制還鄉里』，今改正。」

〔六八〕《嚴州圖經重刊校字記》：「第六十三葉原九十八葉陽三行『興所以啓悟君心者』，『興』宜作『與』，今改。」

〔六九〕按原本卷末有「《圖經》卷第一」句，注云：「此卷板心原標卅九葉至九十九葉，中有又四十一葉，原實一百葉。」。

淳熙嚴州圖經卷第二[一]

歷代沿革

望。建德縣。本漢富春縣地。晋簡文鄭太后諱阿春，孝武改曰富陽。吴孫權黄武四年，分富春置，隸吴郡，封子皓爲建德侯。晉、宋以後，皆隸吴郡。梁普通十年，割隸東陽郡。隋開皇九年，縣廢，併太末、豐安三縣入金華，改爲吴寧縣。後復爲金華，屬東陽郡。大業十年，立爲鎮。唐武德四年，復爲縣，隸嚴州。時即桐廬置嚴州。七年，州廢，省縣入桐廬、雉山。永淳二年，復置，隸睦州。神功元年，移州治。歷唐末五代及錢氏，迄國朝，皆因之。正本字犯仁宗嫌名。元中爲緊縣，元和中爲上縣，《唐志》如之。《國史》、《九域志》皆爲望縣。

縣境道路附。

東西一百三十里。

南北八十里。

四至八到

東至桐廬縣界五十里。以安仁牌爲界，自界至桐廬三十五里。

西至壽昌縣界六十里。以茭塘爲界，自界至壽昌二十五里。

南至婺州蘭溪縣界六十里。以花塘爲界，自界至蘭溪三十里。

北至分水縣界六十里。以胥嶺爲界，自界至分水六十三里。

東南到婺州浦江縣界七十五里。以井阬爲界〔二〕，自界到浦江三十五里。

西南到婺州蘭溪縣界四十里。以檀嶺爲界，自界到蘭溪四十五里。

東北到桐廬縣界五十里。以楊闌橋爲界，自界到桐廬三十五里。

西北到分水縣界四十五里。以峽嶺爲界，自界到分水五十三里。

水路

歙港水路。在縣南西，泝入淳安縣一百八十里，東沿入桐廬縣九十里。

婺港水路。在縣東南，與歙港合，泝入婺州一百四十五里。

城社

社壇。在城西北五里。

鄉里

買犢鄉。 管里三。

賣劍里。

息奸里。
豐稔里。
新亭鄉。管里五。
仁愛里。
余浦里。
仁豐里。
惠及里。
孝悌里。
宣政鄉。管里七。
金靈里。
宣風里。
白鳩里。
中義里。
叔度里。

求蘇里。
常樂里。
白鳩鄉。管里五。
甘泉里。
謝浦里。
萬俞里。
雲思里。
上浦里。
建德鄉。管里五。
東林里。
旌孝里。
大川里。
馬目里。
沿江里。

慈順鄉。管里七。
胥源里。
麟化里。
清風里。
新義里。
楊溪里。
招賢里。
均平里。
龍山鄉。管里三。
弦歌里。
下坑里。
靖泰里。
仁行鄉。管里三。
慈孝里。

延化里。

懷仁里。

芝川鄉。管里二。

節婦里。

隱溪里。

戶口

舊經載晉太康戶三百四十七，《宋志》戶五百七十，而不載國朝戶口數。

紹興己未戶一萬六千九百二，丁二萬二千六百五十六。

今戶二萬四千八百三十一。

丁三萬七千八百九十。

工廨舍

縣衙。在子城東。係京朝官知縣事。

丞廨舍。在縣衙内西偏。

主簿廨舍。在縣衙内西偏。

尉司。在善利門外。

管界巡檢司。在縣東三十里張村。管土軍一百人。

知縣題名

建德爲縣，唐永淳以前廢置不一。更五代暨本朝以至於今，五百七十餘載。紹興四年，知縣黎詔始創壁記，其錄前政名銜、滿替年月，起宣和，止紹興。續書至紹定，纔四十有八人。厥後因循，皆不復錄。新定有志，亦闕焉弗書。寶祐二年，東嘉趙崇渕來領邑寄，首取圖經閱之，喟然歎曰：古者建萬國，爵五等，碁布星羅四周於天下，凡皆以爲民極。今縣有宰正，古子、男之職，於民尤親，志何可闕？矧建德爲新定望邑，而又附郭，訟牒既夥，版賦益艱，皆宜剔梳，尤以學道愛人爲第一義。民不忍欺，奚獨子賤？專以德化，奚獨魯恭？縣稱神明，天下第一，奚獨丘仲季？帝嘉清白，爲百城最，奚獨欒法才？古詩云：「世間萬事俱塵埃，惟有棠陰垂不朽。」盍序次姓名，悉登郡志，俾來者見賢思齊，亦新定道院一助云。嘉定癸酉，何大參詹嘗爲潘宰檜大書「新定道院」四字，俾扁之縣齋。有寓公崇道、唐知府愨爲之序。

葉　輝。宣和三年四月初六日，以從政郎到任，宣和六年十二月十六日罷。

劉　何。宣和七年三月初十日，以通直郎到任，靖康元年八月二十一日罷。

林師説。建炎二年八月二十六日，以宣教郎到任。三年三月，因以獲侲從慶〔三〕，轉通直郎。三年九月，因收石環，轉奉議郎。當年十一月二十八日，改本州添差通判。

姚　焯。建炎四年四月初五日，以通直郎到任，當年十月十三日罷。

徐　琮。建炎四年十月十四日，以右承事郎到任，紹興二年十月闕七日罷。

楊　彦。紹興二年十月二十八日，以宣教郎到任，紹興四年十一月十五日罷。

黎　詔。紹興四年十二月十六日，以右朝奉郎賜緋魚袋。六年正月二十八日轉朝散郎，七年四月初十罷。

熊　適。紹興七年七月二十二日，以左承議郎到任。九年二月，轉左朝奉郎。十年七月二十一日罷。

李　球。紹興十年七月二十二日，以右承奉郎到任，十三年八月初九日任滿。

鄭　鞏。紹興十三年八月初九日，以右承事郎到任，十六年十月初十日任滿。

張　莘。紹興十六年十月十日，以左宣教郎到任。七年四月，磨勘轉左奉議郎。十八年二月二十七日，改知紹興府會稽縣。

鄧昌時。紹興十八年七月初四日，以右宣教郎到任。紹興十八年十二月十八日，尋醫罷任。

洪　誼。紹興十九年四月十九日，以左宣教郎到任。十一年九月，磨勘轉奉議郎。二十三年四月十七日滿。

俞　顔。紹興二十三年四月十七日，以右通直郎到任，二十六年四月十七日滿。

章　瑎。紹興二十六年四月十七日，以右奉議郎到任。二十七年，轉右承議郎。二十九年閏六月初二日任滿。

周　邦。紹興二十九年閏六月二日，以右宣教郎到任。三十一年三月，轉右通直郎。三十二年九月，轉奉議郎。當月十二日任滿。

張傑。紹興三十二年九月十二日，以右奉議郎到任。當年十月，轉右承議郎。十二月初五日，丁母憂。

趙芨。隆興元年二月初五日，以右奉議郎到任〔四〕，當年十二月初五日罷。

馮世顯。隆興二年二月初五日，以右宣教郎到任。乾道二年十二月初五日，轉通直郎。二年十二月六日滿。

毛兟。乾道二年十二月六日，以右宣教郎到任。四年二月十五日，轉右通直郎。

趙不悏。乾道五年十二月十二日，以左承事郎到任。六年五月十日，轉左宣教郎。九年二月初二日任滿。

惠養民。乾道九年二月二日，以右宣教郎到任。當年二月二十日，轉通直郎。淳熙元年三月十三日，賜緋魚袋。二年二月十二日任滿。

何儼。淳熙二年三月十二日，以奉議郎到任。四年三月十一日，賜緋魚袋。當年三月二十六日任滿。

高鵬。淳熙四年三月二十六日，以奉議郎到任。

胡燮。淳熙五年五月十日，以宣教郎到任。當年十月十日，轉通直郎。八年六月三日任滿。

孫泰輔。淳熙八年六月三日，以宣教郎到任。

何武仲。淳熙九年八月二十二日，以宣教郎到任。十一年十一月初十日，轉奉議郎。十二年十一月初八日〔五〕。

蘇林。淳熙十二年十一月八日，以宣教郎到任。十三年六月二十日，轉通直郎。十五年十一月一日，賜緋魚袋。當年十一月二十三日任滿。

邵暹。淳熙十五年十一月二十三日，以奉議郎到任。四月初一日，轉承議郎。紹熙二年六月初一日，轉朝奉郎。八月初九日罷任。

王可大。紹熙二年十一月二十四日，以宣教郎到任。五年二月，磨勘轉通直郎。九月，覃恩轉奉議郎，賜緋魚袋。慶元元年二月二十三日，避親離任。

張宗穎。慶元元年十二月八日，以朝散大夫到任。三年二月二十二日，通理離任。

葛拚。慶元三年二月二十二日，以奉議郎到任。六年二月二十一日，轉承議郎。閏二月十九日任滿。

何松。通直郎。

王中行。嘉泰元年四月三日，以宣教郎到任。二年三月十一日，磨勘轉通直郎。

王松。宣教郎。

施一鳴。宣教郎。

唐仁傑。宣教郎。

潘檜。嘉定五年四月十六日，以宣教郎到任。十四年二月，轉通直郎。八年八月二十一日滿。

陳德一。嘉定八年八月二十一日，以宣教郎到任。十一年十月，轉承議郎。十月二十五日任滿。

楊總。嘉定十一年十月二十六日，以奉議郎到任。十四年二月二十四日，特差充淮東總領所幹辦公事。

曾樵。嘉定十四年六月十三日，以通直郎到任。十五年，該寶賞轉奉議郎。十六年十一月十四日，通理替滿。

史湜。嘉定十六年十二月十四日，以宣教郎到任。十七年二月，磨勘轉通直郎。十月，該覃恩轉奉議郎。十一月，賜緋魚袋。寶慶元年十二月十七日滿。

呂延年。寶慶元年十二月十七日，以通直郎到任。二年正月七日，得旨與職事官差遣。二月十四日，除軍器監主簿離任〔六〕。

王寓。寶慶二年三月二十四日，以通直郎到任。當年十月，磨勘轉奉議郎。紹定二年四月初五日替滿。

趙伯代。寶慶二年四月初五日，以承事郎到任。四年正月，磨勘轉宣教郎。五月，該慶典轉通直郎。

陳巽。

沈愿。

陳伯鼎。

孫自中。嘉熙元年八月二十三日，以奉議郎到任。二年四月，磨勘轉承議郎。當年七月，用戰功酬賞特轉朝奉大夫。四年五月，磨勘轉朝散大夫，初四日滿替。

趙希畲。嘉熙四年五月初四日，以奉議郎到任。淳祐闕月，磨勘轉承議郎。三年二月，磨勘轉朝奉郎。當年十二月初三日滿替。

金應辰。淳祐三年十二月初三日，以奉議郎到任。五年六月，磨勘轉承議郎。

黄湛。淳祐六年四月初二日，以承事郎到任。

滕士脩。淳祐九年八月闕日，以承事郎到任。

惠德夫。淳祐十年二月十一日，以通直郎到任。十二年正月旦日，磨勘轉奉議郎。當年三月初八日，准省劄特改差提領江淮茶鹽所主管文字。

顧喦。淳祐十二年六月初二日，以通直郎、大理評事到任。

趙崇洌。寶祐二年三月十五日，以奉議郎到任。寶祐三年十月，磨勘轉承議郎。寶祐五年正月，磨勘轉朝奉郎。當年闕月闕日滿替。

杜林。宣教郎，寶祐五年三月二十八日到任，當年九月二十八日〔七〕。

館驛亭附。

朱池驛。在縣西三十里，當衢州大路。

胥村驛。在縣北二十五里，當臨安府大路。

三河驛。在縣南五十里，當婺州大路。

萬松亭。在州北二里。

土貢

絹三匹。

布一匹。

稅賦茶租、免役、和預買附。

夏稅

絹舊一萬六百七十九匹三丈三尺七寸，今四千六百六十疋有畸。

紬舊一千八百八匹一尺五寸，今一千三百七十六疋有畸。

緜舊九百三十二屯二兩七錢，今二千六百五十兩。

秋稅

苗米舊三千一百七十九石五斗四勝九合八勺，今三千二百一十七石八斗有畸。

茶租錢舊額三千二百七十二貫文，今收二千貫文。

免役錢舊額一萬四千三百九十九貫六百一十八文，今收一萬一千五百三十一貫三百六十一文。
和預買絹舊一萬二千一百七匹，今一萬一千六百七匹。
紬舊四千五百匹，今三千二百二十六匹。
絲五千兩，無增減。
生紬線八百兩，無增減。

課利

茶

遞年批發四十四萬七千四百四十斤，計引錢七萬五千五十二貫文。紹興己未，批發四十六萬四千一百四十斤，計引錢七萬七千六百七十六貫文。今批發四十四萬二千二百斤，計引錢九萬七千五百四貫文。
遞年住賣一千九百四十斤，計引錢三百四十貫文。紹興己未住賣二千一百斤，計引錢三百五十七貫文。今住賣一千六百斤，計引錢三百五十二貫文。

鹽

遞年一百六十七萬四千斤，引錢七萬二百二十二貫文。紹興己未賣一百六十七萬八千二百斤，計引錢七萬四百二十二貫文。今賣一百四十七萬七千八百斤，計引錢一十萬三千四百四十六貫文。

香

遞年一百一十一兩，計引錢三百一貫五百文。紹興己未賣一百一十兩四錢，計引錢四百九十四貫三百六十文。今賣一百八十六兩六錢，計引錢二百四貫一百四十五文。

礬

遞年九百斤，計引錢一百三十二貫文。紹興己未賣一千斤，計引錢一百四十四貫文。今賣一千一百三十七斤，計引錢一百一十三貫七百文。

酒税

村坊舊額一十六處，十處買撲〔八〕，六處分認元額。一界浄利錢一萬二千九百七十三貫九百一十文。

今額村坊一十一處，買撲五處。一界浄利錢九千九百七十八貫七百六十四文，增添五分，錢四千九百八十九貫三百八十二文。

每月課利錢舊額一百八十二貫七百六十一文，今額九十貫九百文。

牙契税錢租額一千六百一十七貫，紹興己未收六千八十貫，今收九千二百七十二貫五百文。

寺觀

報恩廣孝禪寺。在水南五里山上。慶曆中建，名廣靈寺。崇寧二年，詔改爲崇寧萬壽禪寺。政和元年，改爲天寧。紹興七年，詔改今名。

景德禪院。在百順門外四里。唐正本字犯仁宗嫌名。觀中建，名多福院。國朝改今名。政和中，改爲神霄宮，靖康初復舊。

法言寺。在水東門外西湖心。靖康元年，僧文佐造華嚴堂，州人名之湖心寺。建炎四年，以遂安縣廢額榜今名。寺爲湖水環繞，真是水中可居之地。紹興八年，作飛橋跨其西，榜曰寶華洲。又於寺東水際面東山作亭，名曰晨光，後改爲浸雲。湖中有畫舫，名曰漾月齋。今廢壞。

觀音院。在望雲門外五里。唐正本字犯仁宗嫌名。觀中建。

下塔院。在望雲門外五里。有善導和尚塔。建中靖國元年，知州馬玕於此祈禱有應，請於朝，封廣道大師。

高峰院。在東津山上，距城五里。唐善導和尚之道場。院有靈感觀音像，遇旱，禱雨有應。紹興七年，知州胡寅作亭其上，俯瞰二港匯流。以其近嚴陵瀨，名曰高風亭〔九〕。

保□院。在五里〔一〇〕。舊名靈山寺，在芝川鄉北〔一一〕，政和二年闕陵。

九峰菴。在和平門外闕里。寶元二年建。政和五年，僧智自增廣。環菴皆山，山列九峰，故以名。

玉泉菴。在仁安山之東麓，距城七里。不知建造之始。有陳學士隸書「玉泉菴」三字爲之榜。學古，文惠公之子也。書肖其父。菴之西有泉，冬夏不竭。昔人甃石爲瀑流，如噴玉然，故以名之。舊有屋相對，名玉泉亭。紹興八年，移亭跨水上，即故基作性樂堂〔一二〕，又即玉泉亭之南近水源作亭，名曲水，甃石其中，可以流觴。亭相對有屋，故諫議大夫江公望名唯菴。菴之上有石佛，歲久，其石漸長，殆所謂息石也。初入山，縈紆松徑，有亭當路，名曰尋幽。又自石磴而上，有亭名曰競秀，然後至庵。

龍堂院。在城之北半里。舊在仁安山下，朱梁時移於此。

澄溪菴。在仁安山麓。相傳爲唐韶國師建菴處。按澄溪菴舊在城東碧溪，經亂不存。紹興五年，僧道照即此地作屋以居，州人爲取庵名榜之。

雲居菴。在城之東三里。國朝康定中立名。

靈瑞院。在宣政鄉桐溪，距城十五里。後唐時，道人智通作菴於此。國朝開寶中，僧道寶即遺基募緣建。

集福院。在宣政鄉大洋，距城二十五里。相傳有僧於此地拾得一石，像佛形，因作小寮。國朝乾德中，創爲院。

下竺院。在宣政鄉下竺源，距城三十里。相傳後唐時，有僧作菴於此。後漸成小院，因地立名。

大寧院。在宣政鄉下竺源，距城三十五里。唐光啓二年建。

太平院。在白鳩鄉三河，距城五十里。舊院久廢。漢乾祐二年，僧曉明即故基重建。

資壽院。在白鳩鄉石塘，距城四十五里。相傳有僧於此拾得泥佛，因作菴，後建爲院。

悟真院。在新亭鄉杜塘，距城三十里。唐廣明中建〔一三〕。

興福院。在新亭鄉巖山，距城二十五里。舊係明山巖前寺，唐會昌中廢。至錢氏，當國朝乾德中重建。政和五年，僧靈皎出緡錢八百萬一新之，故諫議大夫江公望爲之記。

仁王院。在新亭鄉翁村，距城二十里。後唐時建。

靈石院。在新亭鄉守祿村。朱梁時，有僧作菴於此。國朝建中靖國元年，知州馬玗爲立此名。

福安院。在龍山鄉黃饒，距城三十五里。錢氏時，有僧作小寮，後漸成院，因立此名。

極證院。在龍山鄉盤常，距城二十里。國朝元豐中建。

崇勝院。在慈順鄉唐村，距城三十里。舊名龍門白佛院，大中祥符八年敕賜今額。院昔有僧義澄，號常坐不睡長老，真宗嘗賜以御製詩云：「止觀心地法，色相本皆空。禪慧明宗性，超然萬法中。」院有大中祥符二年賜義澄物數劄子，仁宗御飛白書五軸〔一四〕，皇太妃已下施利與義澄劄子，及皇太后賜銀二百二十四兩令作水陸道場資薦真宗忌辰劄子，今並存。

資福院。在慈順鄉沙坑，距城五十里。

依圓院。在慈順鄉石樓，距城五十里。唐末建。

竹林院。在慈順鄉楊溪，距城六十里。國朝皇祐元年建。

壽聖普光院。在慈順鄉朱池，距城三十五里。唐時建，名普光院。國朝賜壽聖普光院。

白佛院。在仁行鄉闍闌口。國朝淳化中建。

法源院。在芝川鄉安仁，距城四十五里。舊名歸善寺，國朝嘉祐二年改賜今名。

鳳山院。在仁行鄉莆田村，距城六十里。院基山勢如鳳，因以取名。

道泉菴。在芝川鄉上梓，距城四十里。國朝開寶中建。

龍門菴。在芝川鄉胥口，距城三十里。國朝開寶中建。

粉泉菴。在仁行鄉仁安嶺，距城十二里。

雲岫菴。在建德鄉利頭〔一五〕，距城二十里。

祠廟

東嶽廟。在城西唐浦，距城五里。

仁安靈應王廟。在嘉睨門外二里。據廟記，神姓邵，名仁祥，字安國。性倨傲，不拘小節。隱烏龍山，嘗謁縣令，令怒其無禮，因笞殺之。仁詳且死，語人曰：「吾三日内必報之。」至期，雷電晦冥，有大白蛇長數十丈至縣庭中，令驚怖立死。神空中語人曰：「立廟祀我，吾當福汝。」時唐正本字犯仁宗嫌名。觀二年也。舊經載梁時封證本字犯仁宗嫌名。應王，後或封護境感應王。國朝熙寧八年，封仁安靈應王。按天聖十年章岷所作廟碑，謂錢武肅王嘗禱以濟師，有應。又云年載寖遠，册書靡存〔一六〕，護境之稱，傳於里俗，徒觀題榜，莫究真僞，疑爲錢氏所封。岷以無據，不敢臆斷。後人乃謂天聖中封爵，非也。紹興二十九年，加封忠顯。乾道二年，又加昭惠，累封至八字，曰忠顯仁安靈應昭惠。

鎮寧侯廟。在城東五里。神有弟妹三人。梁正本字犯仁宗嫌名。明四年敕，睦州土地神，兄封鎮寧侯神，弟封保靜侯神，妹封慶安夫人。告命今存。

廣信王廟。在城西五里。據廟記，神姓柳，本河東人。東晉時，爲新安內史。本廟在分水縣柳山梁。正本字犯仁宗嫌名。明四年，贈尚書左僕射，封廣福侯。後唐清泰三年，封鴻仁廣信王。告命今存。

寧順廟。距城隔江二里，地名夫子隴。俗稱倪祖夫人。其神夫倪可耕，神妃則陳氏，生子一人倪惇，媳婦化氏。先因梁武帝大同年中侯景之亂，軍士恟恟，坐甲圍衛，時暑炎熾，諸軍渴乏，不能水，無屨跣足，驀逢一嫗一樵，寓衆兵中，擕一熟水瓶，令卒伍傾飲不竭。復勞以草屨，令均躡之，逡巡皷風無蹤，諸卒驚駭。梁皇聞其事狀，採訪所居，迺新定郡南舊本新安郡東南角。傭民倪氏母子有遊神攝化之術，顯保國護境之功，詢已逝矣，建立祠祀。梁太清六年正月甲申，遣侍中馮道元持冊，謚以顯應妃子，封廣利王，化氏封東林郡君。廟宇常遭淯寖，於唐正本字犯諱。觀三年，中書令馬周遷廟，徙於夫子隴，號曰詔山。南唐李主景保大七年中，宣城寇叛，夢神驅水援之，其寇果潰〔一七〕。因滋效實，兩遣推忠協謀功臣、寧國軍節度使、光祿大夫、行御史中丞黃臺持節追冊陳氏，加爲顯應慈節聖妃子，倪惇加封崇福廣利王，媳婦化氏封保寧夫人，仍捨鍍金銀香爐、金絲縷珠、蹙翠寶冠各一所。唐龍紀元年，刺史因夢所感，迺旌其廟。表於朝。忠烈太守陳晟亦嘗詣廟祭告〔一八〕，稱妃之姪孫祈保境城。並吴越國王錢鏐行制，贈爲顯應寧順妃廟。天福四年祀天〔一九〕，遣牙將右監門徐唐卿曾持冊，於神累獲徵應。周顯德六年七月，奉吴越國王旨揮立石，少保、兼司空、同發遣軍政事碩諆，並書碑石，具載甚詳。凡郡內軍民祈禱，其應兆隨誠立響，非止一端，枚舉稍繁。開元十三年東封，吴兢請以歲時中分後一日行中祀之禮。詔從之〔二〇〕。國朝景德四年六月，諸路亢旱，降御筆手書，責令守令精加祈禱於廟，即時降雨起雲，陰霈三晝夜，中送轉運使保奏。是歲，漕使胡公諱則。遣本司管勾文字、儒林郎周寬夫到廟祈求雨暘，甚獲感應。大中祥符初，得旨降付轉運使，令守令常加崇奉，如法修葺，廟宇整肅，長吏以時致祭。改封顯應正節聖妃，仍從舊稱。中書門下所降敕牒綾疏與神諸頌封誥牒無直廟者，俱留州庫。祥符三年六月，尚書禮部符，以杭、越二州到廟禱雨有感，奉宣和二年〔二一〕，方臘之亂，焚毀其廟，知州周格委知縣葉輝重建。廟事詳於傳。勅加封顯應正節聖惠妃，子加封崇福承烈廣利王，化氏加封保寧協順夫人，仍降賜錢三千貫修廟。按《新定雜記》舊本〔二二〕，是神未建祠之先已有，城下正臨土地廟。其神起自三國時，迺五臺山突得骨汨兄、妹、弟三人流入吴境，寓此爲神。唐末，兩浙觀察使錢鏐具聞。朱梁末主正明四年二月，方封神爵。蓋聖妃所受梁朝爵號迺在其先也。

蔣山明帝府君廟。神諱子文，姓蔣氏。梁天監中封。今廟在水南二里。相傳爲唐正本字犯仁宗嫌名。元十一年立。一在靖林，距城十五里。又有祭龍壇，在城西建昌山龍王廟側。

隋司徒追封忠烈穎川陳公新廟。在建德鄉集賢村銅官山，距城六十里。據廟碑，神名果仁，仕隋。當義寧中，羣雄交作，司徒統衆晉陵，窺覦者畏伏，旁衛江浙。至唐乾符二年，鎮海軍叛卒王郢緣海爲寇，節度觀察處置使禱謁有應，置廟郭南門，具以事聞，追封忠烈公。中和三年，太守穎川公屯青溪，土團兵士鎮銅官山江女梶〔一三〕，制衢、信、黟、歙，即其地建新廟。按果仁及其事蹟皆不見於史傳。其曰太守、穎川公，則陳晟也。經方臘之亂，兩廟皆不存。宣和四年，重建郭南門廟於建安山下，既又鄉民即故基立廟。

威濟廟。在罾潭嶺，距城二十里。舊罾潭神廟。因討平方臘之亂，神有潛助之功，宣撫使聞於朝，宣和三年，賜廟額。今遇旱禱之，須臾獲應。

英烈王廟。在胥嶺。蓋伍子胥別廟。舊不載祀典。紹興九年，因修圖經，考正本原，取吳山本廟封爵名之，歲時遣官致祭焉。

朱太守祠。在烏龍。漢會稽太守朱買臣之神也。又有别廟，在朱池，舊亦不載祀典。紹興九年，因修圖經，知爲會稽郡地買臣故鄉，爲加增葺，歲時祀之。

馬目山新廟。在馬目浦口，瀕江，距城三十里。唐文宗時，刺史呂述建。按述記謂，先是，州之右有潭曰罾潭，其深無至，鱗物宅焉，因立廟潭上，而馬目顧無之。每有禱，則附而祝曰：「告於罾潭馬目之神。」開成己未，歲旱，請於神曰：「能雨則立廟。」越三日而雨。乃泝江四十里，躬擇神居，依山取勢，以爲新廟，至今歲時祀焉，水旱祈禱輒應。

兩港龍王廟。在水南。先是，雨漲則二水爭行，溢入城爲患。元祐八年，知州呂希純即二港匯流處立廟，又爲文以祭二港龍神，俾如兄弟更相遜避，自是無復水患者四十年。而歲久廟廢。紹興四年，水患復作，州人相與重建，自是安流。今遷在望雲門外東山上。其廢興始末附見前卷祠廟門。

山 巖洞附。

建安山。在城中百順門內。

仁安山。在城北一里。高六百丈，周回一百六十里。舊名烏龍山。其傍當驛路，有嶺亦名烏龍嶺。宣和初，臣寮建言，謂龍爲君象，應州縣山水地名有「龍」字者當避。及方臘之亂，復言狂賊竊發，由土地之名未正，乞錫以忠順之名，鎮定一方。乃詔州縣鄉名及山與嶺悉改今名。

平壁山。在城西十里。千仞壁立，因以得名。

松　巖。在城東南十里。上有孤松，奇秀特出，因以得名。

項山洞。在龍山鄉松原，距州四十五里。水湧石以出，溉田甚廣，冬夏不竭。歲旱，郡人取水城中禱焉，其應如響。

馬目山。在城西南二十五里。山有峰如馬首狀，中有小峰如馬首之目，因以得名。山有神廟。已見祠廟門〔二四〕。

吴氏山。在城西北四十里。山下多吴姓，人因名吴村。唐天寶中，敕以名山。

銅官山。在縣西八十里。舊經載《新安記》云：秦時於此置官采銅，因以爲名。

幽徑山。在朱池西五里，距縣四十里。有漢朱太守墓。

三雄山。《郡國志》云：上有顯庭、石門闕，多牛馬跡，在石上。

都督山。《郡國志》云：山極高峻，臨江，以占吉凶，石崩墜水内者死，到半山而止者吉，消散至水際者免。又有承金山，相次以占吉凶焉。

界山。《郡國志》云：山欲雨，輒聞鐘鼓之聲，與人擊之無異。

公山。《郡國志》云：山出水。水有橘，自然泛來，行人噉之，恣飽食則可，將去則病。

自三雄山以下，皆出《太平寰宇記》。其謂《郡國志》，非《後漢書》之《郡國志》也，舊皆不載。今淳安有都督，遂安有公山，未詳是否。而三雄界山，則莫知所在，樂史以爲皆建德境内也。史多藏異書，必有所據。

水 溪灘、津渡、湖池附。

新安江。一名歙江，一名歙港。在城南。來自徽州，至城東二里合婺港，又東入浙江。按《唐六典》浙江水有三源，此其一也。

東陽江。一名婺港。在城東南二里。來自婺州，與歙港合。

七里灘。在城東四十里山峽之中。諺云：「有風七里，無風七十里。」因以名之。

罾　潭。在州西南十七里。潭上有神祠。已見祠廟門。

胥口江。在州東二十五里。地名胥村，故以名水。

灘

烏石灘。

方門灘。

大浪灘。
中瀆灘。
湅身灘。
倉厚灘。
揚溪灘。
石關灘。
馬目灘。
海瀨灘。
平壁灘。
唐浦灘。
王家灘。
石壁灘。
魚梁灘。
顔戽灘。

三河灘。

津渡

東津渡。在縣東南。

水南渡。在縣西南。

小里渡。在縣東十里。

受祿渡。在縣東十五里。

胥口渡。在縣東二十里。

沈塢渡。在縣南十五里。

石壁渡。在縣南二十里。

石塘渡。在縣南四十里。

三河渡。在縣南六十里。

廟山渡。在縣西五里。

官裝渡。在縣西十里。
罾潭渡。在縣西二十里。
馬目渡。在縣西三十里。
楊溪渡。在縣西三十五里。
朱池渡。在縣西三十里。
歙村渡。在縣西四十里。
白沙渡。在縣西六十里。
銅官渡。在縣西七十里。
小洋渡。在縣西三十五里。
奩裏渡。在縣南三十里。

湖

在安泰門外。廣袤五百四十二丈。唐咸通中，刺史侯溫開置，見《方干集》。有侯郎中《新置西湖》詩，詩有「一夕機謀萬古存」之句。寶華洲在其中。國朝靖康元年，知州凌唐佐申乞充放生池〔二五〕，詎今不廢。

池

一在城西桂志塘。《志》一作「枝」。

一在百順門外。

古蹟

黄饒。距城四十里。相傳黄巢爲亂，欲過郡，時陳尊宿在城中，語郡人曰：「勿憂。」乃織大草屨，置之城西三十里外木杪。賊至，視之，曰：「彼有人焉。」遂出境。後因名其地，言爲黄巢所饒，蓋俗語也。地産烏椑，絕佳，甲於州境内。

胥村。距城四十里。相傳伍子胥嘗逃難抵此，後以名村。有廟。已見祠廟門。

朱池。距城三十里。相傳朱買臣讀書處。其東有朱太守祠，唐李頻文，其碑石今不存，而文傳，然詞頗淺近，又頻集不載，爲可疑。文謂吳王濞舉兵，民不遑居。公逃難至此，挹下涯水飲之，曰：「水香而善，其地可居。」於是深入大周，大周，地名。得地，爲蓬蓽而居之。後去官，因家於下涯之上，築室讀書，鑿池爲滌硯所。後人即其姓而名之曰朱池。因其地招公之來，名其里與橋皆曰招賢。此皆本傳所無者，其它皆放本傳。傳謂買臣語其妻：「我五十當貴，今已四十餘矣。」而碑作「四十當貴，今三十九矣。」當是故爲立異。又云：「成帝末年〔二六〕，立祠於烏隴之後。」今又立祠於朱池，而不著歲月。今二祠俱存。

烏龍山顛之北有泉，爲二池，一清一濁，方圓丈餘，相傳謂之聖水。歲旱，酌取清者祈求，率有應。今鄰州禱雨，亦來取之。

賢令

房　琯。字次律。開元中坐訊獄非是，貶睦州司戶。復爲縣，所至尚德化，興善利，以治最顯。

人物

許法稜。字道沖。縣人。唐代宗永泰中束帛聘〔二七〕，不就。

何起門。縣人。父死，廬於墓。唐大曆中，刺史蕭定以狀聞天子，旌表門閭。

碑碣

縣碑。唐會昌四年八月一日立。進士張秉文。

《隋司徒陳公新廟碑》。唐中和三年，婺州軍事判官、前福建等州觀察巡官、鄉貢進士許郴文。在本廟。舊經謂不鐫年代。今視所刻，年代甚明。

《馬目山新廟碑》。開成五年四月二十四日，刺史呂述文。在本廟。

右三碑皆載舊經，今唯縣碑不存。

《九峰庵記》。贈諫議大夫江公望撰。在本庵。

《興福院記》。贈諫議大夫江公望撰。在本院。

墳墓

漢會稽太守朱買臣墓。在幽徑山。按朱異《嚴州事跡》曰，朱池之西有山名幽徑，世謂買臣舊葬之山。山有叢棘，俗號朱太守墓。

烏龍廟碑。宣德郎、團練推官〔二八〕。

【校勘記】

〔一〕《嚴州圖經重刊校字記》：「《圖經》卷第二第一葉至卷二止，原作一百葉至一百二十八葉。」

〔二〕井阬：原作「并阬」，據影宋鈔本及雍正《浙江通志》卷三改。

〔三〕倪從慶：原作「仉從慶」，據《建炎以來繫年要録》卷七五改。《嚴州圖經重刊校字記》：「第五葉原一百四葉陰七行『林師說』注：『因以獲倪從慶，轉通直郎』。案『因以』二字必有一衍文，『倪』字書不見，疑是『仉』字。」

〔四〕奉議郎：影宋鈔本作「承奉郎」。

〔五〕《嚴州圖經重刊校字記》：「第七葉原一百六葉陰四行『何武仲』下『十二年十一月初八日』下應有『任滿』字。」

〔六〕《嚴州圖經重刊校字記》：「第八葉原一百七葉陰八行『呂延年』下『除軍器監主講』。查《宋史·職官志》軍器監祇有主簿，今據改。」

〔七〕《嚴州圖經重刊校字記》：「第九葉原一百八葉陰七行『杜林』下『當年九月二十八日』下應有『任滿』字。」

〔八〕《嚴州圖經重刊校字記》：「第十二葉原一百十一陰七行『十處買樸』，案《宋史》作『買撲』，本書下亦作『買撲』，今改。」

〔九〕按原本此下有闕字。《嚴州圖經重刊校字記》：「第十四葉原一百十三陰一行至四行原闕字。」

〔一〇〕「院在」二字，原本闕，據影宋鈔本補。按「在」字下仍有闕字。

〔一一〕按「北鄉」：字原本闕，商務印書館本同，此據影宋鈔本補。

〔一二〕性樂堂：影宋鈔本作「任樂堂」。

〔一三〕廣明：原作「慶明」，據影宋鈔本改。按唐無慶明年號，廣明爲唐僖宗年號，當是。

〔一四〕《嚴州圖經重刊校字記》：「第十七葉原一百十六陽七行『仁宗御飛帛書』當作『飛白書』。『皇太妃以下施利興義澄劄子』，『興』字不解。」

〔一五〕利頭：原作「利距」，據影宋鈔本改。蓋涉下而誤。

〔一六〕冊：原作「無」，據影宋鈔本改。

〔一七〕《嚴州圖經重刊校字記》：「第二十葉原一百十九陽六行『詔山』注：『南唐李王景保大十年』，疑是『李主景保大七年』。『其寇果潰』，定是『果潰』，今改。」

〔一八〕《嚴州圖經重刊校字記》：「陽九行注：『迺旌其廟，表於朝，忠烈太守陳晟』云云。按忠烈是隋司徒陳之封，『太守陳晟』上加此二字，不解。」

〔一九〕《嚴州圖經重刊校字記》：「陰一行注『祀夫』二字，疑是『祀天』，今改。」

〔二〇〕《嚴州圖經重刊校字記》：「陰五行注『詔徙之』，當是『詔從之』，今改。」

〔二一〕《嚴州圖經重刊校字記》：「第二十一葉原一百二十葉陽六行注『宣和二年』云云，原在此處，似格正文奉敕加封文氣。」

〔二二〕《嚴州圖經重刊校字記》：「陽九行注『按《新定雜記》舊本』云云，似是前鎮寧侯廟注。『已有城下正臨土地廟』，語亦難解。」

〔二三〕江女梔：影宋鈔本作「江次梔」。《嚴州圖經重刊校字記》：「第二十二葉原一百二十一陽一行『土團兵士鎮銅官山江女梔，制衢、信、黟、歙』，此處疑有誤字。」

〔二四〕《嚴州圖經重刊校字記》：「第二十五葉原一百二十四陰三行注『已有祠廟門』，應是『已見』，今改。」

〔二五〕《嚴州圖經重刊校字記》：「第二十七葉原一百二十六陽七八行『乞充旅生池，詎今不廢』，當是『乞充放生池，距今不廢』，今改。」

〔二六〕成帝：原作「咸帝」，據影宋鈔本改。

〔二七〕束帛：原作「取帛」，據影宋鈔本及雍正《浙江通志》卷一九三改。《嚴州圖經重刊校字記》：「第二十八葉原一百二十八陰十行『取帛聘不就』句疑。」

〔二八〕按此卷末原本有「圖經卷第二」，注云：「此卷板心原標一百葉至一百二十八葉。」《嚴州圖經重刊校字記》：「第二十九葉原一百二十八陰六行『烏龍廟碑』以下原闕。」

淳熙嚴州圖經卷第三〔一〕

歷代沿革

望。淳安縣。本歙縣東鄉新定里之地。孫權既定山越，分歙置爲始新縣，隸新都郡，而縣爲郡治。晉平吳，改郡曰新安，而縣仍舊名。歷宋、齊、梁、陳不改。隋開皇九年，郡廢，改縣曰新安，隸婺州。仁壽三年，置睦州，縣復隸焉，仍爲州治。大業初，改縣曰雉山，隸遂安郡，又爲郡治。唐武德四年，郡復爲睦州。文明元年，復改縣曰新安。神功元年，州治自縣徙建德。開元二十年，改曰還淳。永正本字犯仁宗嫌名。元年，改曰青溪。歷唐末五代及錢氏迄國朝，無所改易。宣和三年，平方臘，詔改曰淳安。《唐志》爲上縣，《國史》、《九域志》爲望縣。

縣境

東西一百七十里。

南北一百五十里。

四至八到

東至建德縣界八十里。以銅官嶺爲界，自界至建德八十六里。

西至遂安縣界七十三里。以楊嶺爲界，自界至遂安四十五里。

南至遂安縣界四十三里。以雲濛山安硎嶺爲界，自界至遂安四十里。

北至臨安府昌化縣界一百五十九里。以審嶺爲界，自界至昌化七十五里。

東南到壽昌縣界七十五里。以遼嶺爲界，自界到壽昌五十里。

西南到遂安縣界二十里。以桐橋爲界，自界到遂安四十三里。

東北到分水縣界八十六里。以塔嶺爲界，自界到分水六十里。

西北到徽州歙縣界九十七里。以深渡爲界，自界到歙縣一百一十里。

水路

歙港水路。在縣南西。泝至徽州一百六十里，東沿至本州一百六十里，勝四百斛舟。

城社

《輿地志》云：郡城賀齊所築。自是迄唐神功閲四百八十九年，爲郡治。郡廢於開皇九年，至仁壽三年，即新安故城置睦州，其間不爲郡治者十四年。東面濠上，西面臨谷，南枕新安江，北連岡阜，周回二里二百二十五步。今仍舊阯，東距州一百六十六里。

社　壇。在縣西五里。

鄉里舊經云：舊管鄉二十四，今管十五。今據本縣見管鄉十四，與《九域志》合。

開化鄉。管里七。

存鳳里。

中節里。

慈善里。

龍亭里。

四郭里。

保安里。

五龍里。

進賢鄉。管里八。

宣化里〔二〕。

進賢里〔三〕。

富康里。
歙口里。
裏湖里。
公山里。
仁孝里。
梓桐鄉。管里八。
仙壇里。
召石里。
慈口里。
普慈里。
雲源里。
富皇里。
養村里。
龍源里。

仁壽鄉。管里十。

雲濛里。

義合里。

飛龍里。

新期里。

風潭里。

賴爵里。

方村里。

浦首里。

凌祐里。

察源里。

龍山鄉。管里六。

永暉里。

臨津里。

永寧里。
合楊里。
皎鑑里。
成山里。
蒙福鄉。管里八。
感化里。
布正里。
元殊里。
大明里。
順政里。
軒渚里。
馬頭里。
小溪里。
太平鄉。管里七。

安平里。
雲燭里。
豐家里。
蕩雲里。
現黄里。
汪材里。
石村里。
清平鄉。管里九。
尋鳳里。
舞巵里。
臨池里。
富鴻里。
從務里。
口積里。

槐嶺里。
嶺北里。
重硎里。
昌期鄉。管里十一。
青善里。
遵孝里。
招仁里。
柵源里。
鶴鳴里。
富過里。
三會里。
西陽里。
依源里。
厭口里。

富息里。
常樂鄉。管里八。
高貴里。
上貴里。
綾爛里。
楊岸里。
下諸里。
龍源里。
山下里。
布山里。
安樂鄉。管里六。
安定里。
塔嶺里。
豐源里。

大有里。
富昌里。
郎洞里。
長樂鄉。管里七。
官田里。
雲潭里。
喻口里。
上寒里。
桐山里。
青源里。
龍村里。
永平鄉。管里十。
洪下里。
富財里。

來人里。
永平里。
富至里。
余葉里。
始新里。
湖頭里。
德教里。
過村里。
青溪鄉。管里七。
千仞里。
觀停里。
清義里。
孤滕里。
安順里。

字化里〔四〕。

富量里。

戶口

舊經載晉太康戶六百二十六，而不載國朝戶口數。紹興己未，戶一萬五千三百四十六，丁二萬五千二百九十二。今戶口戶一萬八千七百二十六，丁四萬五千七百九十七。

學校

至聖文宣王廟。在縣西八十步。崇寧中，詔州縣建學，即廟爲之。歲久頹圮。紹興九年，縣丞兼權縣事汪仔葺而新之。縣人前太僕少卿方聞爲之記。

廨舍

縣衙。在縣城正北。係京朝官知縣事。

丞廨舍。在縣衙西。

主簿廨舍。在縣衙西。

尉司。在縣衙西南。

監税務官廨舍。在縣衙西南。

監酒務官廨舍。在縣衙東南。

港口巡檢司。在縣東南三十里。國朝寶元二年創立，管土軍一百人。

威平洞巡檢司。在縣西，距縣四十里。舊名幫源洞，屬萬年鄉。宣和二年，方臘據洞作亂，三年討平之，詔改洞曰威平，鄉曰永平，置巡檢司，管土軍三百人。紹興八年，省爲一百五十人。

館驛

新安驛。在縣城西。舊名青溪驛。

倉務

縣倉。在縣衙內東偏。

酒務。在縣衙東。

税務。在縣衙西南。

土貢

絹四匹。

布三匹。

稅賦

茶租、免役、和預買附。

夏稅

絹舊額一萬三千二百三十六匹七尺九寸，今收四千九百八十三匹有畸。
紬舊額三千六百五十五匹二丈五尺一寸，今收二千五百六十二匹有畸。
綿舊額一千一百六十四屯二兩八錢，今收二千三百五十五兩。

秋稅

苗米舊額四千七百九十三石五斗八勝四勺，今收五千九百九十九石七斗有畸。
茶租錢舊額三千五百七十七貫文，今額六千貫文。
免役錢舊額一萬二千七百八十一貫三百四十五文，今額一萬五千二百四十八貫六百七十二文。

和預買

絹舊額一萬四千二百五十五匹，今收一萬三千七百五十五匹。
紬舊額五千四百匹，今收三千八百七十匹。
絲舊額四千兩，今收五千五百兩。
生紬線舊額八百兩，今收一千兩。

課利

茶

遞年批發八十一萬二千四百斤，計引錢一十三萬七千一百八貫文。紹興己未，批發九十四萬四千一百斤，計引錢一十六萬四百九十六貫文。今批發九十三萬四千一百斤，計引錢二十萬五千五百二貫文。

遞年住賣五百斤〔五〕，計引錢八十五貫文。今賣一千斤，計引錢二百二十貫文。

鹽

遞年五十一萬八千四百斤，計引錢二萬二千三百八十六貫文。紹興己未，賣五十三萬五千二百斤，計引錢二萬三千一百七十九貫文。今賣一百二十八萬三千四百斤，計引錢八萬九千八百三十八貫文。

香無額

礬

遞年二百斤，計引錢三十貫文。紹興己未賣四百斤，計引錢六十貫文。今賣四百一十四斤，計引錢四十一貫四百文。

酒税

縣郭酒務，舊係人戶買撲，元額一界净利錢六千四百一十貫文，每月課利錢七十三貫三百二十五文。紹興六年，知州胡寅請於朝，設置官酒務，認還各課錢外〔六〕，以所得息錢充本州經費。計紹興七年所收除還外，爲錢二萬九千三百五十八貫三百三十三文。今額收一界浄利錢九千六十貫文，增添五分，錢四千五百三十貫文。每月課利錢七十三貫三百二十五文。

村坊舊管一十二處，三處買撲，九處分認。元額一界浄利錢一萬七百五十三貫九百七十四文。紹興己未，每月課利錢一百三十五貫五百七十一文。今四處買撲，八處分認，收一界浄利錢一萬二十二貫八十一文。增添五分，錢四千五百六十一貫四十四文。每月課利錢九十八貫七百三十九文。

稅務租額五千二百五十八貫文。紹興己未，收五千四百一十九貫文，今收七千八十九貫九百六十五文。

牙契稅錢租額一千三百五十三貫文。紹興己未，收二千四百九十七貫文，今收四千二百九十二貫三百四十二文。

寺觀

天樂觀。在昌期鄉。漢乾祐元年建，名常樂觀。耆舊相傳，昔有道士徐姓，年八十一，夢大羅天賜詩云：「片善文章莫自輕，大羅天上望歸程。銀河別有乘槎路，月苑寧無折桂名。鸞鶴相迎歸碧洞，煙霞接引到神京。使卿便作遊仙客，布德行恩救萬靈。」明日白衆，尸解而去。國朝宣和元年，詔天下宮觀及三十間以上者賜額〔七〕。州具以聞，遂賜今名。

靈巖宫。在縣東北四里。今廢。

洞靈宫。在蒙福鄉。係遂安縣廢額。紹興八年，道士高大有請於州，即靈巖山建。

靈耀宫。在進賢鄉。舊爲女冠所居。今廢。

神景寺。在縣西五里。唐大中元年建，係尼寺，久廢。後移社壇於其地。

保安寺。在縣衙西。晉天福八年建。

轉教寺。在縣西二里。齊昇平三年建。國朝天聖中，詔重修。經方臘之亂，不存。後稍葺之。

彌陀院。在縣前溪南二里。唐廣明二年建。

無礙院。在縣西二里。治平三年建。

廣明院。在縣西二里。唐廣明元年建。

靈瑞院。在縣東四里。舊係靈巖道宫。相傳漢乾祐二年改爲僧院，易今名。

聖德寺。在縣東北。紹興五年，僧曇素請於州，得桐廬縣廢額建。

永初院。在龍山鄉。唐大中年建，名興福新會院。國朝康定中，賜今名。

法照院。在蒙福鄉。唐咸通八年建，名大明院。國朝大中祥符九年，中書劄子睦州十四處寺院未有敕額，賜今名。

石佛院。在仁壽鄉。乾德元年建。相傳有地名富常潭，石佛現，長六尺五寸，迎置於院，因以名。

普安院。在仁壽鄉。建隆三年建。

冰絮院。在仁壽鄉。建隆二年建。

富興院。在太平鄉。乾德元年建。

靈源院。在太平鄉。晉天福八年建。

回向院。在太平鄉。慶曆中建。

某褚院。在清平鄉。唐咸通八年建。

富洪院。在清平鄉。唐大中六年建。

臨池院。在清平鄉。周廣順四年建。

富巖寺。在進賢鄉。晉天福四年建。

靈耀院。在進賢鄉。舊係女冠靈耀宮，後唐長興四年改爲僧院，仍其名。

柵源院。在昌期鄉。不知所建年代。院有至道三年知縣事孫讜撰《重建殿宇記》，有云，越王勾踐襲吴，兵行之際，於此源口立砦柵。千載而下，始有是寺，因地而稱。又曰寺有聖者像，鄉民歲時旱嘆，不待暴尫，禱必獲應。又曰院壁得咸通十三年沙門師魯書。武宗詔毁天下佛寺，聖者之像巋然曾不焦壞。洎像教復興，邑人王璿得之於山塢泥潦之中，相好儼然，蓋彰是教之不可泯。其大要如此。

三會寺。在昌期鄉。梁大同三年建。

鶴鳴院。在昌期鄉。唐武德元年建。

靈巖院。在常樂鄉。唐咸通八年建。

龍泉院。在昌期鄉。唐咸通七年建。院有泉一泓許，能出雲雨，以蘇旱乾，疑有龍在焉，因以名。國朝政和六年，縣人裒錢一新，贈諫議大夫江公望爲之記，具載龍泉之異。其略曰：一斛之水甚微，龍託之而神，濡爲膏澤，以福於人，而佛祠託之以興，餘不盡載。

靜樂院。在常樂鄉。唐正本字犯仁宗嫌名。觀元年建，國朝熙寧四年重建，見進士徐䶮蒙所作記。

豐源院。在安樂鄉。梁正本字犯仁宗嫌名。明二年建。

沙硎院。在安樂鄉。唐會昌六年建。按武宗方毀天下佛寺，不應當時所建。或地僻，鄉民私立，不然年代傳誤也。

新定院。在安樂鄉。建隆二年建。

主教院。在長樂鄉。後唐清泰二年建。

清泉院。在長樂鄉。後唐長興三年建。

龍華寺。在青溪鄉。舊名永泰，不知所建年代。寺有寶大二年鄉㽧將方鄴等乞重修狀，後判依執押字及有寶大三年睦州請僧住持帖，後繫司空、判軍州事郭押，皆見存。按寶大、寶正皆錢氏年號，別見事志。國朝政和三年，以犯哲宗陵名，改今名。

惠明院。在仁壽鄉雲濛山。舊名雲濛庵。紹興元年，僧楚月詣行在所陳請，得臨安府廢額，歸以名其院。院有保寧庵、慶壽堂，見宣和六年縣人方聞所題石刻。

神景尼寺。在縣東。唐大中元年建。

龍巖尼寺。今廢。

靜居尼寺。今廢。

祠廟

城隍廟。在縣内東偏。

真應廟。在縣内。其神方儲，相傳後漢時以賢良方正仕和帝，後爲洛陽令。卒，贈黟縣侯，立廟名洛陽。唐垂拱四年，爲狄梁公焚毁，後邑人復立之。國朝政和七年，縣人方適、方奕與父老狀其靈異，列於轉運使。轉運使爲請於朝，賜今額。其後裔方閬、方閶今皆歷顯官。

南部行事廟。在縣西。相傳爲方儲之兄，名儕，後漢時封關内侯，補南部行事，在任有恩及民，因爲立廟。

都督廟。在縣前渡，南瀕江。相傳爲方儲弟儼，後漢時爲大都督。既死，爲立廟。其後見夢於人，人爲更廟於南山，因名都督山。

五龍廟。在縣東五里。相傳其神爲方儲之子，名觀之。

宋齊邱相公祠。在昌期鄉。相傳齊邱嘗避地居此，終焉。按齊邱晚爲李璟放於青陽，縊而死，不知此何據，且爲何神也。今一鄉多宋姓，自言皆其後裔。祠有靈異，鄉民歲時禱祀焉。

烏龍廟二：

一在清平鄉尋鳳里。按章岷所作《烏龍山廟記》載，邵仁詳之先因石勒之亂渡江，有名敷者，嘗爲東陽太守。敷之孫曰坦，仕爲新安令。宋元嘉二年卒，葬青溪邑之現王山。時有相其墓者，曰：「後當有王侯之封。」宋、齊間，使望氣者占之，因斷其地脈。復有相者云：「猶當出陰中王。」唐正本字犯仁宗嫌名。觀中，仁詳以處士爲建德令周光敏所害，後爲烏龍山之神，卜宅之吉，至是果驗。本廟在烏龍山下，而此廟之神疑爲坦也〔八〕。廟有碑刻，元祐三年鄉民邵宗旺等捨山林以奉遠祖。仁安靈應王蓋指爲仁詳別廟也。

一在太平鄉。廟亦有碑，大中祥符五年所刻，載仁詳清平鄉人。既被害，歸其柩尋鳳里葬焉。前廟乃即其地，此廟爲邵詔者所建〔九〕，亦仁詳之後裔。其文詞淺俚，不足錄。今兩鄉歲時各於其廟奉祀焉。

何侍郎廟。在安樂鄉。廟有碑，載神爲何姓，而不著名。謂其先從晉過江，卜居新安。仕陳文宣帝，位吏部侍郎，以讒見戮。太建二年立廟。按陳文帝之後爲宣帝。宣帝即位，改元太建。今曰仕文、宣帝，而以立廟於太建，其説乖戾。餘載年代尤差互，皆不足考證。後列何姓者數人，當是共立廟以祀其先，借爲此官稱爾。然傳世既久，亦不必毁云。

項仙姑廟。在蒙福鄉。耆舊相傳，項氏姊妹自其家歸寧，臨流欲渡，無船，因以帔爲梁而過，後人名其地爲渡瀆。

山

雉　山。在縣西南一里。周回七里四十步。舊經載《新安記》云：郡西南渡水一里餘，有山如鳳立雉蹲，因以爲名。隋嘗取以名縣。

都督山。在縣南。即方儼嘗所居也，山因以得名。

靈巖山。在縣東北六里。周回十二里。舊經載《地理志》云：吴永安五年，黄龍見於此，因名龍山。唐元和元年，觀察使牒改今名。

邁　山。在縣西北六里。舊經載《新安記》云：其山重疊，邁於諸山，故以名。今觀山形盤礴〔一〇〕，連延四面，諸山皆若相向。

南來山。在縣西北一百三十里。山勢自北來南，故以名。

東泉山。在縣東北一百五十里。舊名覆船，取山形之似。其南出泉三派，並東注。唐元和中，觀察使牒改今名〔一一〕。

重阮山。在縣東八十里。山有二阮〔一二〕，故以名。

蔗　山。在縣東四十二里。中間平地二頃，故老相傳云昔人於此種甘蔗，因以名山。

雲濛山。在縣南十八里。高五百丈，周圍七十里。出衆山之上，天欲雨，先見雲霧滃然濛其上，故以名。山下有廟，相傳爲漢時建，而無年代可考。又謂舊封護國府君，後封錢國王，謂是國朝仁宗時，亦無可據。

水 溪灘、津渡附。

新安江。在縣南。出徽州，自歙縣深渡入縣界，至白馬砂，入建德縣界。湍險迅急，春夏漲溢〔一三〕，中流不可行舟，秋冬澄澈見底。故沈約詩云：「眷言訪舟客，茲川信可珍。洞澈隨清淺，皎鑑無冬春〔一四〕。」李白亦云：「青溪清我心，水色異諸水。借問新安江，見底何如此。」

東　溪。在縣東一里。

灘

深渡灘。

息　灘。

慈　灘。

黿石灘。

黄石灘。
顧珉灘。
賴雀灘。
麻車灘。
浪濁灘。
盧堪灘。
額賴灘。
羅頂灘。
義里灘。
小溪難。

津渡

縣前渡。在縣南。

召石渡。在縣西九里。

息灘下渡。在縣西三十里。

軒渚小溪渡。在縣東五十一里。

古蹟

錦砂村。在縣西八里。舊經據《新安記》云：林木森聳，波流澄澈，映石如錦，故以名。《寰宇記》云：傍山依壑，素波澄映，錦石舒文。冠軍吳喜聞而造焉，鼓枻游泛，彌旬忘返，歎曰：「名山幽谷，故不虛賞，使人喪朱門之志。」

軒清溪。在縣東五十一里。《新安記》云：洛陽令方儲乘鶴軒，至此登船，遂以名溪。後人復立廟，以祀仙翁，名軒駐，言鶴軒嘗駐此也。

時里石門。在縣西四十里。《輿地志》云：石門闕者，神門也。常爲霧塞，無人得見。孫和太子避難至此，逢大雨，平地盡沒，即以白牛、白馬祠祭天地神祇，三日雨歇，見有石門，今驗見存。

廢昌亭。在縣東十里。《輿地志》云：梁天監二年，郡守任昉於此亭送許由。

右建德府府境圖。東西三百九十里，南北三百三十里。東至臨安府三百一十里，西至徽州三百七十里，南至婺州一百五十里，北至臨安府二百七十里，東南到婺州一百八十里，西南到衢州二百一十里，東北到臨安府三百一十里，西北到徽州三百一十里。其水路東沿浙江，至東梓浦，入臨安界一百三十三里。南泝東陽江，至三河湍，入婺州界五十里。西北泝新安江，至街口渡，入徽州界二百五十里〔一五〕。

【校勘記】

〔一〕《嚴州圖經重刊校字記》：「《圖經》卷第三第一葉至卷三止，原作一百二十九至一百四十九葉。」

〔二〕《嚴州圖經重刊校字記》：「第三葉原一百三十一陽九行『宣化里』下原闕二里。」

〔三〕進賢里：原本無，據影宋鈔本補。

〔四〕字化里：影宋鈔本作「宇化里」。

〔五〕《嚴州圖經重刊校字記》：「第九葉原一百三十七陽五行『遞年往賣五百斤』，案前作『遞年往賣』，今改。」

〔六〕《嚴州圖經重刊校字記》：「第十葉原一百三十八陽二行『認還名課錢外』，『名』字當是『各』字，今改。」

〔七〕間：原作「開」，據影宋鈔本改。《嚴州圖經重刊校字記》：「第十一葉原一百三十九陽九行『及三十開以上者』，當是『三十間』，今改。」

〔八〕《嚴州圖經重刊校字記》：「第十六葉原一百四十四陰七八行『而此廟之神疑爲地也』，『地』

字當是『坦』字，今改。」

〔九〕邵詔：影宋鈔本作「邵招」。

〔一〇〕《嚴州圖經重刊校字記》：「第十八葉原一百四十六陽六行『今觀山形盤礴』，案當作『盤礴』，今改。」

〔一一〕《嚴州圖經重刊校字記》：「陰二行『觀察使縣改今名』，案前作『觀察使牒改今名』，今改。」

〔一二〕《嚴州圖經重刊校字記》：「陰三行『重阮山，山有二院，故以名』。謹案《一統志》亦作『重阮』，云下有二阮，是『二院』字爲『二阮』之訛，今改。」

〔一三〕溢：原作「濫」，據影宋鈔本改。

〔一四〕《嚴州圖經重刊校字記》：「第十九葉原一百四十七陽四行『洞澈隨深淺，皎鑑無冬春』，案《沈隱侯集》作『洞澈隨清淺，皎鏡無冬春』，存異文。」

〔一五〕按原本卷末有「圖經卷第三終」，其下注云：「此卷板心原標一百二十九葉至一百四十九葉。」

跋

淳熙嚴州圖經題跋一

宋嚴州郡守陳公亮修。前有紹興己未知軍州事董棻序，及淳熙丙午州學教授劉文富序。王氏《輿地紀勝》、陳氏《書録》、馬氏《通考》俱作《新定志》，即此書也。此從淳熙刻本鈔出，卷首載建隆元年太宗皇帝初領防禦使詔，宣和三年太上皇帝初授節度使制及敕書榜文二道。蓋修志時高宗猶在德壽宫，故稱太上也。前有圖九葉，卷一新定郡，卷二建德縣，卷三淳安縣。其體例先以歷代沿革，次分野，次風俗，次州境，次城社，次户口，次學校，次科舉，次廨舍，次改充，次館驛，次軍營，次坊市，次橋梁，次溝渠，次物産，次土貢，次課利，次祠廟，次古蹟，次賢牧正倅題名、添倅題名，次學校，次登科記，次人物，次碑碣終焉，惜卷三古蹟後已脱佚矣。《鐵琴銅劍樓藏書目録》。

淳熙嚴州圖經題跋二

《嚴州重修圖經》，紹興己未知軍州事董棻序，此舊序也。淳熙丙午，迪功郎、州學教授劉文富序，此重修序也。冠以太宗初領防禦使詔，太上皇帝即高宗初授節度使制。乃建隆元年太宗爲睦州刺史，封天水縣開國子。宣和三年，高宗授遂安慶源等軍節度使，進封康王也。次子城圖、建德府内外城圖、府境總圖，建德、淳安、桐廬、遂安、壽昌、分水各縣境圖，以嚴州及六縣分卷，各列子目，其體例與《寶慶四明志》同。今惟嚴州、建德、淳安三卷存。淳安爲新安郡治，隋置睦州，故淳安一卷獨詳。唐刺史李道古撰大廳記，具錄唐代顯慶以來刺史名。宋雍熙二年，知桐廬縣刁衎續至太平興國三年，足資考證。勞季言云：《唐書・儒學傳》張後允遷燕王府司馬，出爲睦州刺史，此脱「燕」字。《宰相世系表》柳範子齊物睦州刺史，《元和姓纂》同，此脱「物」字。又張愿天寶三載、韋南金天寶五載俱自台州刺史拜，《赤城志》刺史失其名。董棻有《嚴陵集》九卷，取嚴州題詠序記别爲一書，輔圖經而行。錢辛楣《養新錄》云：陳直齋、馬端臨俱稱《新定志》，不云《嚴州圖經》。然董棻創爲《嚴州圖經》，劉文富奉知州陳公亮之命重修，仍其名，實即一書。余謂景定中郡守錢可則、教授鄭瑤、學錄方仁榮撰《新定續志》，新定乃郡名，非新舊之義。陳直齋因《續志》名「新定」，亦以劉文富書爲《新定志》也。《嚴陵集》與《景定新定續志》余俱有其書。此書三卷，係宋刻，可與《乾道臨安志》共傳。余更有宋談鑰《嘉泰吳興志》、淩萬頃《玉峰志》，俱罕覯之笈。《開有益齋讀書志》(一)。

淳熙嚴州圖經題跋三

案是書原本八卷，今存卷一至卷三。每葉二十行，每行二十字，板心大黑口。《直齋書錄解題》所云《新定志》八卷，郡守東平董棻令升撰，紹興己未也。淳熙甲辰，武義陳公亮重修者，即此書也。首載建隆元年太宗初領防禦使詔，宣和二年太上皇帝初授遂安慶源軍節度使詔及敕書，宣和四年遂安慶源軍節度使康王榜文一道，建炎二年聖旨一道。次爲建德府城圖二葉，嚴州全境圖七葉。每卷有松雪道人朱文方印，嚴蔚豹人白文方印，嚴蔚白文長印，二酉齋藏書朱文長印，餘詳《儀顧堂集》。《皕宋樓藏書志》。

淳熙嚴州圖經題跋四

《嚴州圖經》三卷，影鈔宋本。每葉二十行，行十九字。前載建隆元年宋太宗初領防禦使詔，宣和二年太上皇帝初授節度使詔及敕書、榜文各一道，次爲紹興己未知軍州董棻序，淳熙丙午迪功郎、州學教授劉文富序。太上皇者，高宗也。淳熙丙午，高宗尚在德壽宫，故不曰高宗而太上也。卷首爲建德府城圖、建德府全圖。卷一志嚴州府沿革、分野、風俗、州境、城社、戸口、學校、科舉、廨舍、館驛、倉庫、軍營、坊市、橋梁、物産、稅賦、寺觀、賢牧題名、添倅題名、登科記、人物、碣各門。卷二志建德縣，卷三志淳安縣，其分水、桐廬、遂安、壽昌則佚矣。紹興中，董棻知嚴州，始創是書，名曰《圖經》。淳熙丙午，知州陳亮命劉文富重爲訂正，故陳氏《書錄解題》、馬氏《文獻通考》有《新定志》之目，其實即《圖經》

也。後景定中，方瑤等撰《續志》，即續此書而作。《續志》今尚存，此書則僅存殘本耳。原本誤以圖後一葉及卷一稅賦門至學校門羼入卷三後，今一一爲之釐正。是書殘宋本藏吳門汪士鍾處，即鈔本所從出，亂後不知所歸矣。《儀顧堂集》。

淳熙嚴州圖經題跋五

《嚴州圖經》爲嚴姓物。嚴於數年前得之於崑山書集街，價止青蚨三兩二錢，藏經紙，面裝四冊，止存三卷，一百九十葉，云是太倉金元功家物。余檢葉文莊《菉竹堂書目》載有《嚴州圖經》，無卷數、冊數，當是葉傳諸金，而金又散出者也。先書友攜是書來，索直百千文，余未及還價，而即取去。後嚴持示錢竹汀先生，先生以爲祕籍，世無二本，當寶愛之，故近日欲請觀，每託言爲友人借去，不能再見。然屬書友及與嚴素識者往探消息，總以議價定妥，然後索歸，則是書猶非不可復合者。惜余買書金盡，未能如數與之，以致書不復合，司書鬼與司錢神其能爲我一爭勝耶？可歎可恨。《士禮居藏書題跋記》。

淳熙嚴州圖經題跋六

《嚴州圖經》，余所見者淳熙重刻本，僅存首三卷。前有紹興己未正月知軍州事董棻序及淳熙丙午正月州學教授劉文富序。文富蓋承郡守陳公亮之命訂正是書者也。卷首載建隆元年太宗皇帝初領防禦使詔，宣和三年太上皇帝初授節度使制及敕書、榜文二道。蓋淳熙丙午之歲，高宗尚在德壽宫，故有「太上」之稱。考董棻初創此志，本題《嚴州圖經》。陳公亮重修，亦仍其名。而王氏《輿地紀勝》、陳氏《直齋書録》、馬氏《文獻通考》皆作《新定志》，蓋宋人州志多用郡名標題。《續志》載書籍亦但有《新定志》，初無《圖經》之目，名目雖異，實非有兩本也。

參考書目

《梁書》（唐）姚思廉撰　中華書局一九七三年點校本
雍正《浙江通志》（清）曾筠監修　影印文淵閣四庫全書本
《宋史》（元）脱脱監修　中華書局一九七七年點校本
《建炎以來繫年要録》（宋）李心傳撰　中華書局一九八八年影印本
《宋季三朝政要》不著撰人　影印文淵閣四庫全書本
《景定嚴州續志》（宋）錢可則修，鄭瑶、方仁榮纂　漸西村舍彙刊本　影印文淵閣四庫全書本

四川大學歷史地理研究所學術叢書 一〇

宋元珍稀地方志叢刊

咸淳玉峰續志

（宋）謝公應修 邊實纂
李勇先校點

前言

《咸淳玉峰續志》一卷，宋謝公應修，邊實纂。

按《淳祐玉峰志》修成後二十餘載，爲咸淳壬申，合沙謝公應爲令，以其志頗有遺佚，因屬邊實搜覽古今，復成續志。邊實《玉峰續志序》云，《玉峰志》修成後，因「事詞或未一，今夏不揆續修，將以釐前誤而紀新聞」，遂作《續志》。謝公應《玉峰續志跋》亦云：「淳祐壬子，《玉峰志》編類於邊君宜學之筆，刊鏤傳信，距今逾二十稔。咸淳壬申，余捧檄代庖斯邑，繙閱是書，頗有遺佚。若派買之公田撥隸，若學校之創主學，建直舍，或述前輩之詩，而曰載諸雜詠者，爲不見全璧之歎。或題倫魁之名，而不編入人物者，有斡棄周鼎之疑。是皆累於時之所不及，失於見聞之所不逮爾。」於是以《續志》屬之邊實，實乃「會粹古書，披搜今籍，三閱月而書成，增入者三十餘條，改定者二十餘條，混混乎風土之宜，總總乎事物之備，理該文核，綱舉目張，其長公訓導、銓擇、雜詠亦一新之」。書成，謹命工繡梓，以壽其傳。宋以後，其刊刻流傳與《淳祐玉峰志》同。今以清宣統元年彙刻太倉舊志五種本爲底本，校以宛委別藏本、清黄氏士禮居鈔本，並參攷《姑蘇志》等相關文獻，加以校點整理。

李勇先

二〇〇九年三月書於川大竹林村

目錄

序

玉峰續志序

石湖先生志吳郡，嘗與龔、滕、周三君子相銓次。有某人持某事，求入志不得，遂譁曰：「志非石湖筆也。」石湖笑不辨。《崑志》之作向出於二人之手〔一〕，事詞或未一。今夏不揆續修，將以釐前誤而紀新聞。或有議其擅者，其與議《吳志》者若相反焉。於此可以知後進之視先達，天地之相遼絕也。於其鋟梓之畢，書以自訟此意〔二〕。

邊實敬書〔三〕。

【校勘記】

〔一〕志：原作「山」，據宛委別藏本、黄氏鈔本改。

〔二〕此：宛委別藏本、黄氏鈔本作「之」。

〔三〕按「敬書」下宛委別藏本、黄氏鈔本有「周祥卿、林瑞卿、陸雲卿、陳景初、王士志、何元禮」十八字。

咸淳玉峰續志

山川

前志載崑山在華亭境，而在崑山者乃馬鞍山，其説已詳。今以劉澄之《揚州記》考之，謂婁縣有馬鞍山，天將雨，輒有雲來映此山，山亦出雲應之，乃大雨。益信馬鞍山在崑山之境，而山外之雲自相感召，乃他山所未聞，豈不爲勝地乎？

前志載吳松江三江口之説，皆按古以驗今者。若摭今而證古，尚有説。蓋江宗於海，謂之江口，當於海求之。今大海自西甲分南北，由轉料而西朱陳沙謂之揚子江口，由徘徊頭而北黄魚垛謂之吳松江口〔一〕，由浮子門而上謂之錢塘江口，雖無三江口之總名，而三江口之蹟顯然可考。況揚子江下流屬於浙，錢塘、吳松江分隸蘇、杭，俱與震澤水勢相入，實妄謂以海沺爲三江口，以此三江爲《禹貢》三江，其説粗有攷於韋昭，姑録之，以質證於覽山川者。

前志載陽城湖、包湖、傀儡蕩三水合爲一水〔二〕。今按其跡考之。陽城湖在縣西北□□里，與常熟接境，南出尤涇、真義浦、黄瀆浦，通至和塘；北自陸涇入傀儡蕩，歸上元涇，入於縣。傀儡蕩去陽城湖有□□里，自尤涇、朱昌涇南入大虞梁里浦，通吴松江。包湖，乃巴湖，又在西北□□里。此三水勢脈雖相通，中有支港貫穿其間，然未嘗合爲一也。

前志載澱山湖在縣東南八十里。今考證得水在華亭北岸，屬本縣。

前志載陳湖在縣西北七十里〔三〕。北自界浦渡頭浦入吴松江〔四〕。今考證得湖中有塗，上有廟，名三鄉垛，蓋崑山、吴江、華亭三縣分界之處。

前志載百家瀼、大駟瀼在縣北□□里，鰻鱺湖在縣西北一十八里〔五〕，江家瀼在縣西北二十里，昔皆深闊，旱澇藉以瀦溉。今多成圍田，所存不過白蕩，僅存其名，而百家瀼、大駟瀼之迹併不可考矣。

前志載新洋江在縣東南六里，近年爲渾潮壅漲，屢浚屢塞〔六〕。咸淳戊辰，鄉貴象山陳令君明復嘗築堰於橋之南，雖足以障渾潮之入，而堰外泥積，遇旱澇尚資通掘云。

前志載小虞浦在西柵南，出吳松江北，通諸湖，近年亦爲渾潮漲塞。咸淳戊辰，郡守黃侍郎萬石嘗發錢置閘於嚴村灣之北，初意障渾潮而瀦清水，爲費踰二萬金〔七〕。然閘去江遠，且當港爲啓閉，不能殺渾潮，外泥易滿。加之潮浪衝齧，屢至坍圮〔八〕。亦有拘沒廢寺田租擬充修治〔九〕。

前志載至和塘自縣西柵至界首二十七里，近年壅塞尤甚。咸淳戊辰，鄉貴鄭開國竦嘗作小斗門於問潮館前，欲障渾潮〔一〇〕，而亦無益。若界首西至夷亭九里地屬長洲，本縣開浚所不及〔一一〕，尤於民旅非便。或謂於塘南曹涇、界浦、薦浦三港各立堰閘，障斷渾潮，則吳涇、陸市浦諸港湖水不南下而東注，日夕自浚，不惟至和塘不塞，而併利於小虞浦。其議頗是。然其間多邸第湖田，每慮捺斷，則湖水無泄，恐致渰田。而圍田於北湖者，羽翼其說，以沮撓〔一二〕，殊不知置閘啓閉，初無所害，郡守黃侍郎萬石置小虞閘時，常議及之。將上其事於朝省，會黃公他除，事遂寢。數至而人出，當有任事者。又或謂此說終不可行，則三歲須一濬〔一三〕。有能辦阡畝之租，積三歲而興一役，不科擾於田主，不妨礙於莊舍，以種田之佃鑿田頭之河，事簡役平，久而無弊。此說不獨可行於至和塘，而近年所開河處皆可倣而行之。

姑錄芻蕘之言，以俟後之采擇者。

《郡國志》載婁縣山下有巫咸故宅，止言婁縣，而不言何山。按婁縣諸山今隸本縣者止馬鞍山，無巫咸故宅之跡。他如崑山之類分隸華亭者，恐故宅在其下。然考《雲間志》亦不載此，不知志郡國者何所據而云，姑錄以俟博古者問之。

風俗

前志載之詳矣，然皆全盛時氣象。時異事殊，巨家上室，公私交困，率多替徙，市井蕭索，如歲儺迎神、雙林無礙會皆僅存其名，而取鐙於郡〔一四〕，與角觝、觀潮等，不復見矣。然士風愈淳，民俗素朴，士以到訟庭、登酒壚爲恥，民以務孝養、勤本業爲事，心業有常，古今如一，則他邑所不如云。

戶口

前志載主、客共管戶四萬五千三百六十八，口一十三萬四千五百，可以稱壯邑矣。今踰二十年，竊料爲數未必增益〔一五〕。蓋富者遷避，貧者轉徙，賦役既缺，團甲多廢，未從以攷其實〔一六〕，恐貽虛增之誚，姑仍其舊云。

學校

前志載之亦詳。繼是則開慶間，知縣袁璵創建直舍，且拘撥田租數十石有畸〔一七〕。咸淳間，知縣林桂發重修，創尊道、貴德兩祠於講堂東西，移四賢、六先生祠增廣而崇奉之。近者權縣謝公應攷覈頑佃包占之租，申明臺府，拘增一十□石有畸〔一八〕。又每遇丁祭，助以縣庫錢二百餘貫，酒三十餘斗，及以縣庫錢酒增賞堂補前名、朔旦講書，又率主簿趙時鼎照禮經重飾俎豆，亦可見其留意學校。然自朝廷創主學爲專官，遂分養士之半以供官吏。咸淳己巳，知縣張復之始裁定主學俸給，月支省米一十九石，更不支錢。自訓導以下職事，歲給有差，以校定分數爲陞黜，以殿謁丁祭爲行實，月輪前廊，兼掌教養，盡革前時紛紜之弊〔一九〕。行之三年，莫得而易，亦實與諸長上同所建明云。

坊市

前志所載三十二坊，僅踰二年〔二〇〕，而廢者大半。今書續創者於後。

孝感坊。在縣市片玉坊内。寶祐乙卯，邑人曹椿年刲股療母病，知縣胡棨白於郡，郡守趙右司汝歷立坊以表之，及借補椿年爲承信郎、節制司准使。坊今不存，扁藏於椿年家，縣於安懷坊歲給米贍之〔二一〕。

旌孝坊。在縣市忠正坊北。咸淳壬申六月，邑人榮□刲股救母，權縣謝公應照條支犒錢米，仍具酒醴，以鼓樂迎引，是月建坊。繼是又有張□，亦刲股救母，縣家如前表犒之。

公宇

縣衙。已見前志。繼是所修改者，讀書堂改爲清心堂。知縣陳紹方於堂後新創一堂〔二二〕，雄壯於前。咸淳戊辰，知縣林桂發創樂全堂於園内，取前令張文定公所號以爲名，吴必大爲記。壬申，權縣謝公應種竹其前，尤清閟可愛云。

主簿廳。已見前志。淳祐己酉九年，主簿吴堅創高士軒，刻晦庵先生作同安簿事實於壁間。寶祐甲寅，主簿施丙創書院於西偏。

尉　司。已見前志。咸淳壬申，縣尉于泰重修。

主學廳。在縣東北〔一三〕。咸淳戊辰，知縣林桂發建。

縣　倉。已見前志。及於税賦門載納苗之詳，繼是十石以下苗亦赴府倉，此倉遂無用，每歲惟修夾一兩廒，以納職租，而隨收隨支，亦無可久貯者。

酒税務。已見前志。自淳祐丙午知縣徐聞詩以坐賈包税及移酒庫歸縣司存，遂廢，僅存門廳，務官權泊其中。

贍兵酒庫。在縣治東，即近民館也。自知縣徐聞詩移酒務歸縣，創清酒庫，積政仍之。後歸郡家，差官置吏，始創名贍兵，權不隸縣，不可自縣治而入。乃從近民館開門，庫官就廨其中揭以扁額，遂爲一司存。後雖撥歸本縣，而事體仍舊。於是近民館、松竹林皆不復爲候賓讀書之所，甚爲創建者惜之。

安懷坊。已見前志。元管歲租五百餘石，後爲吏卒侵蠹，不能續老者之食。咸淳辛酉，倉使董左司撲因坊老有詞行下，本縣委寓士提督，革舊圖新，量入爲出。今以百員爲額，終歲均得一飽，始不負前人安懷之本心云〔二四〕。

本縣有戶部犒賞所酒庫，已載前志。此外尚有本府節制司酒庫，如太倉巴城、許墓高墟各有一庫〔二五〕，郡帖差人措置月解，徑詣郡，於縣無預。

稅賦

苗稅已見前志。後因朝省派買公田，常賦隨減。今以重修，明管催者列於後。

秋苗額管五萬四千四百五十七石二斗一升六合。

內折苗二千七百零三石一斗二升三合〔二六〕。

內糯苗三千九百二十二石一斗二升三合。

內粳苗四萬七千八百五十一石九斗七升〔二七〕。

夏稅額管絹七千一百四十四疋一丈一尺二寸〔二八〕。

和買

紬〔二九〕。

緜。

役錢。除派買田外，續改撥積善鄉，隸丞廳借充弓手。

庸錢。今本縣額管催。

丞廳管催〔三〇〕。

課利

課利之取辦者，酒稅也。坐賈包稅〔三一〕，始自徐宰聞詩。其後鄔秀實以長洲丞攝邑，爲東倅廳，取以供月解，力不能爭，由是稅官具員而已。若酒息，則郡家歲撥折，改粳苗一千一百五十一石〔三二〕，借充酒本，以辦版帳〔三三〕，以酒息多寡爲月解虧足。近年郡家不復借撥苗錢，且酒庫事權屬郡縣者不定，所賦不足以供所解〔三四〕，鑿空而辦，官吏難之。解發之數則見前志，今亦大同小異，有增無損。

官租

圍、營等田已載前志。景定甲子，朝省派買浙郡公田，本縣所買□十□萬□千□百一十畝，租額、斗器各隨朝差職事官分司各州任其事。始差莊官催運，繼改上戶承佃〔三五〕，又置催租官以爲屬〔三六〕。近俾憲臺兼同提領官田所，遂省分司及催租官，而撥還本府。塡苗額者〔三七〕，爲田□千□百□十□畝，則隸郡家。自催若東鄉墾地爲田租，則景定間知縣陳紹方之所考覈，爲田□百□畝〔三八〕，亦隸郡家云。

令佐題名

縣令題名已載前志。今以項公澤而後者載於此〔三九〕，而丞、簿、尉、主學則以各廳壁記錄入，虛其後以俟續書云。

知縣

項公澤。

樓昞。

胡棨。

袁璵。

李壽〔四〇〕。

何處寬。

何九齡。

楊𥁕。

陳紹方。

林桂發。

張復之。

楊源。

縣丞

樓璩。

郭琚（四一）。

吴洵仁。

孟益（四二）。

向準。

宋彦振。

歐陽佐世。

何浚明。

王幹。

向子廣。

盛簡修。

劉嶷。

洪曉〔四三〕。
李耆俊。
莫俱。
趙善侍〔四四〕。
邢銖。
晏解〔四五〕。
李稷。
呂察問。
謝深甫。
趙善稼。
樓鉉。
李津。
趙盛。

范公甯。
陳蕃孫。
黄博文。
趙希悰。
趙師晃。
張傳霖〔四六〕。
翟　彬。
蔡汝揆。
紀　極。
范大雅。
張廣年。
趙師汯。
高衍孫。
秦　鉉。

萬保先。
蔡汝弼。
趙檦。
張本。
趙瀓夫〔四七〕。
林靖之。

主簿

郭正仲。
俞遠。
蔣誼。
趙師雲。
陳璧〔四八〕。
趙希懋。
余申。

張餘慶。

李堅。

項稚賓。

湯遇。

王顯宗。

趙希儁〔四九〕。

張飛卿。

呂宗元。

趙若瑚。

唐震龍。

吳堅。

施丙。

何垓。

丁鑒。

陳大用。
趙崇潚。
逯夢龍。
趙崇台。
趙時鼎〔五〇〕。

縣尉

施廣勤。
王齊輿。
王萬樞。
顏光道。
趙伯方。
仲度遠。
趙明夫。

馮必度。

陳子沖。

葛洪。

曹溥。

強遵。

余瑒。

趙希爽。

程渙。

應泰之。

安興。

姚洽。

王友輔。

尹彥仁。

洪起宗

朱□〔五一〕。
鄒宗俊〔五二〕。
郁良顯。
張宗己。
趙汝欽。
柳　開。
潘應申。
陳肖孫。
趙汝寮〔五三〕。
俞　煒。
李振之。
富宗禮。
沈起潛。
吳登龍。

譙□。

葉□。

趙孟玳。

于泰。

主學

倪龍躍。

包應許。

戴成天。

進士題名

前志已載進士百二十有八。今自文天祥榜續列於後。

寶祐四年文天祥榜。

邊雲遇。龍光，應升子。

王體文。堯章。上舍。

開慶元年周振炎榜

林文龍。用雨。

景定三年方山京榜

淩萬頃。叔度。

張　熹。子明。

咸淳元年阮登炳榜

郁紹定。

高烈和父。上舍釋褐。

名宦〔五四〕

自梁以來，已載前志。然葛洪嘗爲尉，謝深甫嘗爲丞，俱有政績，後登廊廟，此則前志失於紀載者也〔五五〕，事具國史，不復重錄。自壬子以後，若項若吳，今則修入云。

項公澤。字德潤，永嘉人。淳祐間，自長洲丞辟宰崑山。崑宰自李桃滿秩後，更十三任不以善去。公澤由童科擢第，以文學飾吏事，留意學校，買田養士，炎政廉敏，百廢具舉，凡所增創，分載前志，詳見《生祠記》〔五六〕。秩滿造朝，嘗丞國子宗正，知安吉州。今淹家食，見謂未足以盡其才云。

吳　堅。字彥愷，天台人。淳祐中爲簿，留意教養，詣學講肄無虛日。遵晦庵先生簿同安之法，以厚風俗、正人倫、明義利、闢姦邪爲先務。有所增創，分見前志。嘗登畿甸，歷清要，位文昌，躋瑣闥，今以雜學士奉祠。

人物

自晉以來，已見前志，然尚有所闕遺。如龔立道之有文有學，安貧樂道，鄉人稱爲龔山長，名公賦詠，多載《雜詠》，名不逮才，識者惜之。前志僅於龔默甫之下書曰「昱。」馬少伊，文筆鳴一時，當師金耀〔五七〕，勇退家食，以觴詠自樂，號曰得閒。前志僅於馬伯忠之下書曰：「先覺，紹興進士。」范良遂次卿，事叔剛爲兄，而文學過之，筆研不靈〔五八〕，卜築江上，且耕且讀，書與學俱饒〔五九〕，自號墨莊，有詩集刊於家，吳荆溪爲序。前志併泯其名，而僅於叔剛之下書「姪慶家」。慶家，次卿子也。陳正父爲端平名執政，垂大拜，而薨於位，事固已載國史，而前志略不及其一二。衛清叔易名文節，而前志書曰文穆。李彦平達於生死，前志載其作手書，遍別親友，戒其子毋作佛事，而不書其「問天色何時，家人答以月明，翛然而逝」。是時實同秉志筆〔六〇〕。由今而觀，誰執其咎，不當以筆之不專而自恕也。至若失於記載，或載而未詳者，今則以類增入〔六一〕。併自序實之世系於諸老先生之後云。

張匯。字朝宗，其先濮人。文潞公諸壽儁爲洛陽耆英會，有龍圖閣直學士張燾，即匯之祖也。匯當南渡，初爲浙漕〔六二〕，時宰臣開督府，分道遣兵，詔匯隨軍應副〔六三〕，不限以路。匯歷江淮歸浙，建臺玉峰，因家焉。嘗卿棘寺，以刑清得詔，有「體好生之德，行寬大之書」之語，其家今藏此詔。後洊歷麾節，終於中大夫、直寶文閣。由是其子孫爲崑山人，文脈至今不墜云。

劉過。字改之，自號龍洲，本廬陵人。客崑山，依妻家而居。過爲人尚氣節，喜飲酒。爲詞章，豪放英特，如「斗酒彘肩，風雨渡江，豈不快哉」等詞，皆行於世。至扣閽一書，請先皇過宫，言極剴切，尤諸公所稱許。死，葬於馬鞍山東齋之西崗，陳止安誌其墓。其後詩人即東齋爲祠，每暮春，縣官率士友酹祠下〔六四〕。二卿湯□□□□中嘗作文遣祭，及騷人墨客弔詠甚多，俱留祠壁。邑人吕大中嘗哀諸詩，作《楚些遺音》行於世。

陳振。字震亨，其先古靈之後。父遵，來贅李樂菴之女〔六五〕，遂家於崑山。振幼孤而貧，遵死，無以葬，得片地於縣南六里之圓明，卜者謂葬則不利於長子，長子即振也。振曰：「使親藏得甯，或不利於某，則二弟尚可爲主祭。」乃即其地以葬。後振爲紹熙進士，歷朝把麾。弟拱，亦登端平科。陰陽家遂指此墓地爲邑地最吉〔六六〕。振天性至孝，而祿不逮養，刊木以祀〔六七〕，一飯必先祭，鄉人尤以此稱之。工於作文，而詩詞尤高雅。好楷書，雖小簡隻字，亦不草草，人傳爲式，至今愛之。居鄉，急義樂善，好汲引後進，然有過失者未嘗不規之以正。仕至太府寺丞，歷知永、瑞州，以朝議大夫致仕，自號止安居士，有文集五十卷行於世。子昌世，繼有文聲，尤優吏事，由太府丞知信州〔六八〕。以吏郎召。陛見之日〔六九〕，穆陵有「一廉可喜」之褒。後知瑞州，終朝散大夫。昌世中年後即絕欲，自奉極澹薄，故自號澹軒。居官，所至有遺愛〔七〇〕，皆以節用愛人爲本。家非甚有餘粟，而每於貴糴之時，損直濟民，鄉人德之。子師尹、明復，俱紹先烈。明復宰象山垂四年，士民嘗借留，當路以達於朝。師尹亦通闈籍〔七一〕，顯揚未艾，識者謂其後必大云。

鄭　準。字器先，本開封人〔七二〕，華原郡王之諸孫，祖父皆寓居崑山。準由蔭補，魁銓闈，登慶元進士第，歷仕知袁州，終於中奉大夫。準生長王侯家，氣象如儒，素薄於功名，厚於道義，輕財好客，赴人之急如己，尤加意婣族，髣髴范文正公義莊之意，買田給贍，至今其子孫仍之不替。子⿰立需，今守高郵，自試吏至典藩，所至以廉稱，行報郡最，顯達未量。姪竦，嘗知泰、邵、韶三州，今以奉直大夫奉祠里居，尤謙和樂易，不與物忤，未嘗見其疾聲遽色，人以是許之〔七三〕。年開八袠，福壽未艾。諸子俱俊敏能官，其後將益昌云。

趙　緤。字君善，丞相忠簡公之曾孫。父監，來贅范端明之女兄，因家焉。監終於知興國軍。緤讀書好學，至老不倦，而謙恭退默〔七四〕，真世所謂吉人者。蚤由上庠登第，歷官宗正丞、都官郎官，理皇嘗謂執政曰：「好一諫官。」有沮之者，出知吉州。不止〔七五〕，賦祠官祿六年，遂掛冠。除直祕閣，進直寶章，以朝散大夫終，年七十有八〔七六〕，自號頓庵，又號如舟。清修寡慾，室無妾媵，家乏於財〔七七〕，非若歷朝把麾者。惟藏書萬卷，手自校讐，則人所難。有未死數年前，嘗自誌其墓。死前一夕，尚領賓論文。是夜洞瀉，次早翛然而逝。後有人夢其旌旗簫樂，導騎甚都，疑爲仙班中人。使其果然，亦平日爲善之報。子序，孫勤，俱世其賢。

王　圭。字君玉，本安吉人。父邁，來贅崑山，因家焉。邁登乾道第，終通判太平州。邁死，圭幼，忍貧力學，孝於其母。登嘉定進士，主松陽簿，就爲令，講行經界〔七八〕，井井有條，不惟當時便之，至今版繪其式制，行於天下，爲經界者準則。後知常州，入爲司封郎官，終朝散大夫。自號靜觀，有文集十卷存於家〔七九〕。其居官廉，家無餘貲，死無以殮〔八〇〕。子敏學、彊學，俱以圭蔭歷任，亦廉謹云。

劉必成。字與謀。居邑之溢浦，其先福安人。必成少遊京庠，即馳雋聲。嘉熙丁酉，有七士同扣閽，極言時事，必成實爲之倡。是年，七士俱預計偕〔八一〕，而必成爲武舉解魁，戊戌遂魁天下。己酉，嘗中鎖廳〔八二〕，蓋以文武全才自負者。嘗入閣舍，兩輪陛對，慷慨言邊事，援古證今，玉音褒獎。次日，宣諭宰執，謂劉某所言極好。其後俱見於用。歷守清潯，終於湖南副使〔八三〕。自號愛閑翁，有《三分詩稿》行於世〔八四〕。

自序

昔在帝嚳以木德〔八五〕，爲高辛帝。次妃簡狄，生契。契以功封於商，賜姓子氏。裔孫成湯，爲商興王。至二十九世帝乙生微子啓，周封於宋，其地睢陽是也。自微子傳國二十三世爲平公，名成，生御戎，字子邊。其孫卬，以王父之字爲氏。

《左傳》昭公二十二年，宋以邊卬爲大司徒，自是始有邊姓。其後分見於漢、晉、隋、唐、五代，迨乎我朝，世不乏人。而所居不一，居薊門者澶州刺史退思，生戶部尚書歸讜，居太原者中武節度嗣，生御史中丞光範，惟居楚丘者則出於陳留。陳留之有邊氏自韶始。韶自號經笥，讓進以文才，謂詩書之澤所源委也。韶、讓而下，其名字之可考者〔八六〕，由景祐至於今凡十有三世。景祐生徽，徽生延肇，延肇生忠告〔八七〕、忠恕，忠告登漢乾祐高科，作周顯德循吏，贈禮部侍郎，生肅、雍，俱登進士第。肅爲咸平、景德名臣〔八八〕，一時人才，號爲二十四氣者，肅居其首，國史有傳。澶淵之役，肅時守邢，内則地震城隳，陴櫨不具，外則角鳴梯舞，鄰壤已破，乃以孤城死守，折篚誓天，與家人訣，至密詔令便宜擇利，亦匿不宣佈，今詔書石刻子孫猶藏焉，卒全一城，俘獲千計。而鎮、魏、深、趙、磁、洺六郡築門堅壁，民流城下，開門受納，來者如歸，其所全活十萬餘人。及戎人請盟，璽書趣召便殿賜對，超拜樞密直學士，勒名勳臣，行且柄用，以讒左遷，遂成賫志。肅生調，登景祐第。仕仁宗朝，嘗上書訟父冤〔八九〕，贈肅爲兵部尚書，調終於福建轉運使，贈開府儀同三司。生瑀、球、珣、珉、琦，而所居分爲三派：國子博士瑀居毗陵，中散大夫球、將作監簿琦居開封，朝奉大夫珣、太子中舍珉居姑蘇。中散、監簿而下，中原亂離，譜牒無傳。居蘇、常者〔九〇〕，圖系可考，其續世科者常則有察、密、烈，蘇則有知章〔九一〕、知白。知白仗節使虜〔九二〕，聞欲寇蜀，歌《蜀道難》以諷，由是虜輟西南之役〔九三〕。歸，貳天官〔九四〕，興貢舉，卒贈少師。范石湖志吳郡，嘗載入人物門。珉生靜，贈承事郎。靜生惇德，埸居於崑〔九五〕，已見前志。生隆、深、瀛、況、濟、深。況蚤卒，隆、瀛詞翰學行表表一鄉〔九六〕。濟幼孤，鞠於諸兄，志學好修，里閭稱爲吉人。暮年以子爲進士〔九七〕，該慶典，拜初品官。濟生應升、應登，明經，作賦，聯翩鄉書，陳止安指爲籝金，邊氏書脈自此復振。應登早世。應升爲實先君子，自少穎悟，力學自奮，重然諾，寡言笑，於倫紀備盡，不取一毫非義之財，規行矩步，真得四非之戒者，鄉士師式，學子藹然有成，陳篔窗、王修齋皆其座主。周山房、盧蒲江〔九八〕、衛後樂、敖瞿菴〔九九〕、曹東畇、陳習庵、蔣實齋諸老先生皆所器重。不惟許其文筆，而每與人言，必指操行爲可敬，豈料食太倉〔一〇〇〕，曾不踰年而終〔一〇一〕。實昆仲凡三，皆先君子自訓迪，未嘗他有北面，專門業經〔一〇二〕，父子師友人指邊氏爲讀書之最。以是伯氏明亦以戴經連捧三薦，見傒試南宫。仲氏雲遇以伏經魁乙卯鄉舉，登丙辰乙科，方仕於時。獨實無似，庚午垂預解額，以次薦寫題一字之側〔一〇三〕，考官破法摽出，人甚惜之，實自安於命而已。然顯揚之望，此念惕焉。退念鄉邦，書脈不絕如縷，何敢盡諉於氣數，有能作而起之，使百年文物復還舊觀，吾儕有子，或可爲箕裘之紹。推原譜系，讀祖父未盡之書，獲齒於鄉人之列〔一〇四〕，則中原衣冠不至澌絕，不然深有可懼者焉。實不自揆，二十五年前嘗同執志筆，緬想舊事，恍然如夢。更二十年，未知又在何處。自序先世之始末以識之，而屬攝令謝玉淵以書先諱云。

封爵

自吳以來，已見前志，今以續封者列於後。

鄭竦。奉直大夫，封崑山縣開國男。

寺觀

前志載國一禪師道欽受業於景德寺。國一禪師者，姓朱氏，崑山人。元素禪師爲之祝髮、授學。與元素別，戒之曰：「汝乘流即行，逢徑即止。」欽至臨安〔一〇五〕，見東北一山秀出，樵夫曰：「此徑山也。」欽遂居之，爲開山禪宗。嘗入内庭，得師號云。

前志載慧聚寺殿柱雷火篆書悉爇於淳熙之火，而不載雷篆云何。今考《通鑑紀事本末》，則云慧聚寺大殿二柱有天書，如今之大篆，非刊刻者。一「勣溪火」三字〔一〇六〕，一蜿蜒蟠結若符篆〔一〇七〕，而不可考。在柱裏向，人所不見，字大小近尺許，好事者或模印之，今併錄於此〔一〇八〕。今寺山門兩廊稍備於前，邑士邊明嘗作大殿記。向全盛時，寺僧星居凡八十餘房，五百餘僧。今房廢僧少，不及三分之一云。

永懷報德禪院。已載前志。院有諸天閣，相傳僧翟道川爲尉卒時，縱囚賊使歸。

及道川募緣建閣，至海上，與賊遇，與之巨篋，遂以建閣，范浩爲閣記，卻不載此說。咸淳辛未，寺廊遭回祿，火勢屢及閣而屢止〔一〇九〕，或謂道川願力之重，所以能保全云。

惠嚴禪院。已載前志。自如說去後，主非其人，至與捨田家不肖子，盜賣院租。事至有司，郡守黃侍郎萬石改撥爲咸淳閘開浚用〔一一〇〕，欲拆廢院。鄉寓鄭開國竦念此寺之創出於其乃祖知郡益疑之意〔一一一〕，力白於郡，乃得復存，止□易院額爲咸淳庵〔一一二〕，以其先世元捨田租八十石專奉鄭氏香火，所撥隸閘局米仍收貯院廊。相傳開山祖僧□□坐亡〔一一三〕，埋於方丈。後數年，曾發視，儼然如生，而手指甲反長於生前，亦異事云。

寶慶院十六觀堂。方修志時，略無廢壞。不數十年〔一一四〕，殿堂佛像下至庖湢蕩無片瓦，計其興不滿二十年〔一一五〕，殊不可曉〔一一六〕。今其地歸城中北寺，而前志載其地本逸野堂故基〔一一七〕，其實非也。

薦嚴資福禪寺。已載前志。咸淳□□，主僧道元募緣創七石塔於寺門之南，移屋三楹於東南〔一一八〕，欲以障陰陽家所謂巽風者〔一一九〕，其規摹窒塞，彼謂欲氣聚，而識者未然之〔一二〇〕。

東齋。已見前志，亦嘗載僧道川拄錫之地〔一二一〕。今考道川爲弓手翟超〔一二二〕，以勇力名，被差捕賊，宿土山卜將軍廟下〔一二三〕，忽有所悟，徑投東齋爲僧。遍遊江湖間，道遇虎，不爲動，虎亦馴伏其旁。一日大書四句云：「我有一條鐵楖㮰，縱横妙用無人識。臨行撥轉上頭關，轟起一聲春霹靂。」危坐脱去。其徒法全，亦崑山人，號無庵。嘗行惠應廟前，以首觸柱云：「有所得。」旁觀者見其精采煒然，而全不自覺，後爲名僧云。

玉虚道院。在縣西南卜山下。本月華道堂，道人陳正真草創，以館雲遊。咸淳間，邑民徹而新之，以奉真武。請於禮部，得「玉虚」爲額，奉吏部陳濬軒像於旁，近又創北斗〔一二四〕、梓潼、魁星祠於其中。

廣孝寺。已載前志。始者甲乙住持，繼因僧徒紛擾，朝省更爲十方教寺〔一二五〕，及觀常、楞嚴子院悉併歸寺云〔一二六〕。

衍慶薦福院。已載前志。繼是邑寓衛司令指請爲乃祖文節公功德寺〔一二七〕，敕賜今額，主僧師仰創建甚多。

祠廟

尊道祠。在明倫堂之東。先是，淳祐辛丑，朝旨州縣學各建六先生祠〔一二八〕。崑學正繪濂溪〔一二九〕、伊川、明道、晦庵、横渠、南軒之像於從祀壁間。至己酉，權令吳堅始建祠於東廡。咸淳丁卯，知縣林桂發重修縣學，增祀康節〔一三〇〕、涑水、東萊，共爲九人，移其祠於堂東，扁以今名。

貴德祠。在縣學明倫堂之西。淳祐己酉，權令吳堅建六先生祠，遂祠陸龜蒙、張方平、范仲淹、李衡，名先賢祠，與六先生祠對峙。咸淳丁卯，邑令林桂發重修縣學，移張方平於守令祠，增祠范成大〔一三一〕、衛涇、陳振，共爲六人，祠於堂西，扁以今名，仍與六先生祠相對。

惠應廟。已載前志。繼是淳祐間加昭德，妃加助順。寶祐間加靈感，妃加贊德，末改封靈祐將軍〔一三二〕，爲武信侯。近者邑人有請欲申八字之號，有司已覈實奏審，行錫徽封云。

祠山廟。在永懷寺。已載前志。廟貌踰百年。咸淳辛未秋孟五夜火〔一三三〕，寺皆不焚，獨殿宇像設頃刻爇盡〔一三四〕，今見議重創〔一三五〕。

巫侯祠。已載前志。寶祐癸丑，邑士不忘項公澤之教養，嘗創祠於學，與此祠對峙。咸淳丁卯，知縣林桂發重修縣學，遂併爲一祠。及其畢工，又增祠桂發與郡守黃侍郎萬石，總以賢守令祠名之。

園亭

鄭氏園。已載前志。繼是史君創退耕堂，水竹環茂，可容數十客，樗寮張即之爲書扁，西磵葉丞相又爲書園廳之扁曰玉峰佳處。園内西南又有道院，庭植洛花數百本，吳中所無。花時，史君領客觴詠其間，留題甚多。

陳氏園。在縣東。□後歸澹軒陳史君，恕齋洪端明嘗扁以四時佳景〔一三六〕。澹軒之子師尹號石岩，增創寬潔，有堂曰光風霽月，與鄭園、退耕不相上下。

四賢堂。已見前志。君子之澤不能五世，堂隨宅售，像不復設，幸其孫桂高能文好學，取四賢繪像，藏於其家。

喜廉堂。在邑人陳吏部昌世家。吏部自信守召爲郎，入對，天語：「聞卿一廉可喜。」後歸家，以名其堂。

承訓堂。在邑人鄭史君準家。今其子高郵守鐈葺而居之，蓋其不墜先訓，以肯堂之責自任云。

止足堂。在邑人鄭史君竦家。史君薄於榮進，家食踰十年，不復作宦游想。就其家西南築宅一區，取「知止在足」之義以名其堂，西磵葉丞相爲之書扁。

傳清堂。在邑人陳令君明復家。訥軒程丞相書扁，紀詠甚多。令君嘗刊集於家，蓋取其祖父「清白相傳」之義以爲堂名。

【校勘記】

〔一〕頭：宛委別藏本、黄氏鈔本無。

〔二〕「合」字下宛委別藏本、黄氏鈔本有「而」字。

〔三〕西北：宛委別藏本、黄氏鈔本作「西南」。

〔四〕北：原作「此」，據宛委別藏本、黄氏鈔本改。

〔五〕一十八：宛委別藏本、黄氏鈔本作「二十」。

〔六〕屢浚：原本無，據宛委別藏本、黄氏鈔本補。

〔七〕金：黄氏鈔本作「定」。

〔八〕坍：宛委別藏本、黄氏鈔本作「坩」。

〔九〕拘：黄氏鈔本作「抄」。

〔一〇〕渾：宛委別藏本作「潮」。

〔一一〕所：原作「而」，據宛委別藏本、黄氏鈔本改。

〔一二〕沮：原作「阻」，據宛委別藏本、黄氏鈔本改。

〔一三〕濬：宛委別藏本、黄氏鈔本作「浚」。
〔一四〕鐙：宛委別藏本、黄氏鈔本作「證」。
〔一五〕竊：原作「切」，據宛委別藏本、黄氏鈔本改。
〔一六〕未：原作「末」，據黄氏鈔本改。
〔一七〕石：宛委別藏本、黄氏鈔本作「碩」。下同。
〔一八〕畸：原作「奇」，據宛委別藏本、黄氏鈔本改。
〔一九〕紛紜：原作「分紜」，據宛委別藏本、黄氏鈔本改。
〔二〇〕二年：宛委別藏本、黄氏鈔本作「二十年」。
〔二一〕縣：宛委別藏本、黄氏鈔本作「懸」。
〔二二〕陳紹方：宛委別藏本、黄氏鈔本作「陳紹芳」。下同。
〔二三〕「縣」字下宛委別藏本、黄氏鈔本有「學」字。
〔二四〕負：原作「孤」，據宛委別藏本改。
〔二五〕許墓：宛委別藏本、黄氏鈔本作「許務」。
〔二六〕零：宛委別藏本、黄氏鈔本作「單」。

〔二七〕五十一：宛委別藏本、黄氏鈔本作「三十一」。
〔二八〕一丈：宛委別藏本無「一」字。
〔二九〕紬：原作「綢」，據宛委別藏本、黄氏鈔本改。
〔三〇〕催：原本無，據宛委別藏本、黄氏鈔本補。
〔三一〕包：宛委別藏本、黄氏鈔本作「抱」。
〔三二〕十一石：宛委別藏本、黄氏鈔本作「十一餘石」。
〔三三〕辦：原作「新」，據宛委別藏本、黄氏鈔本改。
〔三四〕賦：宛委別藏本、黄氏鈔本作「趁」。
〔三五〕承：原作「丞」，據宛委別藏本、黄氏鈔本改。
〔三六〕又：原作「人」，據黄氏鈔本改。
〔三七〕填：原作「慎」，據宛委別藏本、黄氏鈔本改。
〔三八〕百：黄氏鈔本無。
〔三九〕「令」、「澤」二字，原作「令」、「宰」，據宛委別藏本、黄氏鈔本改。
〔四〇〕李壽：黄氏鈔本作「李燾」。

〔四一〕郭琚：原作「郭琈」，據宛委別藏本、黄氏鈔本改。

〔四二〕孟益：宛委別藏本、黄氏鈔本作「孟鎰」。

〔四三〕洪曉：宛委別藏本、黄氏鈔本作「洪嶢」。

〔四四〕趙善待：宛委別藏本、黄氏鈔本作「趙善待」。

〔四五〕晏解：原作「宴解」，據宛委別藏本、黄氏鈔本改。

〔四六〕張傳霖：宛委別藏本作「張傅霖」。

〔四七〕趙瀫夫：原作「趙瀫夫」，據宛委別藏本、黄氏鈔本改。

〔四八〕陳璧：原作「陳壁」，據宛委別藏本、黄氏鈔本改。

〔四九〕趙希雋：宛委別藏本、黄氏鈔本作「趙希瓗」。

〔五〇〕趙時鼎：宛委別藏本、黄氏鈔本作「趙時鼒」。

〔五一〕朱□：原本無，據宛委別藏本、黄氏鈔本補。按原本「洪起宗」條下有「歷清要，位文昌，躋瑣闥，今以雜學士奉祠」，亦據宛委別藏本、黄氏鈔本移入名宦門吳堅條「嘗登畿甸」之下。

〔五二〕按自「鄒宗俊」以下至「戴成天」，原本在人物門「曰姪慶」下，今據宛委別藏本、黄氏鈔本乙。

〔五三〕趙汝寮：原作「趙汝容」，據宛委別藏本、黄氏鈔本改。

〔五四〕原本名宦門在人物門之後，據宛委別藏本、黄氏鈔本乙。

〔五五〕也：原本無，據宛委別藏本、黄氏鈔本補。

〔五六〕詳：原作「祠」，據宛委別藏本、黄氏鈔本改。

〔五七〕師：原作「司」，據宛委別藏本、黄氏鈔本改。

〔五八〕「靈」字疑有誤。

〔五九〕饒：原作「曉」，據宛委別藏本、黄氏鈔本改。

〔六〇〕「何時」下至「是時實」：原本無，據宛委別藏本、黄氏鈔本補。又「同」字，原作「向」，據宛委別藏本、黄氏鈔本改。

〔六一〕以：黄氏鈔本作「哀」。

〔六二〕「初」字下宛委別藏本、黄氏鈔本有「五」字。

〔六三〕軍：宛委別藏本、黄氏鈔本作「庫」。

〔六四〕酹：原作「酬」，據宛委別藏本、黄氏鈔本改。

〔六五〕李樂菴：原作「李樂安」，據宛委別藏本、黃氏鈔本改。
〔六六〕墓地：原無「地」字，據宛委別藏本、黃氏鈔本補。
〔六七〕刊：宛委別藏本、黃氏鈔本作「刻」。
〔六八〕太：原作「大」，據宛委別藏本、黃氏鈔本改。
〔六九〕陛：原作「陞」，據宛委別藏本、黃氏鈔本改。
〔七〇〕所：原作「初」，據宛委別藏本、黃氏鈔本改。
〔七一〕闈：宛委別藏本作「門」，黃氏鈔本作「闉」。
〔七二〕本：原本無，據宛委別藏本、黃氏鈔本補。
〔七三〕是：宛委別藏本、黃氏鈔本作「吉人」。
〔七四〕默：宛委別藏本、黃氏鈔本作「然」。
〔七五〕止：黃氏鈔本作「上」。
〔七六〕有：宛委別藏本、黃氏鈔本無。
〔七七〕乏：原作「之」，據宛委別藏本、黃氏鈔本改。
〔七八〕講：宛委別藏本、黃氏鈔本無。

〔七九〕「集」字下宛委別藏本闕一字。又「家」字，原作「官」，據黃氏鈔本改。
〔八〇〕殮：原作「斂」，據宛委別藏本、黃氏鈔本改。
〔八一〕俱預：宛委別藏本、黃氏鈔本無此二字。
〔八二〕嘗：原作「常」，據宛委別藏本、黃氏鈔本改。
〔八三〕按《姑蘇志》卷五一劉必成條云劉必成嘗「歷知潯州，卒官湖南安撫副使」，宛委別藏本、黃氏鈔本作「終於湖南副帥」。
〔八四〕分：原作「卷」，據宛委別藏本、黃氏鈔本及《姑蘇志》卷五一改。
〔八五〕帝：原本脱，據宛委別藏本、黃氏鈔本補。
〔八六〕字：宛委別藏本、黃氏鈔本作「氏」。
〔八七〕延：原本無，據宛委別藏本、黃氏鈔本補。
〔八八〕臣：原作「目」，據宛委別藏本、黃氏鈔本改。
〔八九〕上書：原作「尚」，據宛委別藏本、黃氏鈔本改、補。
〔九〇〕常：原作「祟」，據宛委別藏本、黃氏鈔本改。
〔九一〕蘇：原作「蓟」，據宛委別藏本、黃氏鈔本改。

〔九二〕虜：宛委別藏本、黄氏鈔本作「北」。

〔九三〕虜轂：宛委別藏本作「敵撤」。

〔九四〕貳天：原作「式夫」，據宛委別藏本、黄氏鈔本改。

〔九五〕埸：原本空闕，據宛委別藏本、黄氏鈔本補。

〔九六〕瀛：原脱，據宛委別藏本、黄氏鈔本補。

〔九七〕暮：原作「莫」，據宛委別藏本、黄氏鈔本改。

〔九八〕江：原本空闕，據宛委別藏本、黄氏鈔本補。

〔九九〕敖瞿菴：原作「敖瞿巷」，據宛委別藏本、黄氏鈔本改。

〔一〇〇〕太倉：宛委別藏本、黄氏鈔本作「太官祿」。

〔一〇一〕曾：原本無，據宛委別藏本、黄氏鈔本補。

〔一〇二〕專：原作「事」，據宛委別藏本、黄氏鈔本改。

〔一〇三〕薦：黄氏鈔本作「篇」。

〔一〇四〕齒：宛委別藏本作「恥」。

〔一〇五〕「欽」字下宛委別藏本、黄氏鈔本有「後」字。

〔一〇六〕字：原作「十」，據宛委別藏本、黃氏鈔本改。
〔一〇七〕蜿：原作「蛇」，據黃氏鈔本改。
〔一〇八〕併錄：原本空闕，據宛委別藏本、黃氏鈔本補。
〔一〇九〕「火」字上黃氏鈔本又有一「火」字，屬上讀。
〔一一〇〕「萬石」、「咸淳」，原作「万石」、「成淳」，並據宛委別藏本、黃氏鈔本改。下同。
〔一一一〕祖：宛委別藏本、黃氏鈔本作「伯」，無「疑」字。
〔一一二〕按宛委別藏本、黃氏鈔本「止」字下無空闕。
〔一一三〕開：原本無，據宛委別藏本、黃氏鈔本補。
〔一一四〕十：原本脫，據宛委別藏本、黃氏鈔本補。
〔一一五〕二十：原作「一十」，據宛委別藏本、黃氏鈔本改。
〔一一六〕可：原本脫，據宛委別藏本、黃氏鈔本補。
〔一一七〕而：原本無，據宛委別藏本、黃氏鈔本補。
〔一一八〕原本「移」前宛委別藏本空一字，黃氏鈔本有「吳」字。
〔一一九〕者：宛委別藏本、黃氏鈔本作「雨」。又「家」字，右本皆無。

〔一二〇〕而：原作「則」，據宛委別藏本、黃氏鈔本改。

〔一二一〕拄：宛委別藏本、黃氏鈔本作「駐」。

〔一二二〕道川爲：宛委別藏本、黃氏鈔本作「乃」。

〔一二三〕下：原本無，據宛委別藏本、黃氏鈔本補。

〔一二四〕「近」字下原本衍「迹」字，據宛委別藏本、黃氏鈔本刪。

〔一二五〕「教」字下原本衍「士」字，據宛委別藏本、黃氏鈔本刪。

〔一二六〕嚴：原本無，據宛委別藏本、黃氏鈔本補。

〔一二七〕令：黃氏鈔本作「今」。

〔一二八〕「祠」字上宛委別藏本、黃氏鈔本有「之」字。

〔一二九〕正：宛委別藏本、黃氏鈔本作「止建」。

〔一三〇〕祀：宛委別藏本、黃氏鈔本作「事」。

〔一三一〕祠：宛委別藏本、黃氏鈔本作「事」。

〔一三二〕末：原作「未」，據宛委別藏本、黃氏鈔本改。

〔一三三〕秋孟：原本無，據宛委別藏本、黃氏鈔本補。

〔一三四〕設：宛委別藏本、黄氏鈔本作「貌」。

〔一三五〕今：原本無，據宛委別藏本、黄氏鈔本補。

〔一三六〕端：宛委別藏本、黄氏鈔本作「瑞」。

跋

玉峰續志跋

玉峰有志尚矣。淳祐壬子，編類於邊君宜學之筆，刊鏤傳信，距今逾二十稔。咸淳壬申，余捧檄代庖斯邑，繙閲是書，頗有遺佚。若派買之公田撥隸，若學校之創主學，建直舍〔一〕，或述前輩之詩，而曰載諸雜詠者，爲不見全璧之歎。或題倫魁之名，而不編入人物者，有斡棄周鼎之疑。是皆累於時之所不及，失於見聞之所不逮爾。余因以續志屬之邊君，君曰：「某有志於此久矣，敢不自力！」迺會粹古書，披搜今籍〔二〕，三閲月而書成，增入者三十餘條，改定者二十餘條，混混乎風土之宜〔三〕，總總乎事物之備，理該文核，綱舉目張，其長公訓導、銓擇、雜詠亦一新之。余重鄉拜觀，不忍釋手，謹命工繡梓以壽其傳。後之覽者，與我同志，嗣而續之，庶知文之不泥也〔四〕。是歲中秋日，合沙玉淵謝公應謹跋。

【校勘記】

〔一〕建直舍：宛委別藏本、黄氏鈔本作「創員」。

〔二〕搜：宛委別藏本、黄氏鈔本作「覽」。

〔三〕混混：宛委別藏本、黄氏鈔本作「渾渾」。

〔四〕知文之：宛委別藏本作「知斯文」，黄氏鈔本作「知文獻」。

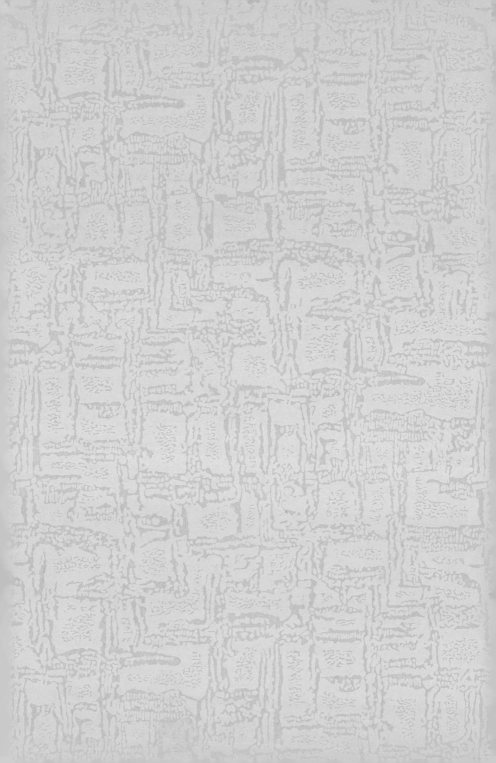